溫和且堅定的正向教養

姚以婷審定推薦，暢銷全球 40 年的阿德勒式教養經典，
教出自律、負責、合作的孩子，賦予孩子解決問題的能力

Positive Discipline:
the Classic Guide to Helping Children Develop Self-Discipline,
Responsibility, Cooperation, and Problem-Solving Skills

簡・尼爾森博士
（Jane Nelsen, Ed.D.）著

目次

Contents

導讀：要孩子為錯誤付出代價？還是為成功學習？ ／005
推薦專文：最需要愛的孩子往往最難獲得愛 ／013
推薦專文：前人累積的智慧可以幫助你 ／018
自序與謝辭 ／021
全新修訂版前言 ／025
第1章 正向的態度 ／035
第2章 正向教養的基本概念 ／061
第3章 出生順序的重要性 ／087
第4章 重新檢視不當行為 ／107
第5章 如何善用邏輯後果 ／143
第6章 重點在解決問題 ／169

第7章　讓你的鼓勵有效／189
第8章　透過班級會議處理教養問題／225
第9章　透過家庭會議處理教養問題／265
第10章　父母的性格：你對孩子的影響／295
第11章　綜合運用／323
第12章　家庭裡與教室裡的愛與喜悅／363
附錄1　如何帶一個正向教養讀書會／389
附錄2　透過同儕輔導培養社會責任感／405
附錄3　給家長的信／411

導讀

要孩子為錯誤付出代價？還是為成功學習？

姚以婷／台灣亞和心理諮商和訓練中心院長、美國正向教養協會認證高級導師、亞洲阿德勒心理協會創辦人

大多數人對於以下的話語並不陌生：「打你是要讓你記住，今天做的錯事，永遠不可再犯！」

也許在孩童時期，我們十分不悅曾被如此對待，然而當自己成為家長之後，發現孩子失足犯錯時，雖非出於己願，驚慌失措下卻也仍舊沿用同樣的老法子，以責罵懲罰進行著自以為的管教，然後再懷著不同程度的罪惡感，直到淡忘。

筆者自身在生育初期對於育兒技能一籌莫展，經常在愛兒與管教上感覺困頓挫折，於二〇一一到二〇一六年間數度專程到美國正向教養協會（Positive Discipline Association），接受創始人簡尼爾森親自培訓，成為台灣唯一獲取正向教養協會認證之導師。正向教養已有三十八年的悠久歷史，對於家長和教師等關心兒童教育的成人已發展出讀書會、家長課、專業講師培訓等

完整的訓練模式。學習後才明白：**以力服人、藉著壓制來贏過孩子，只會讓他們成為失敗者。當孩子失敗後通常都會變得更叛逆或是盲目順從。感謝正向教養研發出超過百項溫和堅定的教養工具，完全可以取代停留在過去、從恐懼犯錯和懊惱出發的傳統管教**，讓成人得以把握寶貴的育兒時光，創造溫馨的家庭氣氛，**面對親子難題，能夠做到借力使力溫和導正，以愛與智慧支持孩子發展健全人格，朝向成功的未來生活前進。**

本書被全球教育者譽為「育兒聖經」，涵蓋正向教養的重要基礎理念和教養工具，是相關系列書籍當中最經典的重要著作。筆者多年來殷切期盼此書在台出版，現在終於一償宿願。很高興自己能在審定和導讀上略盡綿薄之力，並欣見正向教養藉由繁體中譯本出版，讓華文家庭和愛好者社群學習更加便利。

「正向教養」源自美國，根基於百年學術——阿德勒心理學

「正向教養」（Positive Discipline）又被譯為正面管教或積極訓導，也被稱為正向管教或正向教育，是一套源自美國，針對家庭管理和學校班級經營所設計的教育系統，奠基於心理學大師阿德勒在一九一二年創立的個體心理學和著名兒童心理學家魯道夫・德瑞克斯（Rudolf Dreikurs）的研究工作。美國教育學博士簡・尼爾森（Jane Nelson）在八〇年代主持一項以家長

與教師運用阿德勒心理輔導概念進行兒童教育的研究專案，這項專案獲得美國聯邦政府資助，研究結果發現阿德勒心理輔導的概念對兒童有明顯正面的影響。

簡・尼爾森於一九八一年寫下本書《溫和且堅定的正向教養》（Positive Discipline）的初版，一九八八年與家庭治療師琳・洛特（Lynn Lott）合著《跟阿德勒學正向教養：青少年篇》（Positive Discipline for Teenagers），同時為家長和教師編寫出正向教養的課程指南，開始四處教導正向教養的理念和方法。在過去將近四十年期間，正向教養已成為美國主流的親子教育法之一，發展出涵蓋不同年齡層孩子、環境或特殊情況的系列書籍共出版了二十本，以十六種語言在全球六十個國家發行，銷量超過六百萬冊。

沿襲阿德勒心理學倡導的關懷與貢獻他人的精神，正向教養由美國協會認證的導師培訓家長、教師、兒青輔導人員等，鼓勵愛好者成為認證講師，並分享與傳授給周遭的人，正向教養課程與培訓遍布全球，進入台灣也已經超過十年，在美國、歐洲和中國等地都有實施正向教養的示範學校，學習人數正持續增加中。

由於本書知識量繁重，以下分別為讀者結集內容要點，以利閱讀吸收：

「正向教養」旨在建立兒童健康人格，成為自主負責又有能力的社會好公民

第一章講解的是教養風格，不同教養風格對孩子的影響為何。本書中列舉出三種成人與孩童互動的模式：嚴厲、寵溺、和正向教養，在作者較後期的著作中則多加入一種「忽視」的管教模式，指的是缺席的家長或教師以及與其缺乏互動的孩子。一般而言，步入正向教養課堂的成人們，一開始都想要尋找快速能讓孩子聽話的方法，或者是奇蹟般把孩子變好的辦法。然而正向教養從來就不是短期速成法（例如，懲罰只能短暫的遏阻問題行為，卻會對雙方都產生許多副作用），而是**對形成兒童的健康人格長期有效的各種引導法，以溫和堅定做為核心態度，強調相互尊重的原則，並教導親子合作的技能；所以要實施正向教養，需要成人具備耐心、思考和自制力**，畢竟，叫孩子自制比起要求自己要容易多了。

第二、三、四章說明阿德勒學派的家庭教育觀，包括孩子的人格形成，以及問題行為和正向因應的原理。阿德勒心理學研究人格整體，包括人的想法、感受、和行為；認為兒童對生活容易產生偏誤的主觀解釋，因而做出不當行為。**正向教養依循阿德勒學派的全人整體觀點，主張有效的教養需要以孩子能接受的方式傳遞，因而成人應學習基礎心理知識以更加瞭解自己和孩子，進入孩子的世界，才能找出有效幫助孩子調整偏誤觀念的方法，進而產生自主行為改變。**

成人在與孩子溝通互動時，須留意避免挫敗孩子和引發偏誤觀念，務必**以平等尊重的方式，顧及維護孩子的尊嚴，多鼓勵孩子，才能消滅不當行為的動機，如此不僅可能及早矯正和預防不當行為，還能提升孩子的自信和能力**。

第五、六、七章介紹面對孩子不當行為的正向教養原則和方法，重點在於妥善**運用孩子犯錯的時機，教導解決問題的思維和技能**。作者建議讓孩子從行為的後果去學習有效行為以及負責任的態度，同時詳細說明如何使用多種具有鼓勵性的教養方法，幫助孩子修正不當行為，並將之重新導向至積極有建設性的行為。**民主討論是阿德勒學說最重要的實踐途徑，也是正向教養培養孩子優良品格與能力的最寶貴工具之一**，第八和九章分別討論如何透過家庭會議和班級會議處理教養問題，使成人與孩子共同學習實踐民主式的討論，發展合作解決問題的多重能力。另外，筆者在此補充說明，正向教養曾經多年提倡使用「邏輯後果」取代懲罰，然而長期以來成人誤用邏輯後果作為懲罰的現象難以改善，於是簡尼爾森於二〇一五年對全球正向教養講師群發出一份公告，**聲明正向教養不再涉及邏輯後果的使用，全面提倡以「專注於共同尋求解決方案」取代之**。

第十、十一、十二章說明成人的言行很可能會引發孩子的不當行為，並提供許多則親子衝突和解決方法的真實完整案例，示範說明正向教養工具的生活運用和效果，以幫助讀者在生活中實踐。作者同時指出，教養兒童是一個持續的歷程，育兒必先育己，**成功實施正向教養的關**

鍵在於成人需要具備正向心態，真心接受犯錯為學習良機，生活中才會有平靜、喜悅和成長。成人同樣也可能犯錯，此時能夠做到同理負責的成人便是孩子最好的身教模範。

書中除使用生活案例解說教養工具，每章末尾並提示學習重點和討論問題；不僅如此，書末的附錄也相當具有實用性，作者於附錄中提供「正向教養讀書會」的帶領計畫和課程大綱，甚至還有推廣傳單的文案內容，鼓勵讀者們邀集三五好友組成讀書會，共同研讀和分享此書內容，既發揮推己及人的社會情懷，又能增進學習，同時促進社交發展，一舉數得，處處可見作者的用心和貼心。

「正向教養」培養社會情懷，是阿德勒心理學、被討厭勇氣的最佳實踐

阿德勒認為，只關心自己的孩子會很害怕失敗，而教養和教育的目的就是在培養孩子的社會情懷，意指關心他人。成人要能**協助孩子把針對自己的關心轉向去關心別人**，這就是培養社會情懷最基本的作法。而對於成人也是同樣道理，過度關心自己的家長或教師害怕失敗，才會在看見孩子犯錯時，給孩子一頓打罵，不然會覺得自己沒做甚麼教育工作，預防有人問起，還可以為自己緩頰，我有管教可是都沒用。也有另外一種成人縱容孩子，因為擔心去管教後，孩子會不喜歡自己。這樣的人，比起面對和解決問題，他們更擔心的是，如果無法解決問題，別

人會怎麼看自己。

在《阿德勒談人性：瞭解他人就能認識自己》書中，阿德勒還提到，如果想要教育別人，教育者除了需要具有理解人性方面的知識和判斷，還需要擺脫一切虛榮心，也就是說，不以受教者的表現當作是自己滿足虛榮心的對象。簡尼爾森則以通俗的話語告訴我們：**不要在意其他家長的評價，專注於解決問題**。因為有勇氣的人，關心的不是自己，關心的是問題如何解決，解決問題以外的別人看法不需要在意，從能做的事開始，失敗了就從頭開始再來一次。成人學習正向教養能夠透過種種鼓勵性的工具，幫助悅納自己和孩子，從而孕育雙方面對生活難題的勇氣。

願與所有讀者與愛好者共勉，運用正向教養讓我們成為更好的父母和教師。

推薦專文

最需要愛的孩子往往最難獲得愛

洪仲清　臨床心理師

一個行為不當的孩子，就是個挫敗的孩子。～德瑞克斯

在傳統上，我們有一些常見的教養矛盾。像是父母使用負面的身教，卻希望教出正面的孩子。還有，明知「失敗為成功之母」的道理，偏偏又很不能容忍孩子犯錯。喜歡追究孩子的錯，卻很不願意反省自己，因為「天下無不是的父母」，彷彿當了父母，從此就不需要學習，好像「活到老，學到老」這句話不適用在父母身上。

「大人怎麼會瘋狂到以為：想要讓孩子表現得更好，我們必須先要讓他們感覺很糟？」

這是作者觀察到的矛盾，在傳統上，懲罰幾乎是最常被使用的教養手段。然而，我們也明白，這種方式雖然有短期的效果，可以暫時減少某些孩子的困擾行為，但是對孩子身心方面的傷害則非常明顯。而且最重要的是，對於親子關係本身，會有負面的作用。

常懲罰孩子，容易讓親子疏離；親子疏離，則更不容易教導孩子，懲罰的效益也會漸次遞減，這形成了惡性循環。更讓人擔憂的是，懲罰孩子常變成某些家長宣洩情緒的手段，最終造

成了某些難以彌補的遺憾。作者特別提醒我們，懲罰帶來的四個 R 後果：

1. 憎恨（Resentment）：不公平！我無法信任大人。
2. 報復（Revenge）：現在你們占上風，但是我會討回來的。
3. 叛逆（Rebellion）：我就偏要違反你的想法，以證明我不需要照你的話做。
4. 退縮（Retreat）：偷偷摸摸（下次就抓不到）或削弱自尊（我很壞）。

這些懲罰的壞處，其實也很快就看得到。有家長會抱怨，孩子越懲罰就越故意，而且遮掩不讓父母發現的技巧越來越高明，上下交相賊，其實這些現象的產生，就正向教養的眼光來說，很容易理解。

懲罰的建設性不高。理論上，懲罰本來的作用，是為了減少不良好行為。可是，良好行為的增加與擴大，本來就能降低不良好行為的頻率與持續時間。用一種很簡化的方式來說，是「做『對』的次數多了，做『錯』的次數自然就少了」。

教育孩子，本來就是以建設良好行為為主。然後在心理上，讓孩子感覺到自己是有能力的，能對所歸屬的團體有貢獻，願意探索自己，也願意跟他人協調、合作。這些能力的培養，是正向教養的核心。

頻繁使用懲罰的父母，通常無力感也深重，此時正是需要學習的時候。**這本書是正向教養系列的經典，其精神是目前許多教養法的主流**，裡面把理論、方法、案例，以及可能遇到的困難與例外，寫得具體清楚。此外，除了涵蓋家庭與教室之外，也提供了大人自我成長的方向。

阿德勒期待我們以合作的態度，來參與社會。作者期待父母以合作的態度，來經營家庭，讓孩子在家庭中有歸屬感和價值感。作者提醒我們，要贏得孩子的合作，有四個步驟：

1. 向孩子表達你理解他們的感受，並和他們反覆確認，你的理解是否正確。
2. 表達同理心，但態度不是溺愛。同理心不等於你完全同意或溺愛。只是單純意味著你理解孩子的觀點。此時若父母、老師分享自己的類似感受或行為，會有畫龍點睛的效果。
3. 分享你的感受和觀點。如果前兩個步驟是以真誠而友善的態度進行，孩子會願意聽你說話。
4. 邀請孩子把注意力放在解決方法上。問他是否有想法，可以避免未來類似的問題。如果沒有的話，大人提供一些建議，直到你們達成協議。

透過這四個步驟，父母傳達的是關懷與尊重的態度，這本身就能增加父母的正向感受。進一步來說，父母也透過這四個步驟的反覆執行與改進，讓自己對家庭感覺有歸屬感和價值感。

解決問題，或者找出讓大家困擾的原因，本來就比懲罰重要太多。只是以前過於強調父母的權威，理想化父母的角色，好像父母都不會犯錯一樣。其實父母也需要學習面對不完美的勇氣，而且願意去理解：犯錯本來就是學習的機會。

作者教導我們，有三個簡單可行的修正錯誤的R：

1. 承認（recognize）——「喔哦，我犯錯了。」
2. 和解（reconcile）——「我道歉。」
3. 解決（resolve）——「讓我們一起努力找出解決的方法。」

父母不願意面對自己的錯，常是讓親子關係卡住，甚至決裂的重要因素。假如父母本身就處處防衛不認錯，這不就是給予孩子負面的身教嗎？給了負面的身教，然後在言語上，又常要孩子承認自己的錯誤，這其實增添了雙方的痛苦，不是嗎？

正向教養鼓勵透過定期安排親子間特殊的陪伴時光，增進親子關係。定期召開家庭會議，或者班會，讓孩子學習主動解決問題，為自己負責。使用正向的言語與思考方式，例如鼓勵與感恩，跟家人與同儕合作，過自己想要的生活。

或許，大人所能教導孩子的，最重要的事，就是認識自己。相對於說教，作者更期待我們對孩子的內在保持好奇，跟孩子進行討論：

- 你打算完成什麼？
- 你對於發生的事情有什麼感受？
- 你覺得是什麼造成這件事情的發生？
- 你從中學到了什麼？
- 你在未來要如何運用你學到的？

• 你現在對如何解決問題有什麼想法？

然後，這需要大人自己有接納經驗而不評判的態度，心胸開放而不預設立場，理直也氣和，這是很不容易的事。大人自己有這樣的修養，才可能營造如此安全且相互尊重的氣氛，跟孩子彼此探索，讓孩子學習。

阿德勒重視對主觀世界的探索，然而這需要下功夫，時刻內省並覺察。大人有這個能力與意識，然後帶著孩子一起練習，便更有機會從內在汲取力量面對困境。

那麼，遭遇挫敗而得不到愛的孩子，以及父母那個曾經被遺棄與傷害的內在小孩，能同時在執行正向教養的過程中接受到療癒。然後，朝著共好與賦能的路上走著，完成我們彼此陪伴與共度的這一段緣分。

推薦專文

前人累積的智慧可以幫助你

千百年以來，一代又一代的家長、老師們是從自己的祖父母、阿姨、舅舅、姑姑、叔伯和鄰居身上，學習到教養的藝術。這些人群聚生活在一起，而當時的環境又相對穩定。

在那個古早的年代，先民們、拓荒者們之間的價值是相同的，而且他們往往是住在一起，整群人的目標也相同，甚至連外出的時候都是成群結隊的。在這樣的情況下，若因為任何需要而必須改變時，他們幾乎是本能地就能體會到經驗共享、傳承智慧的重要。

可是，隨著二次世界大戰結束，大量人口從小城鎮和農業社區搬到都會和市郊，加上工業革命、退伍軍人重新就業就學、一九二〇年代末期經濟大蕭條的記憶猶新、科技快速發展等因素，使得整個文化產生了錯位，大家庭、老朋友長時間累積下來的智慧和支援，也都不見了。社會經歷了這種大轉變，從此進入都會生活模式，估計有將近一千一百萬對的夫妻平均子女數達到四點二個。這些夫妻是都會型生活的墾荒者，他們沒有人際網路與支援系統可以汲取長期累積下來的智慧。於是他們就這樣跨越了邊界，進入全新的生活型態、全新科技的新疆域。

問題是，這一千一百萬對夫妻並不知道自己是拓荒者，他們忘記了歷史上其他拓荒者能夠成功殖民新大陸的基本策略。他們忘記了，早年的拓荒者和陌生人會在營火前相聚，交換著在旅途中的心得，免得同樣的教訓，每個人都要重新學一次。當代的這些都市拓荒者不但沒有仰賴世代流傳、彼此學習的智慧，反而讓自己成了孤島。

有些人缺乏家族、社會支援系統，又沒有旅程的同伴，碰到自己能力或知識不足的時候，常會用一種錯誤的自傲態度「我能處理自己的問題」來掩飾。他們以為，自己家裡的事不應該和陌生人討論。他們關起門來掩藏、處理自己的問題，卻又處理無效。他們捨棄了世代累積的智慧與原則，卻跑去閱讀一些未經實證檢驗的書籍和理論。

在此同時，一種幻想開始普遍蔓延：「唯有超完美家長，才能教養出超完美子女」。可是許多的孩子並不完美，家長們也因此陷入罪惡感，產生了壓力，想要否認。教養，原本是世代共同出力的工作，現在已經淪落為兩、三個缺乏經驗又不知道該做什麼的親戚的苦差事。

歷史顯示，一九六三的美國能力測試，是過去三百年來首度出現「學生學業能力下滑」的關鍵年。在那之前，孩子在各方面的成就都是呈現向上成長。可是這些在二次世界大戰後出生的孩童，開啟了向下沈淪的趨勢，犯罪率、青少年懷孕、憂鬱症和自殺的傾向都上升了。顯然，我們對於教養和教育的理解及資源，因為都市化、科技化而遭到破壞。

本書把歷世歷代教養拓荒者的累積智慧整理出來，彷彿是一團溫暖的營火，讓父母、老師可以享用一些既有效、又不因時代改變的教養方法。在本書中，作者提出非常實用的方法，幫助父母和老師協助孩子培養自律、責任感、正向能力及態度。

這本書值得肯定，書中的內容已普遍運用在北美、中美及非洲的校園及訓練計畫當中。書中原則確實有效，可以豐富家庭經驗。

史帝芬・格林（H. Stephen Glenn），教育家

自序與謝辭

《溫和且堅定的正向教養》這本書的基礎，來自阿德勒（Alfred Adler）本人與發揚阿德勒學說的精神醫師魯道夫·德瑞克斯（Rudolf Dreikurs）兩人的學理與教誨。我沒有機會親自向這兩位偉人學習，但我希望在此向那些介紹我認識阿德勒教養法的人致謝。阿德勒教養法不但改變了我的生命，並且翻轉了我和子女、我和學生之間的關係。

我是七個孩子的母親，現在已經有二十二位孫子孫女。好久以前，我只有五個小孩（包括兩名青少年）的時候，我真是充滿挫折，面臨的教養問題和今日許多家長都一樣。孩子們吵個不停，而我無力阻止。我也不知該如何叫他們把玩具收拾整齊，或是叫他們做好該做的家事。每天晚上他們都不睡，早上又叫不起來。該洗澡的時候怎麼叫都不肯洗，而好不容易進了浴室，又不肯出來。

每天早晨都痛苦萬分，總要三催四請才出門上學。放學寫作業、做家務事又是一連串的戰爭。我採用的方法包括威脅、吼叫和責打，不管是我還是孩子都覺得這些方法糟透了，而且一點用也沒有。我不斷因為孩子同樣的不當行為而威脅、吼叫和責打孩子。有一天，我聽見自己重複吼道：「我跟你說過好幾百次了，玩具要收好！」這時我突然頓悟：誰才是真正的「笨蛋」——絕對不是孩子。實在是太荒謬了，我吼了好幾百次之後，自己終於恍然大悟，我用的方法根本無效！而且我已經無計可施了。這種感覺，實在很挫敗。

更糟的是，我當時身為主修兒童發展的大四學生，閱讀了不少偉大著作，書中詳細闡釋父母可以和孩子共同達成許多美好的大事，卻沒有人說清楚「到底該怎樣達成這些偉大目標」。

後來我修了一門新課，課程開始的時候老師說本科目重點不在於研讀新理論，而是要徹底研究心理學家阿德勒的教養方法，包含協助孩子改正不當行為，以及教導孩子自律、責任感、合作、解決問題能力等實用技能。我聽到這些，真的鬆了一口氣。

讓我高興的是，課堂上學習的內容生效了！我家孩子之間的爭吵大概降低了百分之八十，早上叫不起來、晚上不肯睡覺的麻煩也消失了，孩子們甚至配合我做起家務事。最重要的改變是，我發現自己開始享受「母親」的身份了——至少，大多的時候。

我急切地想要和其他人分享這些新的經驗。我的第一個機會是和一群特殊教育學生的家長，他們的孩子無論是在教育、生理或心理上，都面臨不少挑戰。起初，這些家長們不肯嘗試阿德勒的教養法，他們擔心自己的孩子學不會自律和合作。這些特教生的家長不瞭解，孩子們其實是精明的操控者；而家長們以往用寵溺的方式教養，沒有協助孩子盡一切可能性發展所有的潛力，這樣其實是對孩子的不尊重。

後來，我在加州麋鹿叢聯合校區擔任顧問。校區裡許多家長、老師、心理學家和行政人員都很支持「阿德勒教養法能在家庭和課堂上有效提升孩童能力」的見解。我尤其感激當時我的精神導師、心理學者約翰・普拉特博士（John Platt），他給了我許多教導。助理校長唐・洛森博士（Don Larson）和普拉特博士申請到了補助，用聯邦政府的資金發展阿德勒輔導計畫，我有幸被選為這個計畫的執行人。在政府贊助的三年中，我們的阿德勒輔導計畫成功地讓家長、老師獲得知識，用來協助孩子改變不當行為，而且效用之大，甚至讓我們的計畫獲選「傑出計畫」的肯定，並且再得到額外三年補助，以便將我們的成果推廣到加州其他學區中。我們的計畫名稱叫做「接受阿德勒（ACCEPT，Adlerian Counseling Concepts for Encouraging Parents and Teachers）」。透過這個機會，我向數以千計的父母、老師分享阿德勒的理念。他們把訓練工作坊中學到的技能帶回去實用，成果令人興奮。我很感激那些願意讓我與他人分享他們案例的人。

我要特別感謝教育家法蘭克・米德（Frank Meder）在班級會議方面的貢獻。他理解了最重要的原則，並且加以應用：唯有在秩序與自由並重的社會環境中，才可能真正享受自由。

我真誠感激那些參與「接受阿德勒」計畫的專業人士。他們盡心盡力擔任家長研習團體的主持人，整理計畫中需要的素材。他們無私地分享了許多在他們自己家庭、在他們曾經合作的家庭中，有效的原則與案例。

我有一個孩子曾經使用非法藥物，這件事差點讓我放棄正向教養，準備走回懲罰和操控的老路了。就在這個時候，婚姻家庭治療師琳・洛特（Lynn Lott）協助我回人生正軌。我與她一起參加北美阿德勒心理學會年會的工作坊「與青少年共處」，立刻就知道她可以幫助我。我邀請她與我一起寫書，因為我知道，如果某種教養方法在我家能生效，那就值得與他人分享。之後，我們共著了四本書，她對我在正向教養概念的成長與發展上，有著極大的影響。

我的孩子一直是我的靈感、機會和愛的源頭。因著他們，我才有許多持續學習的機會，他們也是我的靈感泉源。孩子們再三讓我理解到，只要孩子一生下來，我先前自以為傲的專家知識都未必適用了。

我們只要學習到有哪些原則和技能，可以促進彼此的尊重、合作、愛與歡樂，那就是最大的收穫了。每當我偏離本書中教導的觀念時，我就製造出一團混亂；只要我回歸到這些方法與技能，不但能清除混亂，更能讓情況變得比之前更進步。犯錯，真的是最好的學習機會。

這些年來，我幸運地因為阿德勒的正向教養而認識許多人。正向教養協會（www.posdis.org）成立的目的，是為了訓練、認證「正向教養同伴（Positive Discipline Associates）」，進行相關的研究，舉辦工作坊及籌設獎學金，並且進行示範，籌辦正向教養學校和確保學習品質。為了協會出力貢獻的人實在太多，在此就不逐一列出。但我希望他們知道我是多麼的愛他們，感激他們。

全新修訂版前言

我很高興《溫和且堅定的正向教養》二十五年來不斷加印，已然成為經典。我更高興聽到有那麼多的家長和老師說這本書改善了他們的家庭生活，改善了課堂的環境。在我聽過的大量評論中，以下兩則最具代表性：「教書教了二十五年，我已經準備要放棄了，現在的孩子實在和以前很不一樣。但是，這本書幫助我做出調整，配合孩子們的改變。現在，我再度喜歡當老師了。」「我家的孩子並不完美，我自己也不完美，但是我現在真的享受『家長』這個身份了。」

或許你會懷疑，本書享譽全球（按，全球已售六百萬冊），我為什麼還要修訂書中內容？其實，初版至今二十五年，我學習到了更多，我有幸與數以千計的家長和老師在工作坊與講演中見面，他們分享了成功和掙扎的經驗。我學到了哪些方法有效，哪些需要細緻地調整，哪些需要強化，哪些新想法必須納入。

在第一章中，你將學習到有效教養的四大條件。家長和老師們發現，這四大條件很有效，可以瞭解不同的教養方式，也可以瞭解哪些方式對孩子會有長期、正向的影響。這四大條件幫助父母排除那些對孩子不尊重、沒有長期效果的教養方式。

我有時懷疑，「懲罰」與「溺愛」之間的拉鋸戰是否永不會停歇。許多人似乎只想得到這兩種極端。那些覺得懲罰有理的人，通常是因為他們覺得除了懲罰之外，唯一的選擇就是驕縱。而不相信懲罰的人往往走上另一個極端，也就是太溺愛孩子。「正向教養」讓家長與老師找到尊重的中庸之道，既不是懲罰也不是溺愛。「正向教養」提倡既溫和又堅定，賦予孩子可貴的社會能力、生活技能。

全新增修版重點１：強調溫和且堅定

在這個增修新版本當中，更強調「溫和且堅定」的重要性。許多家長和老師似乎仍舊掙扎著要不要接受這個概念，原因大多是他們以為溫和與堅定是不能共存的。其實，要瞭解「溫和且堅定」的原則，可以用呼吸來比喻：如果我們只吸不吐，或是只吐不吸的話，會怎麼樣？答案很顯然。溫和與堅定或許不牽涉生與死，但是既溫和又堅定，卻能造成孩子成功與失敗的差異。如果你既溫和又堅定的話，溫和的態度能夠消弭一切因為堅持所造成的問題（叛逆、抗拒、損害自我價值），而堅定則可以抵銷一切因為過度溫和所造成的問題（溺愛、操控、被寵壞的小孩、自我價值受損）。

全新增修版重點2：積極暫停

增修新版當中，我也分享了更多關於「積極暫停」這個對大人和孩子都很有效的生活技能。許多家長和孩子都發現，親子衝突之際若我們能夠記得，此刻我們處於人類的爬蟲腦本能之下，則這樣不但很幽默，而且很有效——當我們處於爬蟲大腦本能的時候，我們只有兩個選擇：對抗（權力爭奪）或逃離（退縮和溝通不良），而且爬蟲類有時會吃掉自己的孩子呢。所以我們更有理由實施積極暫停，等到情緒好轉，再以親密感及信任來解決問題。免得徒然產生距離和敵意。

有時候等我們冷靜下來、彼此道歉並且採用正向教養的方法之後，才比較容易展現溫和且堅定的態度。因此，在這個新修訂版中我也更著墨「積極暫停」的重要性，它能幫助孩子和成人達到更好的成果。

許多大人無法接受「積極暫停是一種正面的經驗」這種看法。他們誤以為，這樣等於獎勵不當行為。但是，等到大人們真正理解懲罰以及爬蟲類本能所帶來的長期不利效果，他們就會明白積極暫停的好處了。

全新增修版重點 3：注重解決問題的方法

全書的主要課題就是培養解決問題的方法。多年來我不斷聽到人們強調「邏輯後果」，讓我聽了很挫折，彷彿父母和老師以為我們只有兩種教養工具：邏輯後果和暫停隔離（Time Out），暫停隔離就是懲罰性的，而邏輯後果也是懲罰，只是經過偽裝（而且偽裝得很差）。要成人放棄懲罰，真的很難。

我最受人歡迎的論點就是：「大人怎麼會瘋狂到以為：為了要讓孩子表現得更好，我們必須先要讓他們感覺更糟？」若家長和老師仔細想想這句話，就會明白這真的是個瘋狂的想法。但一旦面對孩子的不當行為，他們又常常回到過去懲罰的老習慣。

我有次參訪一場班級會議，在會議中自己突然頓悟：重點在於解決問題！那場班會中，孩子的重點是有位同學上課老是遲到的「後果」。我注意到，孩子們所有的提議，都是懲罰性的「後果」。這時我要求暫停一下，並且提問：「你們覺得，如果把重點放在解決這個問題的方法，而不是後果的話，會發生什麼事？」孩子們立刻就懂了。從此我開始對家長與老師分享，我們應將注意力放在解決問題之上。許多家長和老師都回報，家中、教室裡的爭奪權力大幅減少。

全新增修版重點4：大人的責任

新版本的另一個改變就是強調，當孩子的行為出問題的時候，大人應負的責任。我本來在猶豫要不要探討這個主題，因為我不想讓大家誤以為我在歸咎——其實我的本意是要強調大人的意識與責任。我常發現，只要大人先改變，那麼許多讓父母和教師備感挫折的孩子行為問題，全都可以改變。坦白說，我已經聽膩了大人不斷抱怨「孩子又做了什麼錯事」。

我想問的是，大人做了什麼事，導致問題的發生？就我看來，有些不當行為根本就是大人「設計」之下的結果。想想看，有多少孩子是在家長、老師提出要求之後，才變得叛逆的？如果這些孩子生命中的大人，能在家裡或班會中邀請孩子共同參與討論解決問題的方法，或是協助孩子們製作出日常慣例表，並且問：「我們的約定是什麼？」或「現在你需要做什麼事？」則這些孩子可能會很配合。當然，這種方法並不是在每種情況下都行得通，而這也正是我們需要那麼多正向教養工具的原因。

全新增修版重點5：全新章節「父母的性格：你對孩子的影響」

本書包含一個全新的章節〈父母的性格：你對孩子的影響〉，旨在協助大人瞭解：他們的性格會如何引發孩子展現出性格中的優點與缺點。許多成人不知道，他們自己在小時候所做的決定，形成了今日的性格，而他們今日的性格正在影響著他們的孩子。這一章中的資訊很有趣，可以讓大家明白，當孩子的性格正在形成之際，成人要如何克服某些行為，免得這些成人行為引發孩子做出不良的決定，影響到孩子未來的性格。再說一次，這一章的目的不是要歸咎大人，不是要貼標籤或批判。意識到問題存在，就是改變的關鍵。

過去二十五年中，教養方式產生了許多改變。最大的變化之一，就是有更多的男性參加我的演講和工作坊，並且積極參與、扮演教養的角色。如果父母有注意到本書當中的建議，例如，大人只要理解某些行為會為孩子帶來多大的傷害（為孩子做太多、保護過度、持續救援、陪伴時間不足、買太多東西給孩子、為孩子做功課、嘮叨、要求、破口大罵然後掉頭走人等），就足以補救某些變質的教養，例如過度強調物質、超人家長等。

孩子健全的自我價值，必須以「孩子具有『我辦得到』的信念」為基礎。當父母們總是包辦一切、過度保護或陪伴時間不足，孩子就無法發展出「我可以」的信念。當孩子不斷被告知該怎麼做，當孩子缺乏尊重的參與討論，也不曾專注於解決問題的方法，又沒有機會練習父母希望他們具備的技能，那麼他們就不會發展出有助於建設能力感的相關技能。

現在，家庭會議和班會變得更常見了，但是，我們仍舊有很長的路要走。在這樣的會議中，孩子們有機會發展出本書第一章所提到的七大認知與重要技能。可惜的是，許多家長和老師似乎覺得孩子能夠在缺乏經驗或練習的情況下，就發展出這些技能。

我最近接受一位雜誌編輯的採訪，她認為現在大多數的人都已經瞭解，懲罰對孩子是無效的。我希望這是事實。我的夢想仍舊是家庭和課堂上先享有和平，進而創造世界和平。當我們以尊嚴和尊重教導孩子，並且教導他們寶貴的生活技能，讓他們擁有良好的品德，孩子們就會在世上散播和平。

如何應用這本書

有些教養的書籍是為家長而寫的。有些則是為老師而寫。本書是為兩者而書寫，因為：

- 家長和老師所需要的概念是相同的。唯一的差別是應用的場所。有很多老師也是家長，並且想要在家裡和學校都採用這些概念。
- 當家長和老師幫助孩子的方法整合成一體時，就提高了家庭與學校之間的瞭解與合作，能積極地相互協助。

正向教養的原則就像拼圖，全部拼完之後裡面的概念才浮現出來。有時候，要等到你將不同的概念或是態度結合在一起，你才能理解正向教養。而在這個拼圖裡，有幾片是：

瞭解不當行為背後的四個錯誤目的

既溫和又堅定

相互尊重

犯錯就是學習的機會

社會責任

家庭會議和班會

讓孩子參與解決問題

鼓勵

當教養方式看不到成效時，請看看是否欠缺了上述的任何一片拼圖。例如，如果大人或孩子不瞭解「犯錯就是學習的機會」，就無法解決問題。若大家學不會相互尊重和社會責任，家庭會議或是班會可能也不會有效。太過於溫和而不堅定，會變得溺愛；太過堅定但缺乏溫和，會變得過度嚴厲。有時候，我們得先暫停處理不當行為，先修復受傷的關係——修復關係的時候，有時重點在於處理動機（移除那些會造成不當行為的動機），而不是直接處理不當行為。

如果大人不瞭解孩子不當行為背後有哪些錯誤的目的，不瞭解造成不當行為的想法是什麼，那麼空有鼓勵也沒用。

本書處處可見到正向教養在家庭和課堂中實施的實際案例。只要理解正向教養的原則，你的常識和直覺就足以讓你在生活中加以運用。透過家長和教師讀書會，家長和老師們可以相互支援，共同學習正向教養概念。在這些讀書會中，大家都可自由分享自己的錯誤，彼此學習。我們都知道，看出別人問題的解決方法很容易，我們很會對別人的問題提出觀點，既客觀又有創意。但是面對我們自己的問題時，卻常常因為情感涉入太過，失去了所有的觀點和常識。在讀書會中，家長和老師們知道自己並不孤獨，沒有人是完美的，而且大家都有著類似的問題。參與讀書會的家長和老師的共同反應是：「知道自己不是唯一感到挫折的人，真鬆了一口氣！」知道有人和你同在一條船上，讓人感到安慰。

在讀書會中，召集人表明自己不是專家。如果沒有人擺出專家的姿態，團體反而會更有效。讀書會的帶領人負責提出問題，並且維持討論不離題，但並不提供答案。如果團體中沒有人知道問題的答案，那麼可花些時間在本書中尋找答案。

本書的附錄一有許多說明，可以幫助讀書會運作得更順暢。小組可能小到只有兩人，或多達十人（超過十人，每個人參與的機會就減少了）。團體成員的責任就是閱讀指定章節，做好準備討論問題，討論時不要離題，並與小組領導人合作。如果小組成員沒有時間閱讀指定的章節，他仍舊可以傾聽他人的討論並且參與體驗活動，且從中獲益。

你不需要立即接受書中所有的原則。只要採用當下你覺得合理的原則即可。如果你聽到一些感覺不對的內容，千萬不要以偏概全。有些概念看似難以接受或理解，可能過了一段時間後就合理了。一位讀書會成員說，她曾在孩子身上嘗試過某些原則，只為了證明了這些原則是錯的，結果卻很驚訝地看到親子關係的改善。她後來成為一個家長讀書會的召集人，因為她想要分享這些對她大有幫助的概念。

當家長或老師嘗試改變舊習慣時，請對自己和孩子多用點耐心。你對基本原則的認識程度加深，實際運用就會變得更容易。耐心、幽默感和寬容能強化你的學習過程。

再提醒一下：一次只嘗試一個新方法。本書當中，你會看到許多新概念和新技巧，需要練習才能成功運用，對自己期待過高只會造成困惑和挫折感。每次運用一個方法，循序漸進。別忘了，犯錯就是學習的機會。

許多家長和老師發現，就算孩子沒有變得完美，但運用了書中的概念和態度之後，就更享受與孩子相處的時光了。這就是我對你的期待。

第1章　正向的態度

如果你是老師，你的教學經歷是否夠久，久到足以記得孩子們乖乖排排坐、聽命行事的年代？如果你是家長，你是否還記得孩子們不敢回嘴的年代？也許你不記得了，但你的祖父母一定記得。

許多當代的家長和老師們備感挫折，因為今天孩子們的表現不如美好的過去年代。為什麼現在的孩子缺乏過去孩子們普遍擁有的責任感和主動性？

很多人嘗試提出不同的解釋，例如家庭破碎、電視看太多、沈溺電玩、父母都在外上班等。這些因素在今日社會隨處可見，而如果這些因素真的可以解釋我們今日面臨的教養挑戰，那麼這整個情況根本就無藥可救了。（其實，許多單親父母和雙薪家庭採用了有效的教養技巧，而教養出優越的下一代。）

兒童心理學家德瑞克斯對此也提出了他的看法。他認為，這幾年間，社會發生了一些重大的轉變，可以解釋為什麼今天的孩子和以往不同了。其實，我們不必悲觀，因為只要意識到問題的存在，擁有解決問題的意願，社會的變化也就不足為懼，我們就有能力解決許多人認為是因為破碎家庭、沈溺電視或雙薪父母等因素所造成的問題。

當代的教養挑戰1：成人典範消失

首先，最重大的改變就是成人已經不再是孩子們順從和守規矩的典範。大人們彷彿忘了，自己的表現早就和過去那美好年代不一樣了。還記得不管爸爸說什麼，媽媽都照辦（至少表面上）的時光嗎？因為那是社會整體普遍接受的行為準則。在那個美好的舊時光中，很少人會質疑爸爸的決定。

後來人權運動興起，這一切都變了。德瑞克斯指出：「當爸爸失去對媽媽的掌控時，父母兩人都失去了對孩子的掌控。」意思是，媽媽已不再是孩子們順服的典範。其實這是進步。過去美好時光中有許多不好的事。

在過往的年代中有許多不同的順從典範。爸爸順服於老闆（老闆才不在乎爸爸的意見），以免失了工作；少數族群放棄個人的尊嚴而採取順服的角色。現在，所有的少數族群都積極爭取他們完整的平等與尊嚴。很難找到一個願意接受次等、順服角色的人。而孩子們不過是有樣學樣而已。他們也想要擁有尊重且尊敬的對待。

值得注意的是，平等不等於相同。四個兩毛五分的銅板和一張一元的紙鈔在外觀上非常不相同，但它們是對等的。可是孩子們顯然不應該擁有和大人相同的權力。另外，成人的指引雖然很重要，但孩子們也值得尊重與尊敬的對待。為了讓孩子發展出必要的生活技能，孩子也應當在溫和與堅定的氣氛裡成長，而不是生活在責難、羞辱和痛苦的環境中。

當代的教養挑戰 2：孩子的學習機會遭剝奪

另外一個重大的改變是，現今社會中孩子們比較沒有機會去學習責任與主動。我們現在已經不需要孩子們負擔家計，而且在愛的旗幟下，孩子們往往無須任何努力就獲得太多東西，因此演變出一種「我應得」的態度。許多父母親相信，好的家長應該保護孩子免於受到任何失望的打擊，他們過度幫助孩子，過度保護孩子，使得孩子們沒有機會發展出自己面對生命難關的能力。孩子們的技能訓練也常被忽略，原因是家庭生活節奏太緊湊，或者父母不瞭解讓孩子有所貢獻是多麼的重要。我們經常剝奪孩子們的機會，讓他們無法透過有意義的貢獻去感受到自己的歸屬感和價值感，然後回過頭來又抱怨、批評小孩子沒有責任感。

當家長和老師太嚴苛、太操控或太放縱的時候，孩子們就無法發展出責任感。若孩子有機會在一個溫和、堅定、有尊嚴、有尊重的氛圍中去學習「發展出良好品德所需的珍貴生活與社會技能」，他們就會懂得負責。

要強調的是，不懲罰並不等於讓孩子為所欲為。我們需要給孩子機會，讓他們體驗到「自己的責任」與「所享受的權利」之間有直接的連結。否則，孩子將會過度依賴，會誤以為唯一能擁有歸屬感和價值感的方法，就是透過操控他人為自己服務。有些孩子們會發展出以下的想法：「不照顧我的話，就不是愛我。」有些孩子或許會相信，自己最好不要嘗試，免得反而招致羞辱和痛苦。最讓人感到悲傷的是，有些孩子們因為缺乏機會，無法體會自己的能力，竟然發展出「我就是不夠好」的想法。這些孩子會變得太過叛逆，或是盡全力逃避。

孩子的七大重要認知／技能

當孩子們所有的智力與精力都放在操控、叛逆和逃避的時候，他們就無法發展足夠的觀點和技能，讓自己成為有能力的人。在《讓孩子做自己的主人》（Raising Self-Reliant Children in a Self-Indulgent World）一書中，我和共同作者指出了以下七大重要的認知與技能。

1. 對個人能力的健全認知：「我有能力。」
2. 對重要人際關係的健全認知：「我的貢獻有意義，而且被需要。」
3. 對個人力量或影響生活能力的健全認知：「我可以影響發生在自己身上的事。」

4. 健全的內省能力：有能力理解自己的感情，且能自我約束及自制。
5. 健全的人際關係能力：和他人共事的能力，並能透過溝通、合作、協商、分享、同理心和傾聽發展出友誼。
6. 健全的系統性能力：以負責、適應、彈性與正直的態度，回應現實生活中的規範與後果。
7. 健全的判斷能力：運用智慧，根據適當的價值觀來評估情勢。

若孩子有機會和父母親合作，接受實務的訓練，並且對家庭生活做出有意義的貢獻，則孩子們自然而然就會發展出上述的認知與能力。諷刺的是，過去的美好年代裡孩子們有機會發展出這些健全的生活能力，不過運用的機會很少。可是今日的機會很多，孩子們卻沒有做好準備去面對。今日的孩子沒什麼機會去感受自己是被需要的，自己是重要的，不過家長和老師可以體貼地為孩子提供這種機會，只要家長和老師學習如何更有效地幫助孩子和學生，讓他們發展出健全的認知和能力。這樣還會出現一個很棒的附隨效應：孩子大多數的行為問題都消失了。大多數的不當行為，其發生原因都可以回溯到孩子沒有發展出這七項認知和能力。

如果父母和老師在教養上遭遇了挑戰，第一步就是要瞭解為什麼孩子們表現得不如過去那樣。我們必須瞭解，為什麼過去多年來運作良好的控管方式，對今日的孩子卻沒有用。我們需要瞭解，過去孩子學習的機會是由外在情勢所提供，今日則必須由我們提供，好讓孩子們發展出責任感和主動性。最重要的是，我們必須要瞭解：基於相互尊重和共享責任的合作關係，遠比權威性的操控要來的有效（見表1.1）。

採用表1.1當中三種不同互動模式的家長和老師，他們的態度也大為不同。

嚴厲——「這些就是你必須遵守的規則，還有違反規則時要接受的懲罰。」孩子們並沒有參與決定的過程。

溺愛——「沒有規則。我相信我們會彼此相愛，感到快樂。你以後可以自行選擇規範。」

正向教養——「我們一起決定對雙方都有益的規範。出問題時，我們也會一起決定對大家都有利的解決方法。若我必須做出判斷，且不採納你的意見時，我也會本著溫和、尊嚴和尊重的堅定態度。」

表 1.1 成人與孩童互動的三大模式

嚴厲（過度的操控）	• 有秩序無自由。 • 毫無選擇 •「我怎麼說，你就怎麼做。」
溺愛（毫無限制）	• 有自由，卻無秩序 • 無限的選項 •「你想怎麼樣，就可以怎麼樣。」
正向教養（權威，溫和而堅定）	• 有秩序也有自由 • 有限的選項 •「你可以在大家互相尊重的範圍內選擇。」

實際案例：三個不同家庭的早餐

約翰．普拉特博士說過一個案例，關於三歲的強尼在三種不同的互動方式當中會出現什麼情況，有趣地彰顯出這三種不同互動方式的強烈差別。

在嚴厲的家庭中，只有媽媽才知道最好的做法。這時強尼的早餐沒有選擇。在一個冰冷、細雨霏霏的清晨，所有操控型的母親都知道，強尼得吃點熱騰騰的食物才能面對一整天。但是強尼有不同的想法，他看了一眼麥片粥說：「好噁！我不要吃這種東西！」一百年前的操控型母親會直接了當的說：「給我吃下去！」強尼也就乖乖聽話了。當代的操控型母親比較難為，她必須經過下列四個步驟才能讓孩子聽話：

第一步：媽媽試圖說服強尼，他需要熱麥片粥才能面對嚴寒氣候。早年的父母常說，熱麥片「能撐起你的肋骨！」但你有沒有想過，三歲的孩子聽到這種說法有什麼感想？強尼根本不在意。

第二步：媽媽試圖讓麥片變得更好吃。她試過各種不同的料理方式——紅糖、肉桂、葡萄乾、蜂蜜、楓糖漿，甚至巧克力脆片。強尼吃了一口，仍舊說：「好噁！我討厭這個東西！」

第三步：媽媽試圖教導他要心懷感激。「強尼，想想那些飢餓的非洲兒童。」強尼更不在意地回答：「那就送給他們吃好了。」

第四步：無計可施的媽媽覺得現在唯一的選擇就是要教訓強尼。她打了他幾下，告訴他就餓肚子好了。

媽媽對自己的處理方式感到很滿意。三十分鐘後，她開始產生罪惡感：外人若是知道她讓孩子餓肚子會怎麼想？萬一，強尼真的肚子餓怎麼辦？

強尼在外面玩了一陣子回家宣告：「媽咪，我肚子好餓喔！」

媽媽現在有機會進行她最喜歡的說教了：「我早就告訴過你！」一面說教，媽媽沒注意到強尼根本沒在聽，只是發呆著等她囉唆完。媽媽說教完之後感到滿意，現在她已經盡到責任了，孩子已經明白媽媽才是對的。這時她給了孩子一塊餅乾，叫他出去繼續玩耍。為了補償孩子少吃一頓營養早餐，媽媽走回廚房，開始煮豬肝和青花菜。猜得到午餐會是什麼情況嗎？

第二幕發生在溺愛的家庭中，母親正在培訓未來的暴君。強尼早上進入廚房，這時媽媽說：「甜心，你早餐想要吃什麼？」

三歲的強尼已經受過三年的暴君訓練，他先要求水波蛋配吐司。媽媽連煮九顆蛋後，才終於達到強尼的要求。這時他又決定不想要水波蛋了，他想要吃法式吐司。家裡還剩三顆蛋，所以媽媽煎了法式吐司。整個過程中，強尼一直在看電視，他看到廣告說運動員吃了冠軍早餐就會有絕佳表現，所以他說：「我想要小麥穀片！」他嘗了一口後又說他要糖霜脆片。家裡沒有糖霜脆片，媽媽連忙衝出去買。強尼輕輕鬆鬆就讓媽媽成天忙個不停。

（以上的情節一點都不誇張。有位母親告訴我，她的孩子除了洋芋片之外，什麼都不肯吃。我問哪來的洋芋片，她說：「當然是我買的，否則小孩什麼都不肯吃！」許多孩子被養成小暴君，他們為了顯現自己的重要，所以操控別人對他們唯命是從。）

現在，我們要進入正向教養的家庭了。早餐還沒開始，這個家庭已經展現兩個重要差異。首先，強尼起床後會先換好衣服，整理好床鋪（本書稍後會告訴你如何讓孩子這樣做）。其次，強尼會為早餐出力，例如擺餐具、烤麵包或打蛋（沒錯，三歲大的孩子已經會打蛋了，你在本書有關家務的部分會看到。）

今天是穀片早餐日。媽媽提供強尼幾個選項：「你要吃神奇圈圈餅還是格紋小麥穀片？」（她才不買那種上面都是糖霜的早餐穀片。）

強尼也看過偉大運動員都吃什麼的廣告，所以他選擇了格紋小麥穀片。吃了一口後，他改變主意說：「我不想要吃這個！」

媽說：「好啊。穀片已經泡了牛奶，沒辦法裝回盒子裡。那你出去玩吧，午餐時再見。」請注意，這位媽媽跳過了所有操控型媽媽常用的步驟，她沒有嘗試說服強尼，也沒有告訴他世界上還有其他兒童在餓肚子，更沒有嘗試讓穀片變得更美味。她也沒打他。她只是乾脆地讓強尼體驗自己選擇的後果。

這位媽媽剛採用這種教養法沒多久，所以強尼試圖利用罪惡感當武器。兩個小時後，他告訴媽他肚子餓。這時媽媽尊重地回應：「我想也是。」媽媽並沒有拿出「我早就說過了吧」這種訓詞，反而向強尼保證：「我相信你能忍耐到午餐的時候。」

這齣戲演到這裡，如果強尼接下來理解媽媽的看法，也配合媽媽的決定，那就是超完美結局了。但是，沒那麼簡單。強尼大發脾氣，因為他無法得到自己想要的東西。此時大多數的母親很自然的會認定，這個什麼正向教養一點用也沒有。可是強尼的媽媽知道，當大人採用新的方式和孩子互動時，接下來會發生什麼情況。

孩子們已經習慣了父母的行為，當父母改變行為模式時，孩子們就會努力找回與以往相同的模式，此時他們可能會誇大自己的行為（變得更惡劣）。這就是「飛踢自動販賣機效應」：當我們把錢投入販賣機，卻沒有東西掉下來時，自然會又踢又踹，試圖讓販賣機做出該做的反應。

「嚴厲」的問題就在於，懲罰能夠立即中止不當行為，但不當行為很快又會出現，一次又一次。

父母剛開始採用正向教養方法時，孩子的不當行為可能會變得更嚴重，但是你會注意到，孩子會漸漸減緩犯錯。當孩子體會到他的操控策略無效時，他可能會再度測試，想要證明以往的操控策略依然有效。但父母持續採用正向教養之後，孩子的不當行為會變得較為緩和，再度發作的期間會拉長。

若我們以尊嚴和尊重的態度加以堅持，孩子很快就會學到，不當行為無法為他們帶來預想的結果，於是孩子就產生了改變行為的動機，同時無損他們的自尊。父母只要明白這一點，就可以度過孩子行為惡化的短暫期間，也不會落入過度管教的那種時時刻刻無止盡的權力抗爭。

當強尼亂發脾氣時，媽媽可以採取冷靜期的技巧（稍後會解釋），走到另一個房間，直到彼此情緒好轉。如果發脾氣時少了觀眾，就沒意思了。或者，她也可以嘗試「我需要擁抱」的手法（第七章中會說明），好讓雙方都感覺好一點。接著，如果孩子大到足以參與解決問題的話，就可以共同討論出一個解決方法。針對較年幼的孩子，情緒好轉或是略為分心就足以改變孩子的行為了。

前述的例子解釋了三種不同的親子（師生）互動模式，也證明了從長期效果來看，正向教養更有效。但是，許多成人不肯放棄嚴厲控管，因為他們錯誤地認為「不嚴管就等於溺愛」，而溺愛對大人或孩童都不好。在溺愛環境下養大的孩子覺得這個世界虧欠他們，他們把所有的精力和智力都放在操控或麻煩成人，以滿足他們的慾望。他們把時間花在逃避責任上，卻沒有發展自己的獨立與技能。

小心！「有效的方法」並不真的有效

許多人堅信嚴厲、懲罰才有效。我不會說懲罰無效，因為懲罰確實有效，能夠立刻中止不當行為。但是，長期來看效果是什麼？我們往往追求立即的效果。但如果長期來看結果是負面的話，我們就得提防這些看似有效的做法。懲罰的長期效果是孩子們通常會出現下列一種或全部的現象：

懲罰帶來的四個R後果

1. 憎恨（Resentment）：不公平！我無法信任大人。

2. 報復（Revenge）：現在你們占上風，但是我會討回來的。

3. 叛逆（Rebellion）：我就偏要違反你的想法，以證明我不需要照你的話做。

4. 退縮（Retreat）：偷偷摸摸（下次就抓不到）或削弱自尊（我很壞）。

在懲罰底下，孩子們通常不知道自己正在做出以上的反應，但是孩子未來的行為卻是建立於這些潛意識的決定。例如，孩子可能會認為「我很壞」，於是繼續表現出惡劣的行為。另一個同樣認為自己很壞的孩子，可能會變成一個過於討好他人的人（對肯定上癮），以求取他不認為自己值得的愛。所以，成人要更警覺，自己的行為會產生什麼樣的長期效應，不要被短期的結果而蒙蔽了。

大人怎麼會瘋狂到以為：想要讓孩子表現得更好，我們必須先要讓他們感覺很糟？你自己回想一下，上次你覺得受屈辱、遭遇不公的時候，是什麼感覺？你有覺得想要合作，或是想要表現得更好嗎？回想一下，上次有人意圖透過「讓你難過」來激勵你改進表現的時候，是什麼感覺？你有被激勵、想要表現得更好的感覺嗎？就算有，那種感覺好嗎？還是你對自己、對他人都出現了負面感覺？這到底是激勵你放棄，還是激勵你繼續掩飾，以避免未來的羞辱？孩子在懲罰底下出現的感覺和潛意識的決定，並不能幫他們發展出正面品德。

太嚴厲或太溺愛都是父母和老師不喜歡的，可是他們又不知該如何是好，於是搖擺於這兩個無效的選擇之間，一下子嚴厲管束，直到受不了自己的暴君態度，一下子又轉變到溺愛，直到受不了自己的孩子被寵壞、需索無度。接著又回到嚴厲管束。

有些孩子好像非用嚴厲管束來對付不可，但這時會付出什麼樣的代價？研究顯示，受到大量懲罰的孩子會變得非常叛逆，或是乖順到讓人害怕。正向教養不採用任何歸咎、羞辱或是痛苦（不管是生理或心理的）來作為刺激的手段。換句話說，溺愛對成人和孩子都是一種羞辱，會製造出不健康的相互依賴，而不是自給自足與合作。正向教養的目的是達到當下的負責與合作，以及長期的正面結果。

許多家長和老師都相信，若不嚴厲管束和要求，唯一的另個選項就是溺愛。其實不是這樣。所以我們有必要把「管教」好好的定義一下。許多人以為管教就是懲罰，或者至少相信懲罰是管教的手段。管教源自拉丁文，意思是真理、原則或追隨敬重的領袖。孩子們不可能成為真理的追隨者，除非他們擁有內在的動力，亦即唯有他們學會自我管束，才會追求真理。懲罰和獎賞都來自於一種外在、對於控制的過度注重。

既不嚴厲，又不溺愛，那會是什麼？

正向教養中既沒有過度的操控，也沒有溺愛。它和其他的教養方式有什麼不同？答案是，正向教養不羞辱孩子，也不羞辱大人。

正向教養是基於相互尊重和合作。正向教養是建基於內在的自控，同時以「溫和且堅定」為基礎，教導生活能力。

當父母過度操控時，孩子們仰賴的是外在的控制，時時掌控孩子行為就變成了大人的責任。家長和老師最常採用的過度操控手段就是獎賞與懲罰。在這種教養方式中，成人必須在孩子表現良好時給予獎賞，在表現不佳時施以懲處。這時是誰在負責？是成人。那成人不在場的時候呢？孩子就無法為自己的行為負責。

值得注意的是，操控的成人經常抱怨孩子不負責任，但卻忽略了他們正在訓練孩子不要負責任。溺愛也會把孩子教導得不負責任，因為此時成人和孩子都放棄了責任。

正向教養中最重要的概念就是，如果規範是由孩子參與制訂的，那麼孩子比較願意遵守。當他們學會成為對家庭、課堂和社會有貢獻的成員時，他們就會成為擁有健全自我概念的有效決策者。這些都是正向教養的長期效果。以下就把重點列舉出來：

有效教養的四大條件

1. 是否溫和且堅定（尊重且鼓勵）？
2. 是否讓孩子感到歸屬感和價值感（有連結）？

3. 是否有長期的效果（懲罰有短期效果，卻有負面的長期效果）？
4. 是否教導良好品格應有的社會和生活技能（尊重、關心他人、解決問題、負責、貢獻與合作等）？

懲罰並不符合以上這些條件。但是正向教養所傳授的每一個方法都符合。正向教養最基本的概念，就是溫和且堅定。

溫和且堅定：為什麼做不到？

德瑞克斯教導我們，在親子關係中，溫和與堅定同等重要。溫和的重要性在於顯現對孩子的尊重。堅定則顯現對自己和情境的尊重。權威式的方法通常欠缺溫和。溺愛則欠缺堅定。對正向教養而言，溫和與堅定都是基本的東西。

許多家長和老師都難以接受這個概念，原因之一就是當孩子踩到大人的底線時，他們實在拿不出溫和的行為。那我再問：「如果大人想要孩子好好控制自己的行為，那麼我們也要求成人控制自己的行為，這樣會很過分嗎？」許多時候，成人才需要積極暫停（第六章會講得更詳細），直到大人的感覺變好，能更拿出更好的表現。

另外一個成人難以既溫和又堅定的原因，就是他們不知道這到底是什麼，或不知道到底還可以怎麼做，於是陷入了「生氣時太強硬、太強硬之後又太溫和以求補償」的惡性循環中。

許多家長和老師對「溫和」有誤解。實施正向教養的時候最嚴重的偏失，就是因為不要懲罰，所以變得「太溺愛」。有些人誤以為討好孩子、時時救援、保護孩子不受到失望的打擊，這就是溫和。其實這不是溫和，而是溺愛。溫和的意思是尊重孩子和自己。溺愛孩子不是尊重。每次都救援孩子也只會讓他不必去面對失望，到最後使他沒有機會培養出面對失望的能力，這樣也不是尊重。肯定他們的感受才是尊重：「我知道你很失望（生氣、煩惱等）。」接著相信孩子能夠度過這種失望，並且在過程中發展出一種「我有能力處理這件事」的感覺。這才是尊重。

尊重

現在讓我們檢視一下孩子尊重你這件事。如果你容許孩子對你（或對他人）不尊重，這樣並不是溫和。這裡要仔細辨識一下：不允許孩子不尊重你或他人，並不等於就要訴諸懲罰來處理問題，因為懲罰是一種極大的不尊重。好，那你到底該怎麼辦？

假設孩子頂嘴，在這種情況下，溫和且堅定的處理的方法是先離開現場。家長或許會抗議：「但這樣難道不是在溺愛孩子嗎？」讓我們進一步來討論：你無法強迫別人尊重你，但你可以尊重自己。離開，就是尊重自己，而且是給孩子良好的示範。過後，等大家都有機會冷靜下來，感覺自己好多了，能夠處理得更好了，這時你就可以繼續。

接下來的情況可能像這樣：「親愛的，我很遺憾你那麼生氣。我尊重你的感受，但不能接受你處理的方式。當你不尊重我時，我就會暫時離開。我愛你，也想要和你在一起，所以當你準備好要尊重我的時候，請讓我知道，我會樂意幫助你釐清用什麼方式來處理你的憤怒。然後，我們就可以專心找出能尊重我們彼此的解決方法。」最好的方法就是先讓孩子知道：等大家都冷靜下來之後，你會怎麼做。

因為很重要，所以要再說一次：家長常常覺得，問題一定要在發生的當下處理。其實，這是處理任何問題最糟糕的時機。大家在生氣時，只會運用自己的原始大腦：戰（權力鬥爭）或逃（退縮、不溝通）。使用原始腦的時候，不能做理性的思考，此時我們會說出讓自己事後後悔的言語。先冷靜下來，等到你能運用理性腦時再處理問題，這樣才對。這是一個很重要的技能，一定要教給孩子。有時候，最好是「決定自己等下要怎麼辦（第五章會說明如何辦到）」，而不是「要孩子做什麼」，否則會陷入權力角逐，而不是合作。所以要記住：溫和等於尊重。

堅定

接著來討論堅定這件事。大多數的成年人以為，堅定就是懲罰、訓誡或其他操控的形式。

不是。當堅定與溫和相結合時，就代表著對孩子、對你和對情勢的尊重。

我們用界線來舉例。大多數情況中是家長設定界線，然後負責維持界線。設立界線的目的是什麼？是想保護孩子的安全，促進他們的社會化。當成人設定界線，並且以懲罰、訓誡和操控來捍衛界線時，就會招致孩子的叛逆和親子間的權力爭奪。這樣無法讓孩子安全，無法幫助他們社會化。

所以應該反其道而行，要讓孩子參與界線的設定和執行。例如，你們可以腦力激盪，在看電視、門禁、外出、功課等方面應該設下什麼限制。讓孩子共同討論這些限制有什麼重要性（這表示孩子和你享有同樣的發言權）、應有什麼限制，以及該如何負責地遵守這些限制。就以功課來舉例，如果你問孩子，家庭作業的重要性是什麼，他們會回答「幫助我學習」、「讓我的成績變好」，然後，他們可以決定自己需要多少時間寫作業、什麼時候寫作業最好（家長通常希望孩子一回家就做功課，但孩子們通常希望先有些放鬆的時間。當孩子擁有選擇時，他們就會覺得自己擁有權力）。一旦孩子們決定最佳的家庭作業時間，你們雙方就可以設定一些規範例如「只能在做完功課後看一小時電視」、「我只有在晚上七點到八點之間有空幫你做功課，其他時間恕不幫忙了，請不要最後一刻才來拜託」等等。當孩子基於自己對限制的理解和應負的責任而共同設定規範時，他們會比較願意接受限制。

當然，針對四歲以下的兒童所設的限制，會有點不同。此時家長必須為較年幼的孩童設定限制，但是這些規範仍可用溫和又堅定的方式來執行。

當孩子不守規範的時候

當孩子不守規範時，不要說教或懲罰，而是要繼續以尊重的態度讓孩子參與。不要敘述給他們聽事情發生的過程、該如何處理。你可以問：「請告訴我，發生了什麼事？你覺得為什麼會這樣？現在，要解決這個問題，你有什麼想法？你學到了什麼，可以當成日後的經驗？」

提醒你，如果以往的親子互動是「孩子聽教訓和接受懲罰」的模式，此時他們的回答會是：「我哪知啊？」這時候，你該說：「你們是有能力處理問題的孩子，所以，你們先想一想，半個小時後我們碰面，你們把想法告訴我。」

家長和老師都習慣於說教、要求。孩子們則習慣以抗拒、叛逆來回應。以下的「溫和且堅定」語彙有助於避免不尊重的語言，並且強化合作：

- 「馬上就輪到你了。」
- 「我知道你可以很禮貌的表達。」
- 「我很在乎你，所以我可以等到我們雙方都能彼此尊重的時候，再繼續這個對話。」
- 「我知道你可以想出一個有效的解決方法。」

- 「我們待會兒再談。現在該上車了。」
- （孩子在亂發脾氣時）「我們現在必須要離開這家店了。等一下（或明天）再回來。」
- 父母或老師拿出行動來表達，不要光說。例如，平靜地牽起孩子的手，展示給他看該做的事。

當你不再使用懲罰為手段，你必須要練習新的技能。花一點時間訓練、幫助孩子學習相互尊重和解決問題的技能。

當一個家長溫和，而另一個很堅定時

說來有趣，擁有這種對立性格的兩種人常常會結婚。其中一人對孩子太寬容，另外一個則是太嚴苛。然後，寬容的家長覺得自己必須更寬容一點，以補償另一個嚴苛的家長。嚴苛的家長則覺得自己得更強硬，以彌補寬容鬆散的家長。於是夫妻距離越來越遠，不斷爭吵到底誰對誰錯。事實就是，兩個人的教養哲學都同等無效。

這種情形怎麼辦呢？定期舉行家庭會議是很不錯的方法，可以幫助孩子與家長學習如何有效溝通，讓大家定期有機會「頭腦風暴」一下，在腦力激盪下，採用彼此尊重的方式解決問題。

此時要把焦點放在解決之道上，這樣才能消弭對立，全家相互支持，家長支持孩子。第六章中我們會更詳盡討論這一點。

懲罰的缺點 1：無法讓孩子產生歸屬感和價值感

對所有的人而言，歸屬感和價值感是最重要的目標，對孩子而言尤其如此。這種連結感（或是缺乏這種連結感）正是孩子們學業和社交表現的重要指標。犯下校園屠殺可怕罪行的學生，沒有一個人擁有歸屬感和價值感。

懲罰這個手段無法讓孩子產生歸屬感和價值感。這也就是為什麼懲罰缺乏長期效果的原因。正向教養方法才能幫助孩子產生歸屬感和價值感，第四章將詳細說明當孩子缺乏歸屬感和價值感時，孩子為什麼會出現不當行為，以及會用哪些方式展現出不當行為。

懲罰的缺點 2：欠缺長期效果

家長和老師一直在懲罰，是因為懲罰其實很有效——這是指短期間而言，亦即在當下就制止不當行為。問題就在於，大人不瞭解懲罰的長期效果。被懲罰的孩子想的不是：「噢，真感謝你，對我實在太有幫助了。我簡直等不及要請你幫忙我解決所有的問題。」他們想的是，以後有機會就反抗。懲罰會對他們的自我造成更大的損傷。

成人喜歡懲罰的另一個原因，是因為他們擔心除了懲罰以外，只剩下溺愛這一個手段。他們擔心，如果自己放棄掌控，就無法盡到身為家長或老師的責任。還有，懲罰很容易，不用學，自然就會。懲罰，往往是一種「被動式」的回應，但是有效的教養方法需要努力和技巧。

成人使用懲罰的最後一個原因是，儘管懲罰缺乏長期的效果，但是他們不知道還有什麼其他的做法可行。其實，在本書中，你可以看到大量具有長期效果的其他方法。

教導孩子具備良好品德的社會生活技能

對許多家長和老師而言，這是個嶄新的概念。他們很少想過，教養還可以教導社會和生活技能。如果你曾經研究過懲罰的長期效應，那你就知道，懲罰教出來的結果是暴力、詭詐、低落的自我評價、大量的負面技能。如果你學習過正向教養方法，那你一定會注意到，正向教養的工具不但能終止不當行為，還可以培養出良好品德所需的社會和生活技能。

正向教養的旅程

走在正向教養的路上，請時常記得你的目的地。你到底想要為孩子做什麼？如果要父母或老師列出孩子應該擁有哪些特質，通常他們會希望孩子具備：

禮貌	自制	誠實
合作	耐心	同理心
誠信	同理心	責任感
幽默感	自我控制	關心他人
熱愛生命	樂於學習	內在的智慧
開放的心態	客觀的思考能力	自重並尊重他人
解決問題的技能	接受自己和他人	正面的自我認知

你可以自行加上你希望孩子具備的特質。當你走在正向教養的路上，請記住這些目標。你會發現，正向教養是以相互尊重、合作、專注於解決問題方法為基礎，只要有了孩子的積極參與，他們就會發展出以上這些人格特質。

本章重點

正向教養的工具

1. 不再懲罰。
2. 不再溺愛。
3. 溫和且堅定。
4. 提供孩子機會，發展出七大重要認知與能力。
5. 看似有效的工具，並不真的有效（懲罰有負面的長期效應）。
6. 放棄「為了要讓孩子表現得更好，我們必須先要讓他們感覺更糟」的瘋狂想法。
7. 讓孩子參與設定限制。
8. 啟發式的提問。
9. 採用溫和且堅定的語彙。

可以討論的問題

1. 孩子不如「美好的舊時代」裡表現得那麼好，是因為哪兩大主要原因？

2. 什麼是七大重要認知與能力？為什麼欠缺這些會導致孩子們表現不當？
3. 教養孩童有哪三種不同的方式？其中的差異為何？
4. 請討論正向教養和其他教養方式的兩大主要差別，以及為何這種差異有著重要的長期效果的差異。
5. 「看似有效的工具，並不真的有效」是什麼意思？
6. 什麼是「懲罰的四個 R 後果」？分享你感受到這些後果的時候與原因。
7. 孩子若在嚴厲的教養環境下，會產生什麼長期效應？原因是？
8. 孩子若在正向教養的環境下，會產生什麼長期效果？原因是？
9. 為什麼事情在好轉之前會先暫時轉壞？
10. 身為家長或老師，你希望透過自己與孩子的互動，讓哪些特質內化到孩子心裡？
11. 有效教養的條件為何？為什麼它們有長期的效果？這些條件和懲罰比較起來又如何？
12. 試舉例既溫和又堅定的語彙。

第 2 章　正向教養的基本概念

本書中有大量非懲罰性、實際可用的教養工具。但是，在進入「如何」之前，要先明白「為什麼」。

許多父母和老師採用了無法產生長期效果的教養方式，只因為他們不瞭解人類行為的基本概念。在本章及接下來的兩章裡，將敘述阿德勒的基本概念，幫助家長和老師瞭解人類行為、瞭解孩子為何會出現脫序行為，以及為何正向教養的方法能幫助孩子學習到重要的生活技能與態度，以便成為快樂、對社會有貢獻的成員。

心理學家阿弗烈德・阿德勒是超越時代的先鋒。他和佛洛伊德決裂之後，在維也納廣受歡迎的演講和公開講座中，就提倡所有人、所有種族、性別、年紀皆平等的概念（早在這些成為主流思想之前）。阿德勒是猶太裔的奧地利人，在納粹迫害下離開家鄉繼續他的研究。

魯道夫・德瑞克斯和阿德勒密切合作，並且在阿德勒於一九三七年過世後，持續發展阿德勒學派心理學。德瑞克斯寫過很多書，協助無數家長和教師瞭解阿德勒理論的應用，以改善親子與師生關係。

德瑞克斯擔心的是，有許多成年人想實踐阿德勒學派的建議，但卻不理解基本的概念，從而扭曲了許多技巧。這樣非但沒有贏得孩子的心，反而只是在表面上「贏過了」孩子。當成人用操控、懲罰性的手法，就只能在表面上「贏過了」孩子；當成人採用尊敬且尊重的方式（也就是溫和且堅定）對待孩子，並且相信孩子有能力配合並做出貢獻，這時才能贏得孩子的心。要做到這一點，成人必須不斷鼓勵孩子，且花時間訓練孩子基本的生活技能。

以力服人，藉著壓制來「贏過」孩子，只會讓他們成為失敗者，當孩子失敗之後通常會變得更叛逆或盲目順從。這兩種特質都無法讓人滿意。贏得孩子的心，意味著獲取他們合作的意願。

大人常會誤解正向教養的基本概念。常見的例子就是大人在「邏輯後果（亦即大人依照孩子的行為，給予符合邏輯原則的回應，見第五章）」之上，更添加了羞辱，只因為大人錯誤地相信，孩子犯錯之後就要為自己的過錯吃點苦頭，否則學不會教訓。沒錯，羞辱或許會刺激孩子表現的更好，但這樣的代價是什麼？從自我價值來看，孩子可能變成過度討好別人的人，或是過度追求肯定——總是把自我價值建立在別人的肯定上。孩子受羞辱之後，縱使當下表現有提升，但他們會不會因恐懼而不敢冒險？孩子的學習過程中，是否包含了責怪、羞辱、痛苦，以及因成人給他們的挫折而導致的自尊低落？反過來說，我們是否希望：孩子的學習過程是以成人的同理心、鼓勵、無條件的愛與賦權為基礎，讓他們獲得生活技能的訓練，給他們健康的自我價值感？

自尊——一種虛幻的概念

「自尊」和「自我價值」的定義很重要，雖然就連專家之間都沒有一致的看法。大人常自以為我們可以賦予孩子自尊，其實這種想法對孩子不利。有時大人會透過讚美、貼紙、笑臉或給孩子「今日最重要人物」的頭銜等方法，賦予孩子自尊。這些只能說是有趣，而且還有風險：孩子可能會誤以為他的自我價值，就是建立在他人的看法之上。如果是這樣，則孩子就會傾向討好別人，要不然就是過度追求肯定成癮。他們會先看別人的臉色，再決定自己的行為是否正確，而不會自我評估，不會內在反思正確的行動是什麼。他們發展出仰賴「他人」的尊重，而非自尊。

自尊確實難以捉摸。某一天，你可能自我感覺良好；接著犯了個錯而自我批判，或是被別人批判，然後，突然你的自尊就消失了。

我們能幫孩子最大的忙，就是教導他們學會自我評價，而不是仰賴別人的讚美和意見（第七章有更詳盡的討論）。成人可以教導孩子：錯誤是最佳的學習機會。允許孩子失敗，他們就會自行學到日後再碰到問題時該如何解決；當孩子具有堅毅的特質，就有能力面對人生的起伏；當孩子對家庭、學校和社區有所貢獻，他們就會有許多肯定自己的機會，並因此受益。關鍵就在於歸屬感和價值感。

我很喜歡一則史奴比卡通，露西問奈勒斯：「今天學校如何？」奈勒斯回答：「根本沒去。我打開家門問：『這裡有人需要我嗎？』沒人回答，所以我就轉身走回家裡了。」孩子們需要感受到「自己是被需要的」。

若孩子具備前一章中所提到的七大重要認知，他們就會產生強烈的自我價值感，能夠面對捉摸不定的自尊。成人可以透過贏得孩子的心，來創造出正面的學習環境，而不是試圖去戰勝孩子。

贏得孩子的心

當孩子覺得你瞭解他們的觀點時，就會受到鼓勵。一旦他們覺得你理解他們，就比較願意傾聽你，並且把重點放在如何解決問題上。當孩子覺得他們的心聲有人聆聽，就比較願意聽你說話。合作就是創造出孩子們樂於傾聽並且配合的氣氛。

4個步驟贏得孩子的合作

1. 向孩子表達你理解他們的感受，並和他們反覆確認，你的理解是否正確。
2. 表達同理心，但態度不是溺愛。同理心不等於你完全同意或溺愛。只是單純意味著你理解孩子的觀點。此時若父母、老師分享自己的類似感受或行為，會有畫龍點睛的效果。
3. 分享你的感受和觀點。如果前兩個步驟是以真誠而友善的態度進行，孩子會願意聽你說話。
4. 邀請孩子把注意力放在解決方法上。問他有什麼想法，可以避免未來類似的問題。如果沒有的話，大人提供一些建議，直到你們達成協議。

上述四個步驟的基礎，就是友善、關心和尊重的態度。只要你有決心贏得孩子的合作，這樣就足以讓你自己先產生正面的感覺。在一和二這兩個步驟結束後，你應當已經贏得孩子的心了。接著，在步驟三時，孩子已準備好要聽你說話了。此刻你已經創造出一種尊重的氛圍，接下來的第四步就很可能會有效果。

實際案例

小女兒琳達放學回家後抱怨，老師在全班面前吼她。馬汀涅茲太太雙手叉腰，用一種指控的口吻問：「好啦，妳幹了什麼好事？」

琳達目光朝下，生氣地回答：「我什麼都沒做。」

馬汀涅茲太太說：「噢，拜託，老師可不會無緣無故的就吼學生。妳到底幹了什麼？」

琳達一臉憤恨倒在沙發上，一言不發瞪著母親。馬汀涅茲太太繼續用指控的語氣說：「好，那妳要怎麼解決呢？」

琳達怒氣沖沖地說：「什麼都不做。」

就在此時，馬汀涅茲太太想起了贏得孩子合作的四大步驟。她深深吸了一口氣，改變自己的態度，用一種友善的語調說：「我猜老師當著全班面前吼妳，妳一定覺得很難堪吧。」（步驟一：表達理解。）

琳達抬起頭，懷疑地看著母親。馬汀涅茲太太接著分享：「我還記得我四年級的時候，數學小考的時候站起來去削鉛筆，就被老師在全班面前吼了，那次真的讓我覺得難堪又生氣。」（步驟二：表達同理心，但不是溺愛，並且分享類似的經驗。）

現在，琳達感興趣了。「真的？」她說：「我也是跟別人借鉛筆而已。老師真的不應該就這樣吼我。」

馬汀涅茲太太說：「是啊，我真的懂妳的感覺。那妳覺得，以後該怎麼辦，才能避免這種難堪的情況？」（步驟四：邀請孩子專注於解決方式。在本例中，並不需要步驟三。）

琳達回應：「我想我以後多帶一枝鉛筆，這樣就不需要跟別人借了。」

馬汀涅茲太太說：「聽起來是個很棒的主意的。」

馬汀涅茲太太的目標是協助琳達採取適當的行為，免得導致老師生氣或責難。注意，她第一次邀請琳達思考如何解決問題時，琳達充滿敵意而無法合作。一旦母親採用鼓勵的方式（透過四步驟），琳達就感受到親近和信賴，不再是距離與敵意，並且願意去思考解決的方法。當媽媽能從琳達的觀點看事情時，她就不再覺得有必要防衛了。

六歲的傑夫偷竊了店裡的東西。瓊斯太太發現之後，找了個安靜時機，讓傑夫坐在她大腿上。然後告訴傑夫，她聽說他在店裡偷了一包口香糖（注意，她已經知道他犯了錯，她並沒有採用「陷阱式」的問話，要他自己說他做了什麼）。接下來，她分享了自己五年級時在店裡偷了一個橡皮擦的經驗；她知道自己不應該這麼做，而且當時她充滿了罪惡感，覺得根本不值得。傑夫意圖自辯：「但是店裡有那麼多口香糖。」瓊斯太太於是和傑夫討論，老闆必須賣多少口香糖和其他的商品，才能付房租、員工薪水、進貨、生活費等等。傑夫承認，他從來沒想過這些。他們也討論了自己也不喜歡別人拿他們的東西。傑夫坦承，他再也不想要偷東西了，而且他願意為偷來的口香糖付錢。瓊斯太太表示支持他，將和他一起去店裡，給他精神支援。瓊斯太太沒有指控，沒有指責或說教，反而贏得了傑夫的心。傑夫也不需要因自己的行為而覺得自己是壞人，且願意負起社會責任，以後不再偷竊。同時，他也參與了解決方案（儘管非常尷尬，但這個人生教訓對他的未來很有意義）。這都因為他母親創造了一個支持——而非攻擊與防衛——的感覺，他才能辦得到。

留意我們言行背後的感受

我們言行背後的感受，遠比我們的言行本身更重要。「這樣做的原因」永遠比「行為本身」來得重要。行為背後的感覺和態度，將會決定行為本身（怎麼做）。成人可以用指責、羞辱的語氣，也可以用具有同理心與關切的語氣詢問：「你從這件事學到了什麼？」成人可以創造出親近和信賴的氣氛，也可以創造出距離與敵意的氛圍。說來真令人驚訝，有太多的大人以為，他們在創造出距離與敵意，而非親密與信賴之後，還能對孩子有正面的影響。到底他們是真誠的如此相信，還是未經思考的反應？

語調最能明顯反映出語言背後的感受。如果我們在語調中摻雜了羞辱，不但不符合相互尊重的原則，也會把邏輯後果變成懲罰，無法達到長期正面效果。例如孩子打翻了牛奶，邏輯後果（或解決方法）是請她清理乾淨。只要大人以溫和但堅定的語氣讓孩子參與，都算是一種邏輯後果，例如：「糟糕，你該怎麼辦呢？」請注意，這種問法是詢問孩子該怎麼辦，而非直接命令孩子。正向教養最有效的技巧之一，就是詢問而不命令，這點會在第六章詳細說明。命令會引發抗拒與叛逆。出自尊重，讓孩子參與，會讓他們覺得自己有貢獻的能力。反過來說，只要成人在語調中添加羞辱，或者沒有採用溫和且尊重的語調，則要求就成了懲罰。例如：「你怎麼這麼笨啊？現在就給我清理乾淨，從現在起你不准倒牛奶了，因為你做不好嘛。」

阿德勒學派的理論可以提供一套基本觀念，其內有豐富的知識，能夠增加對孩子與自己的理解。但是，這絕對不是理論而已。如果缺乏鼓勵、理解和尊重，這些基本概念就不存在了。如果無法理解這些概念，這些技巧就會被降格為不尊重的操控。如果我們記得自問：「我現在的做法是賦權還是挫敗？」在面對孩子時就會較有效果。

基本的阿德勒概念是什麼

1. 人是群聚性的動物，孩子更是

社會環境決定了行為。孩子會採取什麼行為，會不會表現良好，其決定基礎都是孩子在關係中得到的感覺，例如孩子覺得他與他人的關係如何，以及孩子覺得他人對自己的感覺如何。要記住，孩子時時都在做決定，都在建立對自己、對世界的想法，以及該如何做才能生存或成長發展。當他們成長發展時，就是在發展第一章中所提到的七大重要認知與能力。當孩子處於「生存模式」時（想弄清楚如何才能擁有歸屬感和價值感），卻往往會被成人誤解為孩子正在拿出錯誤的行為。如果你知道，孩子的錯誤行為其實是孩子正處於「生存模式」的行為，你是否有了不同的看法？

2. 目標導向的行為

行為是基於特定社會環境下想要完成的目標。主要的目標就是歸屬感。孩子們並不一定意識到自己的目標是什麼，有時候他們會搞不清楚如何達成目標，因此表現出和目標背道而馳的行為。例如，他們或許想要有歸屬感，但在笨拙地企圖達成目標的過程中，卻表現得惹人厭惡。這樣可能會產生惡性循環：孩子的行為越來越惹人厭惡，孩子也就表現得越惹人厭惡，因為他

們想要有歸屬感。

德瑞克斯解釋說：「孩子們是敏感的觀察者，卻不擅於詮釋。」有時大人也會有這種問題。用以下的例子可以說明孩子不善於詮釋的情形。

兩歲的愛黛兒，看到母親從醫院帶回來新弟弟。愛黛兒馬上就敏銳地感受到，媽媽非常關注這個新寶寶。不幸的是，愛黛兒的詮釋是「媽媽比較愛寶寶，不愛她」。這不是事實，但是事實不重要，愛黛兒的感受比較重要。所以，愛黛兒拿出的行為，是基於她認知的事實，而非真的事實。愛黛兒的目標是要重新贏回媽媽心中的特殊地位，她錯誤的以為，要達到這個目標，就應該表現出嬰兒的樣子，所以她吵著要奶瓶、在褲子裡便溺、經常哭泣。當媽媽感到挫折時，她不但沒有達成目標，反而造成相反的效果，讓媽媽更排斥她，而沒有更愛她。

3. 孩子的主要目標是歸屬感和價值感

如果我們把前兩個概念綜合起來，就可以知道，一切行為的目的，都是希望能在社會環境中贏得歸屬感和價值感。而不當行為則都是出於「針對如何達成目標的錯誤理解」，前述愛黛兒的例子已經說得很清楚。

4. 行為不當的孩子是挫敗的孩子

行為不當的孩子，其實是試圖告訴我們：「我沒有歸屬感，沒有價值。我對於如何獲得歸屬感和價值感，有著錯誤的信念。」當孩子表現出不當的行為時，大多數的成人很難看出不當行為背後真正的訊息與意義：「我只是想要有歸屬感。」成人只要理解這個概念，就是更有效協助行為脫序孩子的第一步。如果大人懂得「破解密碼」就更好了：把孩子的不當行為當作是一種密碼，然後自問：「這種行為是想要告訴我什麼？」請記住，孩子其實並不清楚自己所傳遞的訊息密碼，但如果你處理的是他潛藏的信念，而非表面的行為，孩子就會深刻體會到自己獲得理解了。如果你記得，在不當行為的背後是一個孩子，他只想要擁有歸屬感，而且不知道如何使用外界能接受的有效方式獲得歸屬感，他很困惑，那麼你的感受就會大為不同。同時，大人別忘了仔細檢視自己的行為，有沒有造成孩子覺得他無法歸屬、沒有價值。前述的這四個阿德勒基本概念，我們將會在第四章中繼續討論。

5. 社會情懷或群體感受

阿德勒的另一個重要貢獻，就是複合出一個德文字「Gemeinschaftsgefühl」，通常稱為「社會情懷」，我個人將它稱之為社會責任。這個詞彙的意思是，對他人展現真誠的關懷，並真誠地懷抱想要對社會有所貢獻的願望。以下是一則刊載於一九七八年十二月號《個體心理學家》

（The Individual Psychologist）的故事，適切傳達出社會情懷的意義。

兩兄弟共同經營一座農莊，遭逢天災使得生活難以為繼，但他們共享一切的獲利。其中一個兄弟有妻子和五個孩子，另一個則是單身。一天晚上，已婚的兄弟無法入睡，他心想：「我的兄弟沒有半個孩子，年老時也沒有人照顧，他真的需要一半以上的獲利。這樣好了，明天我要他拿走三分之二的獲利。這樣子應該比較公平。」

同天晚上，單身的兄弟一樣失眠，因為他覺得均分獲利並不公平。他心想：「我的兄弟得餵養妻子和五個孩子，他們對農莊的貢獻比我更多，不能只分到一半獲利而已。明天，我會叫他拿走三分之二的收穫。」次日兩兄弟見面，各自說出他們的獲利分配想法。這就是社會情懷的實際範例。

阿德勒則有一套「十四天治療法」。他說，只要配合這套療法，就可以在短短十四天之內治癒任何人的心理疾病。有一天，有位極度憂鬱的婦人前來。阿德勒告訴她：「只要妳聽我的建議，我就能在十四天之內治好妳。」

婦人冷冷地問：「你要我做什麼？」

阿德勒回答：「只要妳每天幫別人做一件事，十四天後憂鬱就好了。」

她抗議道：「別人都不幫我做任何事，我為什麼要幫別人做事？」

阿德勒半開玩笑地說：「這樣嘛，那妳的療程大概要二十一天。」他接著說：「如果妳暫時想不出來可以幫別人做什麼具體的事，那這樣好了，妳就想：等妳願意的時候，可以幫別人做什麼事？」阿德勒知道，只要她可以這樣想，就已然走上改善的路程了。

把「社會情懷」教給孩子，是一件很重要的事。如果年輕人無法為社會有所貢獻，那一切的學習也都沒意義了。德瑞克斯經常說：「孩子能做的事，千萬不要幫他做。」因為如果我們幫孩子做了太多，等於剝奪了孩子透過經驗發展出「我有能力」的信念。此時他們反而會培養出另一種信念，就是他需要被照顧，或者他「應得到」特殊服務。

教導社會情懷的第一步，就是教導自助。然後，孩子就可以準備好協助他人，並在這樣做的時候，對自己加以肯定。如果大人是超級媽媽或超級老師，孩子學到的是「這個世界該為我服務」，而非「我可以服務這個世界」。這種孩子往往會因為自己不能隨心所欲，便感到很不公平。當其他人拒絕為他們服務時，他們會轉為自憐，或是以具有傷害性或毀滅性的行為尋求報復。而當他們報復時，對自己造成的傷害遠超過對別人的傷害。

和超級媽媽相反的另外一個極端，則是有些父母或老師太忙了，忙到沒時間去教導孩子學習兼具品德與價值的社會、生活技能。當孩子「不乖」的時候，這些大人自己也變得很煩躁。這些大人到底知不知道，孩子究竟該去哪裡學習到良好的行為？有太多的成人責怪孩子的不當行為，殊不知孩子之所以出現不當行為，大人也應該負責，而不是一味的責怪。

正向教養鼓勵社會情懷，藉此協助孩子與家長終結這種惡性循環。家長和老師往往不清楚自己代替孩子做了多少事（這些事，孩子自己都可以處理），往往沒有教孩子在家中或教室裡貢獻自我。不妨想想：老師們，課堂上你做了多少事，其實是孩子自己可做的？家長們，在家裡有多少是你為求迅速完成，而直接替孩子做的事？這些事，其實都可以幫助孩子感覺到自己有能力、有貢獻。

在《教室裡的正向教養》（Positive Discipline in the Classroom）一書中，我與合著者強調，應該讓孩子參與討論，完成課堂上的任務。教師可以參與腦力激盪，可是當孩子們親身參與時，他們想出來的點子往往更讓人驚訝。要確保每個學生都有任務，甚至可以安排一個「工頭」來盯進度。還有，每個人的工作最好可以輪流，免得某些人長期做著無趣的工作。工作分享顯然能提升歸屬感、教導生活技能，並且讓孩子有機會體驗社會情懷。

6. 平等

現今大多數人都接受平等的觀念，可是平等觀念碰到孩子卻又打折。很多人相信，孩子缺乏經驗、知識或責任，怎麼可以享有平等？

正如第一章中所強調的，平等並不等於「相同」。阿德勒的平等意味著所有人都擁有同樣的尊嚴和尊重。大多數的成人願意承認孩子們擁有相同的價值。這也是正向教養不採用羞辱為手段的原因。有羞辱，就沒有平等與相互尊重。

7. 犯錯是學習的最佳機會

在我們的社會中，我們學到要為錯誤感到羞恥。我們都不完美，但我們需要追求的是一種勇氣，用這份勇氣來改變自己對不完美的想法。這個概念會給人很大的鼓勵，但也是當今社會最難以接受的觀念。世上沒有完美的人，但每個人都會要求自己和他人完美——尤其是孩子。

閉上眼睛回想：小時候犯錯時，家長和老師那裡傳出什麼訊息？你犯錯時，是否接收到自己很笨、無能、不乖、令人失望或笨手笨腳的訊息？再閉上雙眼回想：某次犯錯而遭責怪的經驗。那時你對自己有什麼看法？當時決定未來要怎麼做？記住，那時候的你並沒有意識到，自己正在做出會影響未來的決定。有些人決定：自己就是不乖或無能。有些人則決定：反正無法完美，那乾脆不要冒險，免得招致羞辱。正如前面提到，太多孩子決定犧牲自己的自尊為代價，只想要追求他人肯定，試圖去討好大人。也有些人決定，他們以後要遮掩錯誤，並且盡可能避免被人發現自己犯錯。這些情況，能鼓勵孩子發展出有用的生活技能嗎？當然不能。

家長和老師在孩子犯錯給予負面的對待，但其實大人的出發點往往是善意的，他們想要讓孩子表現得更好，「為了他自己好嘛」。但他們沒有去想，自己所用的方法會產生什麼樣的長期結果。有太多的教養和教導是建立在恐懼之上。大人害怕：如果自己沒有「強迫」孩子做得更好，就是沒有盡到責任。大人擔心：別人會怎麼看待他們的孩子。有些人則以為，如果不讓孩子感受到一些恐懼和羞辱的話，孩子永遠學不會要表現得更好。這些擔心，大多數原因是大人不知道該怎麼辦才好——怕自己若沒有嚴厲譴責、羞辱和施予痛苦，那就等於溺愛孩子。大人往往以強化操控來掩飾自己的恐懼。

還有另外一種方式，既不是溺愛，也真的能督促孩子表現得更好，並且不必以降低孩子的自我價值做為代價。那就是，我們可以教導孩子為錯誤感到高興，因為犯錯就是學習的機會。「妳犯錯了，太棒了。我們能從中學到些什麼？」

在這裡，「我們」這個詞很重要。大多時候，大人是共犯，造成孩子犯錯。有太多的錯誤之所以會發生，是因為大人沒有花時間去訓練和鼓勵孩子。我們往往挑起叛逆，而非激勵孩子改進。大人應讓自己成為接受不完美的典範，讓孩子向你學到將犯錯當成學習的機會。

在家庭和班級會議中，孩子可以觀摩、練習如何將錯誤轉化為學習的機會（見第八章和第九章）。許多家庭發現，若能在晚餐時分享當天所犯的錯誤及所學到的教訓，這樣很有幫助。如果班級會議天天進行，那每週可以有一天留點時間，讓每個學生分享一個自己的錯誤及心得。孩子們需要經常體認到「犯錯是寶貴的經驗」，並且在安全的環境中學習。

本書反覆出現一個主題，就是學習如何將教養的挑戰轉化為學習的機會。但首先，成人需要改變自己對犯錯的看法，才能展現出德瑞克斯所說的「不完美的勇氣」的典範。至於實際的做法，就是以下的三個方式。

修正錯誤的三個 R 方法

1. 承認（recognize）——「喔哦，我犯錯了。」
2. 和解（reconcile）——「我道歉。」
3. 解決（resolve）——「讓我們一起努力找出解決的方法。」

如果把犯錯視為學習的機會，而不是一件壞事，那麼當事人比較容易擔起犯錯的責任。如果我們把犯錯看成壞事，就容易覺得自己能力不足或是挫敗，而變得對自己或是他人產生防衛、閃躲、批判或挑剔的行為。另一方面，若犯錯就是學習的機會，那麼勇於承認犯錯，就像冒險一樣會帶來新機會。「很期待從這次機會中，學習到新的經驗。」所以，承認犯錯就是原諒自己的重要因素。

你是否注意到，當大人願意道歉時，孩子們是多麼樂於原諒我們呀？你是否曾經對孩子道歉過？有的話，孩子是怎麼回應的？我在世界各地演說時都問過這個問題，得到的答案非常一致：當成人誠心道歉時，孩子們幾乎總是說：「沒關係，媽媽（或爸爸，或老師）。」孩子們上一分鐘還因為大人不尊重的行為而表現出憤怒或怨懟（而且大人極可能還罪有應得），卻會因為大人說了：「我很抱歉。」而立刻變得寬宏大量。

承認犯錯、取得和解之後，就創造出一種正面的氣氛，可以接著實施第三個 R 方法。在充滿敵意的氛圍中想要努力找到解決之道，根本就是緣木求魚。

儘管我明白這個道理，但是我和大多數的人一樣，沒辦法依照自己的理解而行事。身為人，我們經常困於情緒而失去常識（回歸到我們的爬蟲類大腦）。我們往往不經思考就回應，而非仔細思考後再行動。我最喜歡正向教養的一點就是，無論犯了多少的錯，無論我因此而搞得多麼糟糕，我總是可以回到正向的原則上，然後從錯誤中學習，清理我造成的混亂，讓情況變得比犯錯之前還要好。

就因為我犯了太多的錯誤，所以上述修正錯誤的三個 R 方法，是我最喜歡的觀念。我自己有個經典案例。我有次斥責當時才八歲的女兒說：「米莉，妳是個被寵壞的小屁孩。」（這句話聽起來有溫和、堅定、尊嚴或是尊重嗎？）

早已熟習修正錯誤三個 R 的米莉反駁：「等一下可別跟我說道歉。」

我完全直覺反應說：「不用妳擔心，我根本不打算道歉。」

米莉衝回房間摔上門。我很快就恢復了理智，意識到自己的行為不對，走到她房間去道歉。她還在怒頭上，沒有準備好接受我的道歉。我看見她正拿著一本《溫和且堅定的正向教養》的初版在畫線，在空白處寫上「騙人」兩個字。

我離開房間心想著：「老天，女兒長大會不會寫自傳描述母親虐待她？」我知道自己犯了嚴重的錯誤。

五分鐘後，米莉來找我，怯怯地用雙手抱住我說：「我很抱歉，媽媽。」

我說：「親愛的，我也很抱歉。事實上，我罵妳是被寵壞的小屁孩時，我才是那個小屁孩。我對於妳的不當行為很生氣，但我自己也失控了。我真的非常抱歉。」

米莉說：「沒關係，我真的表現得像個屁孩。」

我說：「我知道自己做了什麼，才刺激妳拿出那樣的行為。」

米莉說：「我也知道自己做了什麼。」

當成人為了自己所製造出的衝突而擔起責任（任何衝突都至少需要兩個人才會發生），孩子們通常願意依循大人的榜樣，為自己的行為負責任。當孩子們擁有負責的模範時，他們就會學到負責。

幾天後，我聽到八歲的米莉在電話上告訴朋友：「噢，黛比，妳真是有夠笨了！」米莉很快就發現自己言詞失當，然後說：「對不起，黛比。我罵妳笨的時侯，其實我自己才笨。」

米莉已經將修正錯誤的三個 R 方法內化了，並且學到，犯錯就是學習的絕佳機會。

8. 確認傳送出愛的訊息

史密斯太太是單親母親，為了女兒瑪麗亞的問題打電話給我。她擔心瑪麗亞在嗑藥，而且她在瑪麗亞的衣櫃裡找到一手啤酒。她拿著啤酒問瑪麗亞：「這是什麼東西？」

史密斯太太的語調明確顯示出，她對問題的答案沒興趣。這是個陷阱問題，用意是要羞辱瑪麗亞。這個問題立刻製造出距離和敵意。

瑪麗亞反諷：「媽，我看這像是一手啤酒。」

雙方的對立馬上提高。史密斯太太說：「小姐，妳別跟我耍嘴皮子。給我說清楚。」

瑪麗亞一副無辜地說：「媽，我完全不知道妳在說些什麼！」

史密斯太太準備要定罪了。「我在妳的衣櫥裡找到這些啤酒，小姐，妳最好給我解釋清楚。」

瑪麗亞很快想了一下說：「喔我忘了。這是我朋友暫放的。」

史密斯太太尖酸地說：「噢，當然囉！妳以為我會相信嗎？」

瑪麗亞憤怒地回嘴：「妳信不信，我不在乎。」然後就上樓回房，摔上房門。

我想協助史密斯太太找到潛藏的「愛的訊息」，因此問她：「妳為什麼會因為發現啤酒而發脾氣？」

我看得出來她覺得我的問題很蠢，因為她生氣地回答：「我不希望她惹麻煩。」

「妳為什麼不希望她惹麻煩？」

史密斯太太好像很後悔問我，她惱怒地說：「因為我不希望她毀了自己的人生！」

這時她仍舊沒有發現自己潛藏的「愛的訊息」，我繼續堅持：「妳為什麼不想要她毀了自己的人生？」

她終於瞭解了。「因為我愛她！」她驚呼。

我溫柔地問了最後一個問題：「妳覺得她有接收到那個訊息嗎？」

史密斯太太發現，自己完全沒有對瑪麗亞表達出愛的訊息。這時她非常悔恨。

下個星期，史密斯太太來電回報，她是如何應用了修正錯誤的三個 R 方法，以及贏得合作的四步驟。她等到次日女兒回家時，在門口迎接，並且以充滿愛的態度問：「瑪麗亞，我們可不可以聊一聊？」

瑪麗亞語帶叛逆問：「聊什麼？」（這很重要，孩子們可能需要一些時間才會聽到並且信任大人的態度已經轉變了。）

史密斯太太也明白這一點。她並沒有回應瑪麗亞的負面態度，而是進入瑪麗亞的世界，揣測她的感受。「我想，昨天晚上，我因為那一手啤酒吼妳的時候，妳可能會覺得我根本就不在乎妳。」

瑪麗亞這才感到媽媽瞭解自己，於是哭了出來。她語帶指控，顫抖地說：「沒錯。只有我的朋友才在乎我。我覺得妳一直認為我是個麻煩。」

史密斯太太說：「我知道妳為什麼會那麼想。當我用恐懼和憤怒，而不是愛來面對妳的時候，妳一定會有這種想法。」

瑪麗亞明顯放鬆下來，收起叛逆的態度。她終於理解母親的溫和態度。而史密斯太太也感受到這一點，於是繼續說：「我對於昨天那樣發脾氣，向妳道歉。」

這時，母女間的距離和敵意已變為親密和信賴。瑪麗亞說：「沒關係，媽。我真的是只是幫朋友收一陣子。」

史密斯太太接著分享：「瑪麗亞，我真的愛妳。我只是擔心妳可能會做一些傷害到自己的行為。我因為擔心而太激動了，忘了告訴妳那是因為我愛妳的緣故。」史密斯太太抱住瑪麗亞說：「我們重新開始好嗎？我們可以開始對話，一起用愛與關切來解決問題好嗎？」

瑪麗亞說：「當然好，媽。我喜歡這樣。」

史密斯太太回報說她們那天晚上就進行了家庭會議。她心裡很感激，因為奠定了愛與合作的氛圍，完全改變了親子關係。

本章一再強調，成人的錯誤行為（缺乏知識或技巧）造成了孩子的錯誤行為。只要成人改變自己的行為，孩子也隨之改變。在每一個案例中，當大人記得要傳達出愛的訊息時，親子都可以體驗到更多的喜樂以及正面的結果。

以上就是有關阿德勒學派的八個基本概念。以這八個概念為基礎，就可以瞭解孩子的行為，同時發展出實施正向教養所需的態度與方法。這些方法更可幫助成人學習到適當的態度和技巧，以便協助孩子，在孩子進入未來的世界之際，能夠具備必要的特質與生活技能。

本章重點

正向教養的工具

1. 贏得孩子的心，而不是利用權力去戰勝孩子。
2. 提供機會，讓孩子發展、練習七大重要認知與能力，以提升他們的自我價值。
3. 停止「命令」。改用邀請的「詢問」，讓孩子參與解決方案。
4. 採用贏得合作的四步驟。
5. 要記住，言行背後的感受，要比言語及行為更重要。
6. 邀請孩子一起思考，有哪些家務事還沒做，該怎麼做。
7. 避免寵溺孩子，讓孩子發展出「我有能力」的自信。
8. 「錯誤就是學習的最好機會」。把這個觀念教給孩子，和孩子一起親身實踐。
9. 教導並實踐修正錯誤的3R方法。
10. 請確認，已向孩子傳遞出愛的訊息。

可以討論的問題

1. 贏得孩子的心，和贏過孩子之間，有什麼差別？
2. 什麼是贏得合作的四步驟？想想你和孩子之間正在處理的問題，在這種情況下，要如何使用這些步驟？
3. 要讓正向教養對孩子有效，有哪些重要的必備態度？
4. 人是群聚的動物，這是什麼意思？
5. 人的所有行為，都是因為想要達到哪個重大目標？
6. 為什麼孩子經常出現「無助於達成自己主要目標」的行為？
7. 行為不當的孩子，試圖告訴我們什麼？
8. 如果我們牢記孩子不當行為底下隱藏的訊息，我們會有什麼樣不同表現？
9. 什麼是社會情懷？為什麼發展出社會情懷很重要？
10. 阿德勒所謂的平等是什麼意思？
11. 為什麼正向教養當中，容不下羞辱？
12. 錯誤的目的是什麼？
13. 為什麼擁有接受不完美的勇氣很重要？

14. 為什麼我們要教導孩子錯誤是學習的機會，不要因錯誤感到丟臉？

15. 修正錯誤的3R方法是什麼？請討論。

16. 有哪一個關鍵，可以敲開一切關閉的門？分享一個例子，如果你一開始就對孩子傳遞出愛的訊息，結果會如何不同？

第3章 出生順序的重要性

孩子可能基於自己在家中的出生順序，從而對自我做出錯誤的詮釋。如果家長及老師能瞭解出生順序這回事，就能瞭解孩子為何會出現上述的錯誤詮釋。這也是一種「進入孩子的世界」的好方法，可以讓你明白，孩子所理解的現實是什麼。

孩子永遠在做出關於自己、關於其他人、關於自己所處世界的決定。這些決定（或想法）的依據，則是孩子們自己的生活經驗或詮釋。而孩子們會以前述的這些決定為基礎，再加上他們自己的信念，然後拿出相應的行為，以求生存或發展。手足之間的相互比較其實是很正常的，孩子們拿自己和兄弟姊妹比較之後發現，如果某個哥哥或妹妹在某個方面的表現比自己好，則孩子唯一的生存策略就是：

- 朝著別的領域去發展能力
- 與手足直接競爭，並且勝出
- 叛逆，或報復

• 直接放棄，反正搶不贏

家庭生活可比擬為八點檔連續劇，不同出生順序的孩子就是劇裡不同的角色，各有鮮明且不同的特質。如果某個手足已經扮演了某種角色，例如「乖孩子」，另一個孩子可能就覺得他必須扮演不同的角色，例如叛逆的孩子、功課好的孩子、體能好的孩子、社交能力強的孩子等等。

我們或許會問：「為什麼是這樣？不合理呀。孩子應該明白，他們可以扮演同樣的角色。」當然，每個原則都有例外。有時候，家中每個孩子會選擇在相同的領域中表現優異——特別是家庭的氣氛是合作而非競爭的時候。但大多數的孩子相信，他們必須表現得不一樣，才能找到歸屬感和價值感。對於這個現象我們也不必問為什麼，因為這樣問毫無意義。我們只要瞭解以下事實即可：孩子通常會基於他們的出生順序，而形成某些信念。

我們常以為，出身同一個家庭的孩子應該擁有類似的特質，但事實恰好相反，同一個家庭中的孩子，同一對父母生的，從小同住一起，也往往大不相同。當然，就算在同樣的家庭裡，每個孩子所處的環境也可能很不一樣，因此造成家庭內差異的最大原因，就是每個孩子對於自己所處環境的詮釋。而孩子的這種詮釋是怎麼來的？大多來自他們和手足的比較。

第二章提過，孩子是絕佳的觀察者，卻是差勁的詮釋者。這一點在出生順序的研究中尤其顯著。現實的真相不重要，孩子自己對現實的詮釋才重要。而且孩子的行為，來自他們對現實的詮釋。來自不同家庭、出生順序相同的孩子，往往會對自己本身、對於該如何做以求得歸屬感和價值感，做出類似的詮釋。所以，出生順序相同的人比較可能出現類似的個性和行為。

出生順序並非性格發展的唯一解釋，卻是個很重要的因素。許多其他的理論能幫助我們瞭解人與人之間的相似性與獨特性，例如學者蔡斯與湯瑪斯（Chess & Thomas）提到的九大氣質理論。而以色列心理學家凱弗（Nira Kefir）所發展出來的「生活型態偏好理論」，也提出另一個影響孩童個性的元素。這個理論說明，人在壓力之下，行為的動力來源是他對生活型態的優先順序，包含控制、取悅、優越或安逸等。我們會在第十二章中詳細討論這些生活型態偏好將如何引發孩子的決定或行為。

我們學習出生順序（或上述任何人格理論）的目的，不是要貼標籤或創造刻板印象，而是為了幫助我們增加對自己以及孩子的認識與瞭解，好讓我們在關係中更有效率。

出生順序是老大

老大的相似點最容易預料，因為這個位置變數較少。例如，出生順序在中間可以用很多樣態出現，可以是三個孩子的中間，或七個孩子的中間。老么的可預測特質幾乎和老大一樣。獨生子到底會比較像老大或是老么，要看他們是否受到像老么般的寵溺，或是被賦予像老大一樣的責任。

並非所有的老大都會一模一樣；中間的孩子、獨生子女或老么亦然。我們都是獨一無二，擁有相同點和不同點，但是相同的出生順序往往會出現類似的特質。

現在請閉上眼睛想幾個常用在老大、老么、中間孩子身上的形容詞。老大的形容詞很容易就想出來了：負責、領導者、霸道（儘管老大心裡面希望的是，別人能夠表現好一點，這是為了他們自己好）、完美主義者、挑剔（對自己和對別人）、守規矩、有條理、好勝、獨立、不願冒險、保守。老大是第一個出生的，他們往往會有一個錯誤的想法，就是自己必須是第一或是最好的，才能彰顯自己的重要。這個想法可能透過不同的方式展現。有些人可能覺得就算做得不好也要先把功課做完，有些則可能到最後一刻才交作業，因為他們要花時間把功課弄到完美。

出生順序是老么

說到老么，第一個想到的就是被寵壞了。許多老么備受寵愛，雙親、手足都會寵他們，因此他們很容易就誤以為他們必須操控他人為自己服務，才能顯出自己的重要性。老么很會利用自己的魅力來激勵別人為自己服務。老么往往充滿創意，而且追逐樂趣。他們大多數的創意、精力、聰明才智可能都花在使用魅力操控他人，以創造自己的重要性。

老么往往會困惑：為什麼父母偏愛我，其他手足卻討厭我。被寵愛的孩子面對的最大危險就是，在沒有受照顧或是無法為所欲為時，將一切解釋為不公平，然後再因為這種「不公平」而受傷，認為自己有理由發脾氣、自怨自艾，或以破壞、傷害他人的方式尋求報復。他們往往會發展出這種信念：「別人照顧我時，我才感受到被愛。」

老么可能很難適應學校。他們會覺得老師應該要提供等同他們在家中獲得的服務，而且還得替他們學習。他們表面會說：「老師，幫我綁鞋帶。」但是這個行為，其實潛意識是在說：「你幫我綁鞋帶，順便幫我學習怎麼綁鞋帶。」老么說的「我不會」以及「做給我看」，其實意思是「幫我做」。

我當過小學輔導老師，曾和許多校園環境適應不良的孩子聊過。我總是問他們：「早上是誰幫你穿衣服？」不意外，通常有個負責幫他穿衣服的人，不是爸媽就是哥哥姐姐。

我也當過社區大學的兒童發展講師，我有很多學生在幼稚園和托兒所工作。這些學生曾花了十多年時間，統計、調查他們照顧的小孩。結果發現，很少有小孩早上自己穿衣服。

如果衣物設計得很容易穿脫，而且孩子又學過要怎麼穿，那麼在兩、三歲時就可以自行穿衣服了。孩子三歲了，家長還在幫他們穿衣服，其實是在剝奪孩子的機會，使他們無法發展出負責任、靠自己、自信的感覺。這樣的孩子也較難發展出「我有能力」的信念。他們要在別人為他們服務時，才會產生歸屬感。如果孩子缺乏「我有能力」的信念，他們在學校的學習能力可能較差，也可能無法發展出日後成功人生應有的技能。

既然寵孩子會帶來這麼嚴重的後果，家長為什麼繼續寵孩子？許多家長真心以為，這才是展現愛的最佳方法。我聽過有人說，孩子日後有大把的時間去適應這個冷酷的世界，為何不盡量延長他們現在輕鬆、快樂的日子？這些家長不明白，信念、習慣、特質一旦建立，要改變難如登天。我們在孩童時期奠定的信念，會成為成年後的「生活藍圖」，而且這些信念可能根本就不適用於成年的世界！

家長寵孩子的原因還包括「這是最簡單的方法」、「能滿足自己被孩子需要的感覺」、「好家長就該這麼做」等。他們想要讓自己的孩子不必經歷他們小時候的艱難；父母也可能受到來自朋友或家族的壓力，要他們對孩子好一點。

以上原因，都只是為了讓大人能更輕鬆、感覺更好，卻剝奪了孩子練習重要生活技能的機會，而且家長也沒有考慮到長期的效果。我常聽到家長說自己「忙到沒時間讓孩子自己做」，這點讓我驚訝萬分。這樣講的家長，當他們日後察覺孩子沒有發展出更好的生活技能和態度時，一定會覺得非常挫折與失望。難道這些家長以為，孩子的能力是自動產生的嗎？想要讓孩子得到最好的人生，家長恐怕要重新評量自己運用時間的優先順序。

幫孩子做了一切事的「超級媽媽」，其實對孩子不好。家長應該知道，當他們寵溺孩子時，對孩子造成了多麼大的傷害。德瑞克斯指出：「孩子自己能做的事，就千萬別替他做。」當然，這句話的意思不是說你不可以幫孩子的忙，而是說，如果孩子們沒有認知到自己有能力，那他們就等於處於不利的地位。

當家長花時間去訓練孩子，並且允許孩子透過練習發展出負責和自信時，孩子就會學到重要的生活技能。如果你以為孩子將來遲早會學到如何照顧自己，那這種想法是錯的。家長拖得越久，就越難改變孩子關於「如何獲得歸屬感和價值感」的詮釋。

有些老么選擇截然不同的人生詮釋，導致後來的人生高度緊繃。他們誤認為，自己必須追上他人，超越他人，才能顯現出自己的重要性。長大後，雖然已有高成就，仍舊試圖要證明自己的重要性。

出生順序中間的孩子

中間孩子的特質較難概括，因為有太多不同的出生順序組合。他們通常覺得受壓抑，既不像老大那樣享有特權，又少了老么的好處。此時他們可能會出現一種錯誤詮釋：自己必須不一樣，才能被看見。如何做到不一樣呢？可能是超高成就，可能是超低成就；有人是「社交花蝴蝶」，有人是「壁花」；有人找到理由而反叛，有人沒理由就反叛。中間的孩子普遍來說比較平易近人，對弱勢相當具有同理心，因為他們常覺得自己弱勢。他們往往是調停者，讓其他的人尋求他們的同情或理解。比起老大，他們通常比較放得開。

獨生子女

前面說過，獨生子女較像老大或老么，但還是有些重要的差別。如果像老大，則比較不那麼完美主義，因為他們後面沒有壓力會威脅到自己地位。雖說比較不追求完美，但他們的壓力還是存在，因為家長對他們的期待很高，所以他們往往對自己也有很高的期待。他們是家中唯一的孩子，所以習慣或喜歡獨處，也有的則是很怕孤單。對他們而言，獨一無二要比追求第一更為重要。

上個世紀美國招募的第一批七位太空人，在家中的出生順序不是老大就是心理上的老大（接下來會說明何為心理上的老大），要不然就是獨生子。阿姆斯壯是史上第一個踏上月球的獨生子。

出生順序如何能協助我們瞭解孩子、更有效地教養孩子？知道孩子的出生順序，能幫助我們用智慧去觀看孩子的世界以及他們的觀點。父母及老師理解出生順序，就可以知道為什麼要避免溺愛，為什麼要讓老大有機會接受失敗，不必樣樣爭第一。同時也可以讓中間的孩子免於被壓抑的感覺。更可讓成人有機會進入每個孩子的世界。

造成例外的幾個原因

性別

出生順序的例外，可以用許多因素說明。首先是性別。如果老大和老二性別不同，兩人都可能發展出老大的特質，尤其是在原生家庭裡的性別角色區分非常鮮明的時候，兩人都有機會變成「男生的老大」及「女生的老大」。如果老大是男孩，他會擁有長子的特質。如果老二是女孩，她會發展出長女的特質。

但是，如果有三個或更多同性別的手足，老大和老二之間的差異可能會很大。相同性別的老大與老二通常很不一樣，他們的年齡越相近，差別就越明顯，這正是造成例外的第二個因素。

年齡間隔：心理上的老大或老么

若兩個孩子間隔四歲以上，就不太會彼此影響。年齡差距可以消除某些競爭。如果家中有五個孩子，彼此間隔都超過四年以上，則每個人都可能會發展出獨生子或是老大的特質，成為

「心理上的老大」或「心理上的老么」。舉例來說，某個家庭的孩子分別是十九歲、十七歲、十五歲、九歲、七歲、三歲和一歲，雖然有個現實的老大，但是九歲和三歲的那兩個，則可能是心理上的老大，因為他們和上面的哥哥或姐姐隔了四歲以上。在這個家庭裡，有一個真正的老么及兩個心理上的老么——十五歲和七歲，因為他們比下一個出生順序的孩子要大四歲以上。當一個孩子位在某個出生順序達四年以上，他已經有足夠的機會形成許多關於人生、關於自己、關於該怎麼尋求歸屬感和價值感的看法。

當一位出生順序較長的家庭成員離家時，孩子們可能會略微修正自己的出生順序特性，但通常不會有太大的差別。例如最年長的孩子離家上大學，老二或許會有顯著的改變，擔起更多的責任，但是又不會像老大那樣追求完美。

若我們理解出生順序，就更能瞭解混合型家庭的互動了。當家庭出現了新的成員，老大或老么從他原本的位置被擠下來時，情況會很困擾，現在老大變成中間的孩子或老么，老么底下又有別的孩子，所以喪失受寵的位置。如果這些孩子可以感覺到自己被理解，且在家庭會議中（見第九章）產生歸屬感，又透過尊重的參與來解決問題，從而生出自己很重要的感覺，情況就不會那麼糟了。

另一個例外情況是，有時候孩子會任意改變典型的出生順序特質。老二可能突然很努力，超越了老大。這時老大或許會放棄自己原先的老大特質。「放棄」就是很明顯的完美主義指標。

原來的老大想：「如果我不是最好，或是第一個，又何必嘗試呢？」一個「放棄老大位置」的老大，可能一輩子都半途而廢。

很多家長都指出，以上的說法幫助他們瞭解了家裡老大的處境（尤其是老大被老二推翻的時候），讓他們可以鼓勵老大，而不是感覺到憤怒和挫折。

如果一個老么改變了自己的特質，這時留下一個空虛的「老么位置」，則原本出生順序倒數第二的孩子可能會填補這個空缺，開始出現老么的特質。

家庭氣氛

另一個造成例外的因素是家庭氛圍。家庭氛圍可能強化，也可能降低孩子之間的差異。在重視競爭的家庭裡，差異會提升。重視合作的家庭則會降低差異。許多家長不明白，若父母兩人在教養方式上缺乏共識，此時就創造了競爭的家庭氛圍。對教養方式有共識的家庭則會創造出合作的家庭氛圍。

前面說過，若老大、老二性別相同，或年齡接近，則兩人幾乎肯定會產生極大的差異。但是我也見過例外。有次我和一位女士進行阿德勒生活型態的訪談時，她說她姐姐大她一歲半，因此我以為兩姐妹會有截然不同的特質。結果我猜錯了，兩姐妹非常類似。話題討論到她們的雙親時，我說讓我先猜猜：她們的父母非常溫和，而且父母合作無間，對教養孩子有高度共識，孩子們感受到愛以及公平的對待。她很驚訝地問我怎麼知道。我的猜測，是基於我對家庭氛圍影響的理解。若一對姐妹只差了一歲半，卻有著類似而非相對的特質，我們可以安全地猜想，她們的父母必然創造出一個合作而非競爭的家庭氛圍。

利用出生順序的訊息鼓勵孩子

曾經有個學區轉知轄下教職員，請他們留意一個現象：在學習效果欠佳的班上，有較高比例的孩子是老么或心理上的老么。這件事讓人不禁想：學習效果欠佳的原因，到底是心理的還是行為的？若是行為的，那麼老么是否學會了利用自己看似不利的處境，來獲得更多的特殊待遇？假設是心理的，那麼我們是否忽略了許多出生順序較前面的孩子，只因為他們已經學會了掩藏？

（請記住，出生順序資訊絕非用來貼標籤或是刻板化，絕非是用來讓我們因為「猜對了」而沾沾自喜。這種資訊只是為了協助我們瞭解，為什麼孩子經常對於要如何產生歸屬感和重要性，有著錯誤的詮釋。這種資訊可以讓我們知道問題在哪裡，以便更有效地協助孩子，或者辨識出什麼時候不該協助孩子。這也可以用來強化孩子的優點。我們應經常牢記：要欣賞每個獨特的個體。）

曾有個小學裡有一班學生特別難搞，他們二年級時搞到導師考慮提早退休，三年級時弄到導師泣訴暑假怎麼還不快點來。最後，四年級的老師進行了一場出生順序調查，發現百分之八十五的學生是老么。這群學生常常擺出一副我很無助的樣子，經常要求特殊的關注。後來透過班會，這些孩子學會了解決問題的技能，不但能夠自助，更能彼此協助。

注意溝通的態度

朱蒂是五年級的老師。她的碩士論文主題就是出生順序與閱讀團體。她發現，在頂尖的閱讀團體中有較高比例的老大和獨生子女，表現最差的閱讀團體中則有高比例的老么。她也記錄了每個閱讀團體內的成員互動情況。頂尖的團體中，孩子們爭相舉手搶著當第一個回答問題的人。中庸的團體表現得比較放鬆，但是最後總是會有人回答問題。表現最差的團體的孩子們強烈地欠缺閱讀理解力，需要更多協助。

朱蒂老師班上有位學生約翰，閱讀能力極差，她擔心他智商不足，所以她首先安排約翰去做心理測驗，然後她進行生活型態訪談，發現約翰是老么。更耐人尋味的是，他有三個姐姐，而且全家人都叫他「約翰王」。根據這些資訊，朱蒂老師合理推測，這家人極有可能對男孩過度重視，又極度溺愛。如果約翰從來沒有體驗過為自己負責，他又何必為自己做任何事——包括學習？等到朱蒂老師收到心理測驗報告，得知約翰竟然是資優，她知道自己猜對了。約翰一直把他的聰明才智發揮在強化自己的操控技能上。

朱蒂老師溫和地告訴約翰，她知道他是個非常有能力、足以在頂尖的閱讀小組中表現優異的孩子。於是她把約翰調到頂尖的閱讀團體裡，而約翰果然也表現得如預期般優異。他明白，他無法再矇騙老師了。這時最大的問題反而是約翰的姐姐們，她們覺得老師對她們小弟的要求和期待很不合理。

本案例中，請大家留意朱蒂老師和約翰溝通時所用的態度。她沒有用教訓的口吻說：「我知道你能表現的更好。」而是說：「約翰，我發現你是個很有能力的人。我要把你調到最好的閱讀小組中，因為我對你的表現能力有信心。」

不要告訴孩子「你努力的話，你知道能表現得多好嗎？」

小時候，我們多麼痛恨爸媽說：「你努力的話，你知道能表現得多好嗎？」這種說法背後是一種教訓、失望的態度。這種負面的態度足以挫敗每個孩子。

對大多數的老大說，「只要他們努力就可以表現得更好」這句話具有極大的殺傷力。老大之所以沒有表現出符合自己水準的程度，正是因為他們太過努力追求完美，導致緊張過度，所以無法表現得好。

對出生順序在中間的孩子說，「你只要努力就可以表現得更好」也讓人挫敗，他們可能會錯誤地詮釋「我不可能表現得像哥哥姐姐那麼好，他們先進入某個領域，比較有優勢」。

老么也不喜歡聽到他們可以做得更好，因為他們可能會誤以為，唯有當別人照顧他們時，他們才會更有歸屬感和重要性。朱蒂老師的方法之所以對約翰有效，就在於她採取的是一種鼓勵，而非失望的態度。

讓出生順序的知識，幫助你成為更好的父母與老師

對於出生順序的知識可以幫助你進入孩子的世界，做個更好的家長或老師。父母最佳的鼓勵行為，就是看得到、理解並且尊重孩子的觀點。「我能瞭解你的感受」與「好啦，怪不得你有這種表現，因為你是老大（或中間的孩子、老么、獨生子）」這兩句話完全不同。後者帶有指控、責怪的意味。

八歲大的馬克，快要變成完美主義者了。他是老大，只要比賽失敗就無法容忍，父親為了不要讓馬克心情鬱悶和哭泣，連下棋的時候都故意輸給他。這樣等於火上加油，讓他更不能接受失敗。父親瞭解出生順序的影響後才知道，應該讓馬克經歷一些失敗，所以他開始下棋時慢慢贏馬克。起初馬克很怒，後來很快就發展出接受輸贏的風度。有一天，爸爸和馬克練習投接球時，馬克漏接了一球，竟然還能幽默地自評：「老爸，好球。馬克，漏接。」爸爸知道，馬克進入一個新境界了。

出生順序與婚姻

理解了出生順序，也能增進夫妻之間的相互瞭解與鼓勵。出生順序如何影響婚姻，是個很有趣的題目。老大和老么經常相互吸引，老么喜歡被照顧，老大喜歡照顧人，所以看起來是天作之合。但是，正如阿德勒說的：「告訴我你對配偶的抱怨，我就能告訴你當初為什麼和他／她結婚。」一開始吸引彼此的特質，往往到了後來變成了惱人的缺點。

老大嫁娶老么的情況下，老大後來可能疲於擔任負責的人，開始批評較不負責的配偶，忘記當初這正是吸引他的特質；老么也可能厭煩了天天被照顧和被指揮，可是等到老么想要被照顧的時候，卻又不見得是老大想要照顧對方的時候。

兩個老大會結婚，原因常常是在對方身上看到了自己的特質，而且他們蠻喜歡這種特質的。可是如果兩個人無法決定家裡誰做主，或面臨問題時無法決定誰才是真正有能力解決的人，那麼問題就來了。

兩個老么可能會因為彼此相處實在是太快樂了，於是共結連理，但後來可能會因為對方沒有把自己照顧好而開始討厭對方。

中間的孩子可能容易或最難以適應任何情況，這點要看他們的叛逆或隨和程度來決定。

藉著瞭解、互重、合作和幽默感，任何一種組合都可以成功。我有個好朋友就是嫁給老么的老么。他們一起去度假。丈夫轉身問她是否有訂房。她回答：「沒有，難道你也沒有嗎？」兩個人都大笑了，快樂地渡過找旅館的時光。

出生順序和教學風格

老師的教學風格可能會因為出生順序而不同。老大的老師喜歡掌控全場，他們通常願意為孩子做出有趣又繁複的計劃。他們喜歡結構和秩序，當孩子們乖乖做到老師吩咐的事，他們最快樂。可是孩子很少會這樣，所以許多老大的老師備感挫折，除非他們學會採用非威權式的方法重新掌握秩序。這種老師很快就會瞭解「正向教養」對自己、對孩子的長期利益。

出生順序在中間的老師對於學生的心理健康狀態和學業成就同樣感興趣。他們被叛逆的學生吸引，希望能影響他們朝正面發展。這種老師試圖透過相互尊重與理解來達到秩序。

出生順序是老么的老師具有創意、趣味十足，並且最容易適應吵雜和混亂。這些老師願意讓孩子擔起更多的責任，這樣子自己就不必做那麼多的事。

無論是老師還是父母，只要瞭解出生順序，就能提升對自己、對孩子的理解。

團體練習

以下這個練習，可以讓參與者體會到，相同出生順序的人之間，有哪些相似與差異處。將團體成員當中，凡是出生順序相同的人就組成一個小組。每個小組有一支麥克筆和一大張紙。每個小組成員都要想一個適合自己的形容詞，然後和其他小組成員分享這個詞。如果大多數成員都覺得這個詞也適用在他們身上，就將這個詞寫在紙上。

進行十分鐘後，請每個小組把自己的紙貼在牆上。接下來就用本章的內容，以及紙上的形容詞來做討論。討論時，一定要談到下列幾點：

- 什麼因素會造成例外？什麼會造成獨特性？
- 為什麼要強調每個出生順序的正面特質？這樣做的重要性在哪裡？
- 出生順序的資訊，如何能提升對孩子和自己的瞭解？
- 若將出生順序的資訊當作標籤和刻板印象，會造成什麼後果？

同時詢問每個小組，是否有人察覺自己為什麼對自己有某些想法，以及自己對於尋求歸屬感和重要性，是否有哪些錯誤的詮釋。

本章重點

可以討論的問題

1. 瞭解出生順序的主要目的是什麼？瞭解出生順序對你與孩子的互動有什麼幫助？
2. 手足之間相互比較時，孩子會有哪些常見的選項？
3. 出生順序的資訊，可能會被如何誤用？
4. 每個出生順序的典型特質是什麼？
5. 溺愛會造成哪些風險？為什麼有些家長還是要溺愛孩子？
6. 哪些因素會造成出生順序的例外？

第4章 重新檢視不當行為

電影《克拉瑪對克拉瑪》中，我最喜歡的一場戲就是小男孩憤怒地對達斯汀霍夫曼飾演的爸爸吼道：「我恨你。」

爸爸一把捉起孩子到房間，把他摔在床上，吼回去：「我也恨你，你這個小混蛋。」

這對父子真的痛恨彼此嗎？當然不是。他們非常愛對方。那到底是怎麼一回事？

孩子覺得很受傷，因為爸爸只忙著工作，沒有花時間在他身上。父親則因為工作壓力，所以當他看到孩子沒有乖乖吃晚餐，就非常暴躁。他的反應就是以指責、羞辱和痛苦來罵小孩。潛意識中，小孩覺得自己沒有歸屬感，自己毫不重要，所以他對爸爸說他恨他。爸爸則是報復性地回嘴。父子倆陷入了「報復的循環」。爸爸在這個不當行為的案例中扮演了很重要的角色。他一樣有責任，甚至可說責任比較大。

什麼是不當行為？

只要仔細檢視就會發現，很多所謂的不當行為只是缺乏知識（或是意識），或者只是欠缺有效技能，要不然就只是做出那個特定的年齡會做出的行為；也可能是一種挫敗的表現，或者更常是某些「暫時退縮至原始腦」的事件而已——在這種情況下，只知道爭奪權力或逃跑，或者很不會溝通。成年人往往和孩子一樣欠缺知識、意識和技能，於是在原始腦的控制下產生行為。這就是為什麼成年人和孩子之間的權力爭奪如此常見的原因——至少要兩個人才可能發生權力爭奪。而大人往往和孩子一樣感到挫敗。

如果你把自己或孩子的不當行為，看成是「挫敗的表現」、「欠缺技能的行為」、「爬蟲腦的行為」或「這個年齡就只能拿出這種行為」，這樣你的想法有沒有稍微不一樣了？

大多時候，小孩子不過是「表現得符合年齡」，而不是行為不當。許多家長和老師不瞭解人類行為和兒童發展，所以會將「符合年齡的行為」視為不當行為。每當我想到有多少孩子只因為「表現出這個年齡會有的行為」而受到責難，心裡就很難過。例如，學步兒會因為大腦還沒有發展到足以理解大人對他們的期待，就因為「調皮」而遭到懲罰。有時他們想要的東西很不合理、不恰當，其實可能是因為他們缺乏足夠的語言和社交能力來達到他們的目的。看到學步兒因為還不瞭解因果關係，就被父母懲罰，真是令人心碎。

大人可以怎麼處理不當行為

當孩子精神飽滿、肚子不餓的時候，是否常會出現不當行為？這是誰的責任？孩子「不乖」，往往是因為外在的、無法改變的情況所造成，所以更應該好好疼愛你自己和孩子，不要隨便貼上不當行為的標籤。或許在制訂生活規範時，孩子沒有被徵詢、被尊重和參與；或許成年人不懂「強行規定只會引來叛逆和權力爭奪」，而啟發式的詢問（以及其他正向教養的方法）則可以讓孩子合作。請把焦點放在解決方法上，把犯錯當成學習的機會，不要把焦點放在不當行為和懲罰上。

以上這樣說，彷彿我在倡導：孩子出現「和發展程度相符，但不符合社會規範的行為」時，家長和老師不必做任何處置。這不是我的意思。我的意思是，家長和老師是成人，我們希望孩子學會控制自己的行為，那我們也應該學會控制我們的行為。我們可以有意識地擔起自己行為的責任，改變自己，好讓孩子能在不傷害自我價值的情況下，也改善他們的行為。是誰能夠暫停一下，重新整理自己，慎思之後拿出適當的行為？是誰能夠避免不經大腦的反應？是我們。我要指出的是，我們至少要為自己的不當行為負起對等的責任，並且學會採用具有鼓勵和長期效果的方式，因為這些都符合第一章提到的有效教養四大條件。

我們越瞭解自己和孩子的行為，就越可以成為有效的家長和老師。這一切的起點，就是進入孩子的世界，去瞭解更多關於挫敗的行為。

德瑞克斯多次說到：「一個行為不當的孩子，就是個挫敗的孩子。」他發現當孩子感到挫敗時，會產生以下四個不當或是錯誤的目的。為什麼這些目標是錯的呢？因為它們都是來自於對「如何得到歸屬感和價值感」的錯誤理解。

常有人問德瑞克斯：「你怎麼不斷把孩子放在這四個錯誤目的的框架裡？」他的回答很妙：「不是我放的，我只是不斷在這個錯誤目的框架裡找到他們。」

不當行為背後的四大錯誤信念與目的

1. 過度尋求關注——錯誤的信念：唯有在擁有你的注意力時，我才有歸屬感。
2. 爭奪權力——錯誤的信念：只有我當老闆或你不是我的老闆時，我才有歸屬感。
3. 報復——錯誤的信念：我沒有歸屬感，但是至少我可以報復。
4. 自暴自棄——錯誤的信念：我不可能爭取到歸屬感。算了，放棄。

人類的主要目標就是有歸屬感和價值感。孩子（以及許多成人）會擁有上述一種或更多的錯誤目的，只因為他們相信：

- 過度尋求關注和爭奪權力，能讓他們達到歸屬感和價值感的目標。
- 報復能補償因缺乏歸屬感和價值感所帶來的傷痛經驗。
- 放棄是唯一的選擇，因為他們真的相信自己不值得。

孩子並沒有意識到自己的錯誤目的或信念。如果你問他們為什麼會出現不當的行為，他們會說不知道，要不然就是說一些其他的藉口。本書稍後我會說明要如何利用「揭示目的」這個方法，幫助孩子瞭解自己的錯誤目的，卻又不至於感到丟臉或受到威脅。

錯誤信念 1：過度尋求關注

每個人都希望獲得注意。這並沒有錯。但若孩子企求過度的關注，就會發生問題。例如他們以惹人厭惡的方式（而非有效的方式）尋求歸屬感，孩子潛意識的錯誤信念可能是：「唯有我是關注的焦點時，我才有歸屬感。」當孩子尋求不當關注的時候，我們可以重新指引他們用有意義的方式來獲取注意力。這樣能讓孩子重新體驗他們所尋求的歸屬感，同時用更有建設性的態度獲得歸屬感。

具體來說，如果學生不斷煩你，就給他們一項任務（例如收試卷）。有位四歲的女孩老是

孩子不當行為的錯誤目的表

孩子的目標是：	如果家長／老師覺得：	反應傾向於：	如果孩子的反應是：	如果孩子行為背後的信念是：	家長／老師積極與鼓勵的反應包括：
過度尋求關注（以讓他人忙碌或是獲取特殊服務）	• 煩躁 • 受干擾 • 擔心 • 罪惡感	• 提醒 • 哄騙 • 為孩子做他可以自行完成的事	• 暫時停止，但是事後又繼續相同或其他令人煩惱的行為	• 只有在被注意到或是得到特殊待遇時，我才存在。 • 當妳為我忙碌時，我才有重要性。	透過讓孩子參與有用的任務以重新引導。「我愛你，而且……」（例如，我關心你，等一下會花時間在你身上。）挪出特別的時間相處。建立生活慣例。花時間訓練。利用家庭／班級會議。無言的肢體碰觸。建立非言語的信號。
爭奪權力（當老大）	• 被挑釁 • 被挑戰 • 被威脅 • 被擊敗	• 對抗 • 退讓 • 心想「你不可能為所欲為」或是「我會強迫你做」。 • 想要證明自己是對的	• 激化行為 • 寧死不從 • 覺得家長／老師生氣就是自己的勝利 • 使用被動消極的力量	• 只有我是老大或是主控或證明沒有人能管我時，我才有歸屬感。 • 「你不能強迫我。」	承認你無法強迫他，並尋求他的協助。不要對抗，也不要投降。從衝突中撤退，並且平靜下來。要堅定且溫和。用行為表現，不要用說的。決定你將要怎麼做。讓慣例做主宰。發展出相互尊重。提供有限的選擇。練習貫徹執行。鼓勵。重新將力量導回正向。利用家庭／班級會議。

報復（以牙還牙）	•受傷 •失望 •不敢置信 •反感	•反擊 •扯平 •心想：「你怎麼可以這樣對待我？」	•反擊 •傷害別人 •破壞物品 •扯平 •加強相同的行為或是選擇另一種武器	•我覺得沒有歸屬感，所以我傷害別人，讓他們感受到我的痛苦。我是不被愛的。	處理受傷的感覺。「你的行為告訴我，你一定覺得很受傷。我們可以談一談嗎？」避免懲罰和反擊。採用反映性傾聽。彌補過失。鼓勵優點。利用家庭／班級會議。
自暴自棄（放棄不要打擾）	•絕望 •無可救藥 •無助 •不足	•放棄 •幫他做 •過度協助	•更為退縮 •被動 •沒有改善 •沒有反應	•我不相信我能歸屬，所以我會讓別人信服不要對我有任何期待。 •我無助而且無能，根本不需要努力，因為我不可能會做對。	展現信心。小心前進。停止批評。鼓勵任何正面的努力，不管多麼地微小。不要同情。不要放棄。專注於長處。提供成功的機會。欣賞孩子。建立他的興趣。鼓勵、鼓勵再鼓勵。利用家庭／班級會議。

在媽媽講電話的時候插嘴，實在令人心煩。媽媽後來找到一個方法：下一次講電話前，先把手錶遞給女兒說：「看到移動的秒針嗎？看它繞三圈後，我就說完了。」

小女孩專注地盯著秒針，偶而看母親一眼。結果三分鐘不到就把電話掛斷，女兒還嚷著：

「媽咪，妳還有更多的時間，妳還有更多的時間。」

錯誤信念 2：爭奪權力

大家都想要權力。權力不是個壞東西，只是看如何使用而已。當孩子的信念錯誤，覺得唯有在自己是老闆的時候才擁有歸屬感，則他們使用權力的方法就像不當行為了。當孩子依據錯誤的權力目標行事的時候，他們運用權力的方式就不對了，這時大人必須重新引導他們，用一種對群體有用的方式來發揮權力。

若父母和老師發現自己和孩子陷入權力爭奪時，最有效的方法就是退出對抗。你可以承認，狀況已經發生了：「看起來，我們陷入了權力爭奪。我知道自己做了什麼，才造成這個問題。我猜，你覺得我對你不好。我不想這麼做，但是我需要你的協助。讓我們暫時冷靜一下，再看看要怎麼樣以相互尊重的態度解決這個問題。」

錯誤信念 3：報復

就像電影《克拉瑪對克拉瑪》中的父子一樣，人的天性似乎是「在受傷的時候就反擊」，也就因為這樣，所以冤冤相報很常見。可是，當成人都難以控制自己的行為時，卻要孩子控制自己的行為，這樣未免落差太大。若想要打破冤冤相報的循環，最重要的是控制自我行為。注意，若你覺得受傷，先不要反擊，反而應該肯定孩子的感受：「你現在一定覺得很受傷。我瞭解。換作是我，我可能也一樣覺得受傷。」肯定對方感受是化解冤冤相報的有效方法，但接著需要解決問題：「等我們的感覺比較好的時候再來談，好不好？」

在這裡要提出一件很重要的事：傷害孩子的人或許不是你。或者，你的原意是想幫孩子，而不是傷害孩子，可是你卻傷了他。另一件要知道的事就是，懲罰（就算是偽裝成邏輯後果）也只會讓報復循環越演越烈。

錯誤信念 4：自暴自棄

孩子若懷抱著「自暴自棄」的錯誤信念（這是對自己能力的錯誤信念），白天時可能不會惹太多麻煩，但等到晚上你有時間思考，往往驚覺他們好像已經放棄了。這時你就會失眠了。相信「自暴自棄」的孩子是真心的相信自己不行，這點和其他孩子不同，有些孩子說「我不行」的目的是要吸引你的注意力。等你對這四種錯誤信念的理解更深，你可以對那些要求過度關注的孩子說：「親愛的，我相信你行的。」但是，對於那些真的相信自己不行的孩子，你需要花時間一點一滴證明給他們看。你不必幫他做所有的事，因為這樣會讓他們更印證自己確實無能。舉個例子，你可以說：「我畫半個圈，剩下來的半個圈給你畫」或「我綁一隻鞋子的鞋帶給你看，然後你可以讓我看看你學到多少，讓我明白你是否需要更多的協助」。

為什麼我們要辨識出上述四種錯誤的目的？這件事為什麼重要？原因是，當我們瞭解這些錯誤的目的（以及信念），就能知道我可以採取哪些最有效的方法，來幫助孩子完成他們真正的目的——歸屬感和存在感。

要辨識出行為背後的信念以及錯誤的目的，其實不容易，因為同樣的一個外在行為，背後可能要追求的是四種錯誤目的當中的任何一種。例如孩子不作功課，目的可能是吸引你的關注（注意我注意我）、展現權力（你不能強迫我）、尋求報復（你看重成績過於看重我，讓我很受傷，所以我就傷害你），或是想表達他們覺得自己不足（我真的辦不到）。瞭解這些目的也很重要，因為不同的目的需要不同的干預及鼓勵方法。

請注意我剛剛提到鼓勵這個詞，非常重要，因為行為不當的孩子是個挫敗的孩子。他們的挫敗源自於挫敗的信念，源自於欠缺歸屬感和存在感。這種錯誤信念不管是基於事實，或只是孩子對外在環境的主觀認定，其實都一樣。孩子行為的基礎是他們主觀認定的事實，而非真正的事實。

如何辨認出錯誤的信念和目的

成人可以採用以下的幾個線索，來辨識出孩子的錯誤目的。

線索 1：你的感覺

你或許會懷疑，為什麼你的感覺能夠讓你明白孩子的錯誤目的？只要好好練習「注意自己的感覺」這個技巧，你就會慢慢明白這到底是怎麼運作了。

當成人面對源自於這四個錯誤目的的行為時，會有以下的感受（見前幾頁的「孩子的錯誤目的表」第二欄）：如果你覺得煩躁、受干擾、擔心、罪惡感，孩子的目標可能是尋求過度的關注。如果你覺得被威脅（你和孩子一樣想當老大）、被挑戰、被挑釁或是被擊敗，孩子的目標可能是爭奪權力；此時如果你用強勢權力去回應，你們就會陷入權力爭奪中。如果你覺得受傷（你努力當個好家長好老師，孩子卻做出這種事）、失望、不敢置信、反感，那孩子的目標可能是復仇。如果你覺得無能為力（我怎麼可能碰觸到孩子內心激勵他？）、絕望或是無助，孩子的錯誤目的可能是自認不足、不配。此時若你接受你的感覺，你就會像孩子一樣地放棄了。

如果你問成人，孩子出現這些行為，你會有什麼情緒反應？很多人會說憤怒、挫折。這兩者都屬於一種主要情緒反應底下的次要回應。當我們感覺被威脅、受傷害或自己不足時，那種感覺是如此的無助，於是我們迅速拿出一種次級反應「憤怒」，以求掩蓋被威脅、受傷害等的感覺。憤怒時，我們至少擁有權力的假象——我們能拿出行動，儘管那不過是咆哮、狂暴或是口出惡言。挫折和憤怒都是一種次要反應，來自於因為無法掌控情勢而產生的主要情緒反應。

如果你用憤怒掩飾你的主要情緒，而不是去認可孩子的情緒，那就可能陷入報復的循環。

你必須自問：「在我的憤怒與挫折背後，是什麼樣的感覺？我覺得受傷、挫敗、被威脅還是害怕？」請檢視前面的「孩子的錯誤目的表」，看看情緒欄有哪個符合你的感覺。許多家長和老師說，他們在抽屜裡或是冰箱門上放一張這個表當參考。這張表幫助他們理解大多數行為的根源，並且在這些高壓的情況下更有效地協助孩子。

線索 2：孩子的反應

當你要求孩子停止不當行為時，孩子的反應是什麼（見前頁錯誤目的表的第四欄）？

若孩子的錯誤目的是過度的關注：則孩子會暫停一下，但通常很快就會再犯，或用其他的行為來攫取你的注意力。

若孩子的錯誤目的是爭奪權力：孩子繼續從事不當行為，可能會有口頭對抗，要不然就是被動抗拒你的要求。這樣會升高成你與孩子之間的權力爭奪。

若孩子的錯誤目的是報復：孩子以某些破壞性的行為或是口出傷人的話語作為報復。這樣親子間的衝突可能會升高成你與孩子之間的報復循環。

若孩子自暴自棄：孩子通常態度被動，他預期你很快就會放棄，不會再管他。有時候孩子會誇大表現（或許成為全班的開心果）以掩飾情緒或是學業方面的不足。

以上這些線索有助於我們「解碼」孩子的行為，知道他們想表達什麼。但是，就算我們理解這些，事情也不會變得比較輕鬆。當我們面對孩子的行為不當，最簡單的方法就是順應自己的憤怒和挫折情緒，然後直接回應。比較難的才是停下來思考：孩子到底要告訴我什麼？

在正向教養工作坊中，我們會作一種叫做「叢林」的體驗活動。在活動中，有些成人站在椅子上，其他成人則扮演孩子，抬頭仰望說：「我是個孩子，我只想要有歸屬感。」椅子上的大人必須假裝底下的孩子們行為不當，然後用懲罰性、打擊性的話語回應，例如：「不要吵我。難道你看不出我在忙嗎？你為什麼不能像哥哥一樣表現得那麼好？你怎麼這麼自私？你為什麼不去整理房間或做功課？你要我跟你說多少次？」

然後，我們再詢問每個人，他們的感受如何，他們在想什麼，以及當他們扮演成人或是孩子的時候，心裡在想些什麼。這個體驗活動經常讓參與者經歷極大的情緒衝擊。我們其實不願意讓大家經歷這些情緒波動，但這是最有效果的方法，可以讓成年人看見、聽到並且體會到，如果我們只是針對孩子的行為來做出反應，而沒有破解孩子的行為密碼，知道他們真正的需求是什麼，這樣會產生什麼樣的立即效果和長期效果。

活動過後，我們會問：「這個活動教會你什麼？」成員們最常說出的心得就是，一個行為不當的孩子其實是在告訴大人：「我是個孩子，我只想要有歸屬感而已。」當我們不瞭解錯誤的信念和目標的行為，我們就會針對孩子的行為回應，而非針對行為背後的信念來回應。

一旦成人瞭解「行為不當的孩子是個挫敗的孩子」這個道理，通常就願意去努力鼓勵孩子。鼓勵是改變行為最有效的方法。一個受到鼓勵的孩子，就沒有必要以不當行為來表達自己的心聲。

再重複一遍：一個受到鼓勵的孩子，就沒有必要以不當行為來表達自己的心聲。可惜，家長和老師很難理解這個概念，我們太習於用懲罰、訓話和其他形式的指責、羞辱、痛苦等方式，想要刺激孩子表現得更好。

最近有個好友打電話給我，她很後悔，因為她有十一個孩子，她向來以為，孩子犯錯或表現不好時，就要加以貶抑，這樣才能刺激他們拿出好表現。她現在想盡辦法想要挽救其中幾個孩子心中低落的自我評價和怨恨。

鼓勵不是獎勵不當行為，這點和許多人想像的不同。鼓勵是移除不當行為的動機。

如何針對各種不同的錯誤目的，給予有效的鼓勵

解決一種不當行為的方式不只一種。家長、教師可以從本書的原則裡自行討論，腦力激盪出好幾個可能方案，再選擇自己最能接受的建議。

家庭會議和班級會議可以解決許多問題，因為透過討論，孩子學習到要將注意力放在「尋找互相尊重的解決方式之過程」上面，這樣也能讓孩子發展出歸屬感和存在感。其次，若有急迫的需求，必須當下立即處理某個不當行為，此時正向教養也有許多工具和技能可使用。以下是針對不同的錯誤目的，提出有效的回應方案。這些算是通則而已，後面的篇章會有更詳盡的探討。這裡列出一些處理原則，以便證明，一個問題或是目的錯誤的行為，可以用許多不同方法解決。

等你讀完全書，並且瞭解了正向教養的概念後，你就可以常常回頭參看以下的這些原理原則，以便提醒自己：在面對不同的錯誤目的時，你可以拿出哪些有效的對策。但是，使用這些對策的前提是，基本態度必須是鼓勵的、理解的、互相尊重的（參見本書先前的內容），這樣才會有效。

如何處理尋求過度關注

要記住，每個人都需要關注。但是，如果給孩子過度關注，則完全達不到鼓勵孩子的目的。

- 重新將孩子引導至有貢獻的行為上。給孩子一個任務，讓他們能夠有正向的注意力，例如將碼錶交給他們，讓他們提醒你的講電話時間。
- 作出預料之外的反應：通常給孩子一個大大的擁抱，會很有效。

* 安排好固定和孩子相處的特別時光。在學校裡，每次幾分鐘就足夠了。
* 用一種明白的方式微笑，表達出你不會上當，然後說：「我很期待我們六點的特別時光。」
* 事先與孩子約定好非語言的訊號：手放在胸口表示「我愛你」或是握拳放在耳朵旁表示等到孩子不再無事呻吟時，你就樂於傾聽。
* 避免特殊的照顧。
* 給予保證，並展現對孩子的信心。例如：「我愛你，我知道你辦得到。」
* 忽略不當行為，並以溫和的方式將手放在孩子的肩上。例如大人可以繼續你的談話，只要忽略孩子不當的行為，但是不要忽略孩子。
* 氣氛良好時，用角色扮演等方式來練習其他的行為模式，例如以語言而非哀叫來表達。
* 不要光講。作出行為。例如，孩子不刷牙，大人停止連哄帶騙，反而起身握住孩子的手，帶他們去浴室刷牙。你可能得用點巧思讓氣氛堅定但是充滿趣味。
* 說出你的愛和關懷。

如何處理爭奪權力

要記住，權力不是壞事。可以用建設性、而非破壞性的方法使用。

- 退出權力爭奪，以取得冷靜的時間，然後做以下這些事：
- 向孩子承認：自己無法強迫孩子做任何事。請孩子協助你，一起找出彼此都能接受的解決方法。
- 採用贏得合作的四步驟（見第二章）。
- 接著，和孩子一對一討論如何解決問題。
- 重新引導孩子以建設性的方式來運用他們的權力。
- 和孩子一起尋找解決的方法。
- 決定你自己要怎麼辦，而不是你要強迫孩子怎麼辦。例如，「在大家都安靜下來後，我會繼續上課。」「我只會清洗放在洗衣籃內的衣物，扔在地上的衣物我不會清洗。」「我會把車停在路邊，直到你們不再爭執。」這些行動都要以溫和且堅定的方式完成，你要避免訓話、說教，這樣尤其有效。
- 定期安排和孩子共度的特殊時光，在學校的話，偶而即可。
- 讓孩子參與訂定一份慣例表，並且讓這份作息表決定現在該做哪些事。
- 提供有限的選擇。
- 邀請孩子在班會或家庭會議中提出他們的問題。
- 口語表達出愛與關切。

如何處理報復

要記住，孩子會報復（報復可以讓他們產生掌控感），原因是要掩飾受傷的感覺（受傷的感覺讓他們感到無助）。

- 避免反擊，這樣才能擺脫報復的循環。
- 在冷靜期間，依然保持友善。
- 揣想孩子到底為什麼感到受傷，展現出同理心。肯定孩子受傷的感受。
- 真誠分享你的感受：關於……我感覺……因為……我希望……。
- 採用回映性的傾聽：針對你聆聽到的內容加以回應，用這個方法進入孩子的世界：「你聽起來很受傷。」回映性傾聽可以包括啟發式提問：「可以再多告訴我一些嗎？後來怎麼樣了？所以，你的感覺是什麼？」重點是，不要分享你的觀點，而是要瞭解孩子的觀點。
- 如果是你造成傷害，就採用修正錯誤的三 R 方法（見第二章）。
- 採用贏得合作的四個步驟（見第二章）。
- 與孩子一對一討論如何解決解決。
- 利用鼓勵來表現出你的關切。
- 安排固定的特殊時光與孩子相處，在學校偶爾即可。
- 口頭表達愛與關切。

如何面對自暴自棄

要記住，孩子並不是無能。但是在他們放棄「我作不到」這個錯誤信念之前，他們會繼續表現出自己無能。

- 花時間訓練孩子做事，讓步驟盡可能簡化，讓孩子能夠體驗成功。
- 示範孩子可以重複的小步驟。「我畫半個圈，你畫另外一半。」
- 安排孩子享受小成就。找出任何孩子可以做的事，讓他們有許多機會去分享他們的專長。
- 肯定任何正面的嘗試，不管是多麼的微不足道。
- 不要期待完美。
- 把重心放在孩子的能力上。
- 不要放棄。
- 經常和孩子共享特別的時光。
- 在課堂上，鼓勵孩子選擇學伴或是同儕小老師予以協助。
- 用言語說出愛與關切。

模擬案例解析

我再強調一次：同樣的一個行為，可能代表了好幾種不同的錯誤信念或目的。接下來我們就用「不做家庭作業的孩子」來說明。

不寫作業的孩子：如果他想要的是過度關注

如果孩子的目標是想要享有過度關注，大人可能覺得惱怒。當你叫孩子做功課時，他們只會稍微做一點。要協助這樣的孩子，不要把焦點放在「還有這麼多作業沒做完」，而是要針對他們的合作，表示欣賞即可。這樣會讓他們學到：不做功課不是個獲取關切的好方法。你可以讓他們選擇做功課的時間：現在做，或是放學後。你也可以用這個方法重新引導他們的行為：做完作業之後，請孩子協助你做另一件事。

或者，你可以告訴他們，每次你看到他們沒有在做功課時，就會對他們眨眼或是微笑。如果你做了目的揭示（等下會說明）之後，再進行這種安排的話，效果尤佳。表面上看，眨眼睛和微笑似乎會強化孩子爭取關切的行為，但這樣更會讓孩子產生歸屬感和存在感，因此他們很快就不必透過不做作業來攫取關切了。

你也可以讓孩子體驗不做功課的後果，然後以啟發式提問接續：「發生了什麼事？你對這樣的結果有甚麼感覺？你從中學到些什麼？你希望會怎麼樣？你要怎麼做，才能得到你想要的結果？」

不寫作業的孩子：如果他想要的是爭奪權力

如果孩子的錯誤目的是爭奪權力，你可能會覺得自己的權威受威脅或受打擊，因此想要讓孩子見識一下你的厲害，你能強迫他們做到你要的事。所以，當你要求孩子做功課時，他們會拒絕或被動地忽視你。如果你堅持要以懲罰來贏得勝利的話，他們會更激烈抵抗，目的是要證明「你不能逼我」。或許，他們會轉變為報復（你以力勝他，當輸家很讓人難過）。面對些孩子的最佳方法，就是退出權力爭奪。

熱衷於權力的孩子，有時是受到熱衷權勢的成人所啟發。誰要負責改變這種氛圍？成人。當你真心想要以互信、共享決策過程為基礎，追求彼此的尊重和合作的時候，孩子一定分辨得出來，這或許會花點時間，但孩子會更願意合作。

當你和孩子一對一討論如何解決問題時，不妨承認自己陷於權力爭奪之中，坦白說出你真的想要改變你和孩子之間的關係，以相互尊重和理解的態度來解決問題。告訴他，每當他覺得你試圖以權力去壓迫、操控他的時候，就提醒你。與孩子分享：你願意和他一起努力，尋求彼此都滿意的解決之道。要記住，孩子若參與了解決方式的討論與制訂，他會比較願意遵循。

家庭和班級會議對於解決權力問題非常有效。熱衷於權力的孩子往往擁有良好的領導能力，你可以讓這種孩子知道你欣賞這些能力，並且在某些需要領導的任務中尋求他的協助。附錄二說明了如何訓練這種孩子成為同儕輔導員，協助其他因為行為問題而被引介至輔導室的學生。

對於不寫作業的學生，有些老師的回應是就給他低分。其實，應該採用溫和且堅定的態度，而不必直接採用權勢打低分。可以用啟發式提問讓孩子理解：他能影響發生在自己身上的事，且只要他願意，他有能力改變。

不寫功課的孩子：如果他想要的是報復

如果孩子的目的是報復，成人會有受傷或厭惡的感覺。為什麼我這麼努力要當個好家長或老師，孩子給我的回報卻是不寫功課？你要求孩子做功課，他卻說出傷人的話例如「我恨你」，或是做出破壞性的行為，把作業撕掉。

要幫助這些孩子，就不要反擊。認可他們受傷的感覺，友善地說：「我看得出來你不高興，所以我們現在無法討論，但是等下我們可以談一談。」經過一段冷靜的時間後，你可以採用贏得孩子合作的四步驟，或是可以先忽略問題，與他共度一段特殊的時光（方法在第七章）。也可能需要採用揭示目的這個方法，以探討受傷的情緒。

不寫功課的孩子：如果他覺得自暴自棄

如果孩子的錯誤目的是自己沒能力，大人可能會覺得我也沒有足夠的能力協助他。當你要求他做功課時，他一臉垂頭喪氣的模樣，只希望你別煩他（「我做不到」的錯誤假設，和「我想要過度的關注」兩者有重大區別。當你關心他的時候，想要過度關注的孩子會興高采烈。而相信自己能力不足的孩子，則希望你不要理他）。

幫助這個孩子的第一步是確認他知道功課該怎麼做。這要花時間，就算你覺得孩子應該知道，因為你已經說過許多次了。透過不做功課想攫取注意力的孩子，他真的知道該怎麼作功課，他只是試圖要操控你去幫助他，因為他錯誤地相信，除非你關心他，否則他就沒有歸屬感。至於自認能力不足而放棄功課的孩子，則是感到挫敗，因為他真的覺得自己不行，也不希望你注意到他。由於這兩個錯誤目的的行為很類似，大人必須要讓自己的感覺更敏銳，以瞭解孩子到底是想要讓你為他而忙，或是想要你離他遠一點。

另外一個方法是直接詢問孩子：是否希望得到你的協助，或是希望另外一個學生協助他。你也可以安排比較簡單的作業讓他做。重點是，要讓他成功做到。

不要放棄。孩子可能會假意做一點功課，好讓你別再盯著他。無論如何，如果孩子做了一些功課，他就會擁有一些成功，並且受到一些鼓勵。很重要的是，和這個孩子共度一些特殊時光。

怎麼樣做「目的揭示」

孩子們並不知道自己懷抱錯誤的目的，因此「目的揭示」是一種不錯的方法，可以幫助他們意識到自己的信念並不正確。

老師、輔導老師或受過訓練的「家長講師」都可以做目的揭示。基本動作是在過程中保持客觀和友善。至於孩子的父母本身則不適合，因為家長面對自己的孩子時很難保持客觀。

有鑑於客觀和友善的態度是目標揭示的最基本動作，因此衝突的當下不適合做目標揭示。剛開始學習操作目標揭示時，可以用私下和孩子單獨會談。受過適當訓練的人可以在團體或是公開的場合中進行目標揭示，阿德勒和德瑞克斯兩人就常讓孩子站在觀眾前面進行目的揭示，因為這樣所有的人，包括孩子，都可以從過程中學習。

但是我建議，當你與孩子進行目的揭示時，選擇雙方都平靜的時候私下進行。

首先問孩子，他是否知道自己為什麼做了某些特定的行為。你應該明確說出問題行為，例如：「瑪莉，為什麼在妳知道該坐好的時候，卻在教室裡走來走去？」

孩子通常會回答：「我不知道。」在意識的層面上，孩子確實不知道。目的揭示幫助他們瞭解發生了什麼事。就算他們說出某些理由，通常那也不是真正的原因。

如果，孩子給出一個說法，你可以回應：「我有其他的想法。可以讓我猜一猜嗎？妳可以告訴我猜的對不對。」

如果孩子說不知道，你還是可以說，讓你猜一猜。如果你的態度客觀而且友善，孩子會因為好奇而讓你猜。接下來就是問出德瑞克斯稱為「會不會是？」的問題，並且等孩子回答。

- 妳在教室裡走來走去，會不會是因為想要我注意到妳？（過度關注）
- 妳在教室裡走來走去，會不會是想要讓我明白，妳愛怎麼樣就怎麼樣？（爭奪權力）
- 妳在教室裡走來走去，會不會是因為妳覺得受傷，想要和我或其他人扯平？（報復）
- 妳在教室裡走來走去，會不會是因為妳覺得自己做不好，所以根本就不想嘗試？（自暴自棄）

孩子可能會有兩種反應，讓你判斷出你猜得對不對，以及孩子有沒有意識到自己的目標是錯誤的。首先是孩子出現再認反射（recognition reflex，臉上自發地出現微笑，雖然口頭上表示否定）——孩子不自覺地微笑，雖然她嘴巴上說你猜錯了。如果孩子說你猜錯了，而且沒有出現再認反射，就繼續下一個問題。再認反射會告訴你，你的猜測是否正確。第二個反應，就是孩子簡潔回答：對。若出現再認反射，或得到肯定的答覆，就不需要再問下去了。

這時，就可以和孩子討論要如何讓他產生歸屬感和價值感。如果孩子想要的是關注，可向孩子解釋所有人都想要關注，然後重新引導孩子以建設性的方式來尋求關注。例如：「你可以幫我想想，如何讓你獲得關注，而且也能幫助到其他人的方法嗎？」

你也可以同意孩子，基於他的行為給予他想要的關注，你們可以事前先協議好特定的次數，對他眨眼睛或是微笑，讓他知道他得到你的關注了。把這個當成你們之間的祕密。事實上，孩子只要有意識到你注意他，則「關注」對他的吸引力就沒那麼大了。

如果孩子尋求的是權力，你可以承認你無法強迫他，然後請求他協助設計一個相互尊重和合作的計畫。「你沒錯。我不能強迫你。那我們要怎樣用尊重的方式來使用我們的權力，好解決這個問題？」在脫離權力爭奪的過程中，尋求孩子的協助很有用。

如果孩子想要的是報復，你可以藉著瞭解到底是誰做了什麼傷害孩子的事，表現出你的關心。「很抱歉，我不知道我傷害了你。你能原諒我嗎？」或「我很抱歉讓你受傷。換做是我，我也會有同樣的感受。」展現足夠的關切，讓孩子知道你在聆聽，不是批判，這樣可以帶來極大的鼓勵。不要試著改變他的觀感，也不要試著合理化或解釋加害的行為。回應性的傾聽很有用，當孩子覺得被理解後，他會比較願意傾聽你的觀點，然後一起努力尋求解決。

如果孩子誤以為自己沒有能力，可以不斷告訴他，你可以理解他為什麼會有這種感覺，因為有時候你也會感到挫敗，然後立刻對他的能力表示有信心，並且制定一個計畫，用一個一個的小步驟去完成，以確保成功。「我知道你覺得自己沒辦法，但是我知道你可以，我也願意盡一切可能幫助你成功。」

一旦父母和老師知道孩子懷抱哪種錯誤目的，就可以從這點出發進行討論，尋求解決問題的方法。

注意孩子挫敗的程度

前面提到，孩子可能懷抱四種錯誤的信念。孩子不見得是從第一個錯誤信念（尋求不當的關注）開始，再逐漸進展到第四種「我沒有能力」的信念。比較被動的孩子如果遭到嚴厲的對待，或因為別的原因導致他相信自己沒有歸屬感和價值感，則可能會直接跳到最後一種「我沒能力」的信念。

個性比較活潑、喜歡追逐權力的孩子，可能永遠不會進展到第四種「我沒能力」的信念。但是成人如果堅持要贏得這場權力爭奪，則這樣的孩子會被逼得走上報復之路。

實際案例：長子賽斯的故事

有一天，爸爸媽媽帶著全家花了一整天看房子。賽斯和弟弟一直抱怨無聊，好熱，好想回家。兩歲的小妹很安分，累了就睡在媽媽的懷中。

第二天，爸媽想要繼續找房子，想請鄰居照顧賽斯和弟弟，因為他們年紀已經夠大了，可以和社區其他小朋友一起玩。小妹並不麻煩，而且也太小，所以夫妻倆決定把她帶著。

爸媽要出門時，賽斯說他也要去。媽媽提醒他，昨天他說很無聊又很熱，今天他待在家裡會比較快樂。賽斯堅持要去。媽媽堅持不讓他去，甚至拿出賄賂手段（給賽斯和弟弟一人一根冰棒）。賽斯仍舊不滿意，但爸媽還是把他留下來。

等爸媽回家時，懊惱地看到賽斯用刀子把妹妹嬰兒座椅的塑膠椅背劃破了。媽媽的第一反應是很受傷，並且心想：「他怎麼能做出這種事！」她很快地用憤怒掩飾了受傷的感覺，打了賽斯一頓，把他趕回臥室。

媽媽最近恰好參加一個家長讀書會，常寫下想要與小組討論的問題。這次她一下筆寫出今天的狀況，立刻就理解了賽斯的想法，並且知道為什麼賽斯的錯誤目的是尋求報復。於是，她採用贏得合作的四步驟（見第二章）：

媽媽走到賽斯的房間問：「你是不是覺得，我們帶妹妹出去，沒有帶你去，是因為我們比較愛她？」

賽斯淚汪汪地回答：「對。」

媽媽說：「我瞭解你的感覺，這種感覺一定讓你很難過。」賽斯哭了起來。

媽媽抱著他等他哭完，然後說：「我覺得我瞭解你的感受。我十三歲的時候，我媽媽帶著我姐姐去紐約。我也想去，可是她說我太小不能去。我才不相信，我那時真的以為，我媽媽比較愛姐姐。」

賽斯表示同情。媽媽接著問：「你想要知道，我為什麼把你留在家裡嗎？」賽斯點點頭。媽媽告訴他：「我昨天也很難過，因為你一直說好熱又好無聊。你和弟弟那麼難過，我們看房子也不愉快。所以我真的以為，如果你和弟弟待在家裡和小朋友玩，就不會無聊，我們大家也會比較快樂。所以，你現在知不知道，我是想要對你好？」

賽斯說：「我想我知道吧。」

媽媽又說：「我瞭解你為什麼覺得我們比較愛妹妹，因為我們帶她出門，卻沒帶你。但是這不是真的。我非常愛你。其實我希望妹妹也留在家裡，但是我知道她太小，不能像你一樣出去和小朋友玩。」

媽媽繼續抱著賽斯，然後問：「你覺得我們應該怎麼把嬰兒座椅修好？」

賽斯熱忱地說：「我可以修。」

媽媽說：「我想你一定行。」

於是母子擬定了一個計畫，用賽斯一部分零用錢去買新的塑膠布。兩人剪下適當形狀，將塑膠布釘在椅背上。嬰兒座椅看起來比以前更棒，母子的關係也比以前更棒了。（這個例子也可以展現：犯錯就是學習的機會，讓事情變得比犯錯前更好。）

在這個例子裡，媽媽知道她和賽斯陷入了報復的循環：賽斯有個錯誤的信念「爸媽不愛他（缺乏歸屬感和價值感）」，他覺得很受傷，於是想要傷人或是破壞；媽媽則想用憤怒來掩飾自己的受傷感覺，再用更多的懲罰來報復賽斯。

可是媽媽知道，懲罰無法修補已然受損的椅子。她也知道，自己不能容忍這種行為，如果施加懲罰，可以讓她覺得「這孩子罪有應得」。但是，這位媽媽也知道，光靠懲罰，無法產生她想要的長期效果。

確認了賽斯的錯誤目的後（他想報復），史密斯太太就能有效地以具有長期效果的方式來處理問題。賽斯做出破壞行為，她坦承自己看得出孩子的受傷和生氣，然後經過一段冷靜期後，她會採取贏得合作的四步驟，最後以一個讓雙方變得更親密的方式收尾，而不是讓報復與不當行為一直循環下去。

與青少年互動

我們已經檢視了孩子不當行為背後的四個錯誤信念，其實成人也經常懷抱這些錯誤的目的和信念。等孩子十一、十二歲之後，在尋求過度關注、爭奪權力、尋求報復或是覺得自暴自棄這四個錯誤信念之外，還有其他的因素導致不當行為。

「同儕壓力」對青少年來說極為重要。年紀小的孩子也會被同儕壓力影響，但對他們而言成人的肯定更重要。而青少年對同儕壓力的重視，遠大於成人的肯定，也因此同儕壓力可能成為他們的錯誤目的。青少年正在經歷重大轉變，他們會透過與雙親切割來探索自我。當他們測試家長價值時，往往演變成叛逆。幸好這種叛逆很少會延續到二十歲以後，除非家長是極度操控或嚴厲懲罰。

學者研究顯示，青春期青少年的前額葉皮質區快速生長，而導致某些混亂。青少年往往錯誤解釋周遭人的肢體語言，誤會別人有攻擊性（其實沒有）。而此時大腦的迴路也會讓孩子們感官錯誤、溝通不良。家長請注意，前額葉皮質區要到二十五歲才會發展成熟，所以教養青少年時要特別謹慎，要明確表達意思，不要隨便假設。

過度操控的方式可能會對青少年造成災難性的效果。和幼童相比，青少年較不願意採取弱勢、順服的姿態。當青少年遇上成人的操控行為，他們會對合作充滿著懷疑。他們對合作的解釋就是「投降」。而這樣想其實也沒錯，因為許多成人說合作的時候，其實意思就是要對方投降。

鼓勵對青少年而言，就如對幼童一樣的重要（詳見第七章）。許多家長和青少年開戰，因為家長好像很想要操控青少年。這樣實在很遺憾，因為我們知道，完全不可能操控青少年——已經太遲了。你越想要控制他們，他們就越叛逆與離譜。

贏得青少年合作的方式，就是透過相互尊重、平等來解決問題。家庭會議和班級會議能教導社會責任，並且讓青少年參與決策。若我們用溫和、堅定、尊嚴和尊重的方式對待青少年，一起合作解決問題，青少年通常會在進入二十歲後回歸家長的價值觀，而且他們也將會學到更重要的生活技能，以後就算他們已不再生活在成人權威下，依舊能夠使用這些生活技能。

本章重點

本章討論了四個錯誤目的（或信念）。孩子因為對於自己要如何獲得歸屬感和價值感有了錯誤的理解，所以才會懷抱這些錯誤目的，並導致不當行為。

身為家長和老師，有時候我們常會忘記：行為不當的孩子，其實是在用密碼對我們說話——他們的行為使得大人感到挫折，因此沒有對他們付出愛與關切。其實，在這種時候，孩子想要的是歸屬感。有些專家相信，如果我們正面回應孩子的行為不當，只會強化這些不當行為。但如果我們瞭解行為不當的孩子其實是挫敗的孩子，則顯然去除不當行為動機的最佳方法，就是找出幫助孩子獲得歸屬感和價值感的正面方法。

大人在理智上接受上述的概念，這是一回事，實際實行起來又是另外一回事，因為：

1. 大多數成人面對行為不當的孩子時，並不想要保持正面態度。
2. 大多數成人不瞭解，是自己的不當行為引發了孩子的不當行為，因此不願意接受自己在這場鬧劇中的責任。意識到這一點而不歸咎，是解決衝突的一大步。
3. 少數能以正面鼓舞來回應不當行為的成年人，往往被孩子拒絕。這是因為孩子（和我們大多數人一樣）在最需要鼓勵的時候，並不總是能接受鼓勵。他們的情緒太過激動，以至於無法接受。等過了冷靜期，再嘗試鼓勵。

最需要愛的孩子往往表現得最無法讓人去愛。當我們瞭解本章提到的四大錯誤目的，就比較容易記住，孩子其實是在用他們的不當行為說：「我想要有歸屬感。」因此，我們也就比較容易明白該如何鼓勵孩子，如何教導孩子生活技能，以求解決問題。

懲罰或許可以暫時終止不當行為，但無法永久解決問題。唯有透過鼓勵幫助孩子產生歸屬感和價值感，才會有長期的正面效果。

如果在不當行為的當下無法給予或接受鼓勵，一定要在冷靜期過後再鼓勵。同時，不要忘記，要兩個人才能進行權力鬥爭或報復循環。你可以檢視一下自己是否懷抱著錯誤目的，並且致力於改變自己，以求得更能鼓舞孩子的態度與行為。

正向教養的工具

1. 擔起你在不當行為中該負的責任（不要責怪）。
2. 瞭解不當行為背後的四大錯誤目的，並以鼓勵回應。
3. 「解碼」孩子想要用不當行為表達的內容：「我是孩子，我只想要有歸屬感。」
4. 利用線索協助你瞭解行為的錯誤目的。你有什麼感覺？孩子如何回應你的做法？
5. 針對過度關注：複習本章建議的工具。
6. 針對爭奪權力：複習本章建議的工具。
7. 針對報復：複習本章建議的工具。

8. 針對自暴自棄：複習本章建議的工具。
9. 利用友善的態度進行目的揭示，協助孩子意識到自己錯誤的目的。
10. 贏得合作的四步驟。

可以討論的問題

1. 在所謂的「孩童不當行為」中，成人有哪些要負責的部分？
2. 所謂的不當行為，還可用哪些詞彙取代？
3. 什麼是不當行為背後的四大錯誤目的？
4. 孩子對於每個目的，會有哪些錯誤的信念？
5. 為什麼辨別這些目的很重要？
6. 協助成人分辨目的之兩條線索是什麼？
7. 在這四個目的下，成年人對行為的主要情緒反應是什麼？針對每個目的回答。
8. 在這四大目的下，當你告訴孩子要停止不當行為時，他們會如何回應？針對每個目的回答。
9. 你能採取哪些有效反應或行為，以糾正源自錯誤目的的不當行為？
10. 為什麼這四個目的被稱為錯誤的目的？

11. 孩子的行為並非基於事實，而是基於什麼？
12. 孩子試圖用不當行為告訴你什麼？
13. 為什麼不容易記住孩子試圖告訴你的事？
14. 當孩子行為不當時，為什麼他們可能會拒絕你正向的嘗試？
15. 通常哪種孩子最需要愛？
16. 為了協助孩子克服他不當行為的動機，你能做的最重要事情是什麼？

第5章　如何善用邏輯後果

多年來我提倡採用「邏輯後果」，但有時家長和老師告訴我他們執行邏輯後果帶來的局面，往往令我感到挫敗。在我聽來，他們所謂的邏輯後果都像懲罰。

有些家長和老師似乎覺得，他們可以把懲罰偽裝成邏輯後果。但只要我告訴他們，大多數的邏輯後果其實根本是偽裝失敗的懲罰，他們也同意我的看法。我本來以為世界上只有我一個人發現這種現象，直到讀了德瑞克斯的作品，才發現他曾說過：「我們使用『邏輯後果』這個名詞時，家長們經常誤解這是一種把自己要求強加在孩子身上的方法。此時，孩子卻一眼看穿真相——那是偽裝的懲罰。」

你有沒有想過，孩子被懲罰的時候在想什麼？有些孩子會認定自己很壞或毫無價值。有些孩子決定不要重蹈覆轍，但他們是出自恐懼和威嚇才這樣做，而不是因為他們接受了是非原則——這些孩子日後會盲目追求肯定，總是想要證明自己的價值，因為他們內心深處覺得自己不夠好。其他孩子則可能在想日後要如何擊敗你，如何報復，或是如何避免被逮到。被懲罰的孩子經常很快就會做出一些行為，讓他們自己覺得扯平。他們因為遭受懲罰而覺得不公平，但他們的重點放錯了：應該放在招致懲罰的行為上，可是他們卻將怒氣聚焦在懲罰他或羞辱他的大人身上。

有些大人則有這種錯誤觀念：就是因為懲罰不夠嚴厲，所以孩子才會持續行為不當。於是這些成人再度施加更嚴苛的懲罰，然後孩子就找到更聰明的復仇方式。從此陷入了報復的循環，直到孩子變成青少年，採用逃家、吸毒、未婚懷孕或其他極端的傷害行為，進行全面性的叛逆。悲傷的是，這些孩子透過報復對自己帶來的傷害，往往要比傷害家長更為嚴重。

我並不是說懲罰（就算是假邏輯後果之名）沒有用。任何和孩子相處過的人都知道，懲罰可以立即制止不當行為，至少是暫時的。不當行為停止後，成人或許以為自己贏得了管教戰爭。但是，若孩子因此而想著復仇、想著下次不要被你抓到，或因恐懼與自卑而變得太過於乖順，成人終究還是輸掉了教養的戰爭。

我再說一次：我們必須要知道，哪些才是有效的做法；我們必須考慮長期性的結果。若把重點放在成人「贏過了孩子」，終將會讓孩子成為輸家。

大多數家長只要明白懲罰的長期效果，往往會覺得震撼。家長的本意，當然不是營造一個讓孩子覺得自己無用、想要叛亂的環境。家長只是以為，懲罰能激勵孩子表現得更好，變成更好的人。「考量長期結果」對許多家長而言是個嶄新的概念，但是，只要家長肯花時間思考自己的作為會帶來哪些長遠的影響，他們就會發覺，其實還有其他更能激勵的教養方式，且從長期來看可以協助孩子肯定自我能力，學會珍貴的社會和生活技能。

正因為我見識過太多濫用自然後果和邏輯後果的案例，遠超過正確的運用案例，所以我現在不太建議大家採用邏輯後果了。而除非我知道，若正確使用邏輯後果，能在孩子身上產生有效而且能激勵他的結果，否則我完全排除邏輯後果這個工具。在絕大多數的案例中，邏輯後果已經是我最後才採用的工具。許多家長和老師都告訴我，當他們不再專注於結果，而把焦點在解決問題上時，家裡和教室裡的氣氛就戲劇化地改變了（詳見第六章）。

雖說邏輯後果是我不得已才最後使用的工具，但基於以下三個理由，還是必須在此討論邏輯後果和自然後果。若成人停止頻繁地介入，則自然後果將能夠提供孩子絕佳的學習經驗。

必須討論邏輯後果與自然後果的三個原因

1. 有時候，自然後果和邏輯後果是適當且有效的方法。
2. 邏輯後果是在家中、學校裡廣泛採用的管教工具。家長和老師都覺得，只要真正瞭解邏輯後果並適當使用，效果不錯。
3. 自然後果和邏輯後果可以尊重及鼓勵孩子，只不過往往被濫用或低度使用。正確使用時，孩子可以從自然後果和邏輯後果當中學習到許多，並且可在有尊嚴、被尊重的情況下讓孩子發展出責任感。

什麼是自然後果

自然後果指的是在成人不干涉的情況下，一切自然會發生的事情。站在雨中就會淋濕。不吃飯就會肚子餓。忘記穿外套就會覺得冷。就這樣而已，不要夾帶額外的意義——若成人訓話、責備（我早就告訴過你了）或添加任何這個自然後果之外的羞辱或痛苦，就是夾帶額外的意義。夾帶會使得孩子沒辦法體會自然後果帶來的教訓，因為這時孩子會把力量放在防衛責備、抗拒羞辱和痛苦之上，而沒有體會自然後果。大人應該對孩子的經驗展現同理與理解：「我想，肚子餓（渾身濕、成績不好、弄丟腳踏車）一定讓你很難過。」不要擺出高姿態，只要在適當的時機說：「我愛你，我相信你有能力可以處理這件事情。」要家長表現支持，卻又忍住不要出手救援或是過度保護，這點不容易。但是，這是你能為孩子發展出自我能力感的最棒做法了。

以下是自然後果的案例。

實際案例：比利學會了為自己負責

小學一年級的比利每天都忘了帶午餐到學校。媽媽只好拋開自己忙碌的行程，專程開車送午餐到學校。在瞭解自然後果之後，媽媽決定，比利若能經歷一次忘了午餐的自然後果，也許就會記住要帶午餐了。

她先和比利討論，讓他知道媽媽有信心他能自己記住帶午餐上學。她也告訴他，如果再忘了帶，她也不會幫他送午餐到校了，因為她知道他有能力從錯誤中學習（若大人想要改變自己的行為，以便讓孩子自己體驗到他們的行為會帶來什麼自然後果，事前先溝通就很重要，因為這樣是表現出對孩子的尊重）。

有一陣子，媽媽的計畫沒效果，因為只要比利忘記帶午餐，老師就出手救援，借錢給比利買午餐。後來媽媽和老師會面，兩人共同決定要讓比利從自己行為的自然後果中學習到經驗，好讓他學會負責，記住要帶午餐。

比利也曾想要挑戰這個計畫。有一回他忘記午餐，於是問老師可否借錢讓他買午餐。老師說：「抱歉，比利，我和你媽媽都相信，你有能力自己處理你的午餐問題。」於是比利跑去打電話給媽媽，要求她送午餐。媽媽溫和但堅定地提醒他，他自己就可以處理這個問題。儘管比利的朋友分了半個三明治給他，但是他還是不高興了一陣子。

這次以後，比利就很少忘記午餐了。就算他忘記，他也能找到願意和他分享食物的朋友。等到比利上小二，他不但記得帶午餐，還擔起了自行製作午餐的責任。

許多成人受不了孩子哀求、不高興及失望。比利的媽媽也是這樣，她覺得要聽孩子哀求很不忍，孩子不高興也會讓她難以承受。她知道，孩子餓肚子的時候，她會有罪惡感，但她提醒自己：忘記午餐雖是個微小的錯誤，比利這一生會犯許多錯誤，如果她無法堅持自己的計畫，比利就學不會一個重要的生活技能，那就是早上出門前的事情，要先有條理地整理好，也學不到自行解決問題的滿足感。相反地，他會學到只要碰到不順遂，就哀求或抱怨，直到別人幫他解決問題。從這個角度去看，比利的母親就比較能平靜了。

大人要決定自己的行為

以上這個自然後果的案例，也可以被稱為「父母先決定自己要怎麼做，而不是先決定要強迫孩子怎麼做」。自然後果和邏輯後果經常被誤用和濫用，以下我用幾個案例來進一步澄清。

有位媽媽發現一個很有效的方式，就是她自己可以先決定要怎麼做，好讓十一歲的朱莉出力協助洗衣服。她經常要嘮叨茱莉，叫朱莉把髒衣物放在洗衣籃內。嘮叨對茱莉完全沒用，但朱莉倒是經常抱怨自己想要穿的衣服還沒有洗。媽媽以往會投降，快速把朱莉要穿的衣物洗乾淨，免得茱莉不開心。

後來媽媽學到，這樣下去對茱莉沒有幫助，反而是在害她。媽媽於是讓茱莉明白，媽媽接下來將會怎麼做，而朱莉將體會到自然後果。媽媽溫和但堅定地告訴茱莉，她有信心茱莉能夠負責自己的衣物，從即日起媽媽只清洗放在洗衣籃之內的衣物。媽媽已經決定了自己的行為，且沒有強迫茱莉做任何事，透過這個方式媽媽讓茱莉體驗到若沒有將衣物放入洗衣籃內，會有什麼自然後果。

幾天後，朱莉想要穿某件自己忘了放入洗衣籃內的長褲。茱莉抱怨時，媽媽同情地說：「這件長褲還沒洗好，一定讓妳很失望。」茱莉拜託媽媽幫她專門清洗，媽媽說：「我不願意這樣做。我相信妳會想出其他的解決方法。」說完媽媽就去洗澡了，免得在這衝突的時候還要談這件事。茱莉很不高興，只好穿其它的衣服，但之後她很少忘記把髒衣物放入洗衣籃內了。

這個案例中，有母親的涉入，所以有些人會稱這是邏輯性結果。但是請注意，除了表現出同情和鼓勵之外，母親的「參與」其實是「避免參與」，並且讓女兒體會到不把衣物放在洗衣籃內的「自然後果」。

自然後果雖然是協助孩子學會負責的一種方式，也有不適用的時刻：

1. **孩子有危險**。舉例來說，成人不可以容許孩子體驗在馬路上玩耍的自然結果。

每當我強調這一點時，就會有人把這用來支持自己打孩子的原因。通常是這樣說的：「孩子雖然還在學步階段，但我不得不揍他，才能制止他跑到馬路上。」我問這位家長：既然已經透過責打來「教導」孩子不要在馬路上玩，現在家長是否願意讓孩子在無人監護的情況下，於車流忙碌的街道上玩耍。答案一定是：「不願意。」於是我再問，要打孩子幾次之後，家長才會放心讓孩子獨自在車流繁忙的街道旁玩耍。大多數的家長都會說，不管打幾次（目的是「教導」），他們絕對不會讓孩子在馬路邊玩，至少六歲以前不可能。這種答案顯示，孩子能不能在馬路附近遊玩，關鍵是在孩子的成熟度，或是否已具備承擔某些責任的能力。而不是責打。

2. **要花時間訓練**。在孩子成熟的過程中，大人需要花時間去訓練，但若要教導孩子學會負責，邏輯後果比懲罰更有效，可避免孩子受到屈辱。前面講到孩子到馬路邊玩的例子，如果以溫和且堅定的態度，把孩子安置在屋內或是後院遊玩（再提醒一次，家長要先決定自己要怎麼做），這才是邏輯後果。有些人會把這方法稱為分散注意力。對幼童來說，監護、分散注意和重新指引方向，是三個最好的工具。同時，你可以花時間去訓練，例如每次過馬路時就教導孩子馬路的危險性。或在過馬路之前，先要孩子看看左右是否有來車。也可以問他，如果在車子接近時過馬路，會有什麼樣的危險。更可以要求孩子，當他認為可以安全過馬路的時候，就告訴你。訓練到孩子已經夠成熟，可以理解因果關係為止。孩子透過這種方法學到的，遠超過責打能夠教他的。當然，依舊不能讓年幼的孩子在無人監護的情況下，在馬路旁遊玩。

3. **當自然後果會影響到別人的權益時**。例如，成人不能容許孩子體驗朝著別人扔石頭的自然後果。也就是因為這個原因，所以對四歲以下的兒童的監督是如此的重要。要避免這個年齡的孩子發生危險，就需要成人的監護，以便及時介入，阻止危險發生。

4. **若孩子不覺得行為的結果是個問題，則自然後果就無法發揮效果**。例如，有些孩子覺得不洗澡、不刷牙、不做功課、吃太多垃圾食物並不會造成什麼問題。

邏輯後果

邏輯後果與自然後果的差異在於，前者需要成人、家庭會議或班級會議中其他人的介入。此時很重要的是，要判斷出哪種後果會創造出「有幫助的學習經驗」，以便鼓勵孩子選擇負責地合作。

例如，琳達喜歡在寫功課時用筆敲桌面。干擾到其他的孩子。於是老師讓她選擇：停止敲桌子，或是先交出鉛筆，晚點再寫作業（讓孩子選擇到底是停止他們的行為，或是體驗邏輯後果，這個方法不錯）。當然，還有其他的解決方法。孩子們往往不瞭解自己的行為已對別人造成干擾。老師可以直接要求琳達不要再敲桌子。老師也可以和琳達一起討論解決方法，還可以在班級會議中要求全班協助解決這個問題。如果某個結果感覺有點像懲罰，那麼就選擇另外一種正向教養的工具。

丹恩帶了一輛玩具車到學校。老師把他叫到一旁問，是要交由老師保管，還是給校長保管，放學時再還他。丹恩選擇要老師保管。（在可能的情況下，最好和孩子私下討論，免得他們在同儕面前丟臉。）

邏輯後果的應用原則，並不止於「讓孩子有選擇、私下談後果」這兩種而已（如果只有這兩種的話，那麼我們就可以叫孩子選擇「停止不當行為，要不然就被揍」）。以下是邏輯後果的四大R條件，可以幫助我們辨別：我們將採用的解決方法到底是邏輯後果，還是懲罰。

邏輯後果的四大R條件

1. 相關（Related）
2. 尊重（Respectful）
3. 合理（Reasonable）
4. 事前告知（Revealed in Advance）

「相關」指的是行為和後果之間，具有關連性。「尊重」意味著結果不帶有歸咎、羞辱或痛苦，而且應該以溫和與堅定的態度執行，同時要尊重每一個參與的人。「合理」就是不夾帶額外的意義，而且結果不但對成人而言合理，從孩子的角度來看也是合理的。「事前告知」是讓孩子有機會知道如果他選擇某種行為的話，就會發生的事（或是你就會如何處理）。如果以上這四個條件欠缺任何一條，就不是邏輯後果。

舉例來說，當孩子亂畫書桌時，我們很容易推出「相關」的後果是要孩子清理乾淨。但是，如果缺乏其他的條件的話，會發生什麼事？

如果老師沒有展現尊重，反而以羞辱的方式要求孩子把桌面清乾淨，那麼這就不是個邏輯後果。老師在全班面前對著亂畫桌子的瑪莉說：「瑪莉，我很詫異妳做出這種蠢事。馬上把桌子清乾淨！否則我就告訴妳爸媽，我對妳有多失望。」老師誤以為自己正在採用邏輯後果這種教養工具。但在這個例子中，不但缺乏尊重，而且還夾帶了羞辱。

如果老師不合理地要求學生清乾淨教室裡的每張桌子，想藉此讓學生學到教訓，這也不是一個邏輯後果。此時欠缺合理性，反而是用權威帶來痛苦。大人會這樣做，通常是出自於一種錯誤的信念，以為孩子只能透過痛苦來學習。

如果沒有事前告知後果，就很容易被誤認為是懲罰。若能盡量事前告知後果，就更提升了尊重和選擇的層次。

例如孩子打翻牛奶時，「相關」的後果就是請孩子清理乾淨。如果父母說「你怎麼這麼笨？

我以後再也不會准你自己倒牛奶了」，這樣不是尊重。真正的「尊重」方式是：「喔喔！你現在該怎麼辦呢？」（令人驚訝的是，大多數時候，孩子都知道邏輯後果是什麼，而且如果大人尊重地提出要求，孩子都很樂意去完成）。假如孩子不知道該怎麼辦，原因可能是你沒有花時間訓練孩子——因此，你的期待或要求也並不合理。尊重地處理問題，也是讓犯錯成為學習的絕佳機會。假如父母說：「好，為了讓你徹底學到教訓，我要你把整個房間都拖乾淨。」這就不是合理的要求，況且父母也沒有在事前告知「我要你把整個房間都拖乾淨」的後果。

事實上，如果缺少了邏輯後果的任一個 R 條件：相關、尊重、合理以及事前告知，則孩子體驗到的就會是第一章中所說的「懲罰帶來的四個 R 後果」。以下再把懲罰造成的四個 R 提出來一次，就可以看出這四個 R 和邏輯後果之間的關係了。

懲罰帶來的四個 R 後果

1. 憎恨（Resentment）：不公平！我無法信任大人。
2. 報復（Revenge）：現在你們占上風，但是我會討回來的。
3. 叛逆（Rebellion）：我就偏要違反你的想法，以證明我不需要照你的話做。
4. 退縮（Retreat）：偷偷摸摸（下次就抓不到）或削弱自尊（我很壞）。

家長和老師喜歡懲罰的主要原因是（雖然他們不願承認），他們可以展現權威戰勝孩子，或是藉著讓孩子受苦來報復。這種想法背後的潛意識是：我是大人，你是孩子，我說什麼你就做什麼，否則你就得付出代價。有一幅漫畫可以說明這種心態：爸爸著拿著棍子追打孩子，媽媽說：「再給她一次機會吧。」爸爸則回應：「但是，她以後可能都不會再犯了。」顯然，對爸爸（和許多的成人）來說，有機會讓孩子因不當的行為受苦，要比幫助她改變行為，來得重要多了。邏輯後果的四個R條件裡面，並不包含受苦。邏輯後果的另一個重要目的，叫做重新導向。

重新導向

當邏輯後果能將孩子重新導向有用（有貢獻）的行為時，才算是有效。

舉例來說，馬克在課堂上一直講話，很沒有禮貌，而且影響了教室秩序。史密斯老師罰他寫「我在教室裡要守規矩而且有禮貌」三十遍。馬克的反應不是「太棒了！我真的活該，我學到了，以後再也不要在上課時說話。」他反而感到怨恨，想要叛逆，於是悍然拒寫。而史密斯老師剛好就是那種相信「沒什麼是一次懲罰不能解決的問題。如果有，就兩次」的人。所以，他把罰寫增加到六十遍。

馬克更怨恨、更叛逆了，當然不肯寫。他的媽媽勸他，如果他不照做，可能會被罰寫更多次（不論是否公平），還可能被停學。馬克說：「我不管。我不寫。」罰寫次數後來增至一百二十遍，而且媽媽被請去學校面談。許多老師也相信，如果懲罰無效的話，那是因為家長沒有配合。老師想得沒錯，馬克的母親並不相信懲罰的效果。

面談時，馬克的母親強調自己當然知道馬克不守秩序而且沒禮貌，要加以糾正。只是她覺得，邏輯後果可能比較有效，因此建議：「馬克的行為使得老師的工作變得很不愉快，何不讓他做一些能讓老師的工作變得比較愉快的事，作為補償？」

史密斯老師問：「哪些事？」

她建議清理黑板、倒垃圾或是協助教學。

馬克贊同這個建議：「是啊，我可以教同學及物動詞和非及物動詞。」

史密斯老師說：「沒錯，這是你會的，而且許多同學不懂。」然後，他看著馬克的母親直言：「可是，他喜歡教導同學。」

史密斯老師的擔心是，這樣等於獎勵不當行為，會激勵馬克繼續行為不當。老師不理解「將不當行為重新引導為有貢獻的行為」這個原理。

這正是「為了讓孩子表現得更好，我們必須先要讓他們感覺更糟」的絕佳案例。但這個觀念是錯的。這個例子裡的老師認為，孩子必須為他們的作為付出代價，這要比讓他們從錯誤中學習更重要。

我必須再強調一次：完全相反。孩子們感覺良好的時候，會表現得更好。本書稍後的例子會讓你看到，將不當行為重新引導為有貢獻的行為，確實會讓孩子停止或是大幅減少不當的行為。

邏輯後果不容易進行的另外一個原因，就是邏輯後果需要思考、耐心和自制。意思是，行動之前要思考，不要直覺反應。許多成人覺得，要求孩子自制，比要求自己來得容易多了。

邏輯後果和不當行為背後的錯誤目的

採用邏輯後果時，還可以搭配「不當行為背後的錯誤目的」來輔助。若孩子的行為是為了追求「過度關注」這個錯誤的目的，則只有在衝突發生的當下採取邏輯後果，才會有效。若孩子的行為是為了追求權力或復仇這個錯誤的目的，則應該先經過一段冷靜期，等到贏得孩子的合作之後，再使用邏輯後果，才能順利解決問題。這是德瑞克斯所教導的方式（他率先介紹並普及化「邏輯後果可以鼓勵孩子改善行為」的概念）。他說：「除非極為謹慎，否則邏輯後果不能應用在權力爭奪中，因為通常情況會劣化，成為報復性的懲罰行為。基於此，自然後果永遠有效，但邏輯後果有時會適得其反。」

舉例來說，如果孩子在教室中不做作業，老師可以說：「你必須在下課前把功課做完，否則下課時間你就得待在位置上。」（請注意，在這個邏輯後果中，老師很尊重地包含了選項。）假設孩子的行為是為了追求過度關注，那麼孩子很可能會微笑之後開始做作業。如果孩子的目的是權力，孩子可能拒絕做作業，以證明「你不能強迫我」，這時變成需要事先和孩子討論，贏得孩子的合作。如果目的是報復，孩子可能會拒絕做作業以傷害你，直到他受傷的感覺獲得處理。如果孩子錯誤地相信自己辦不到，則他需要更多的訓練，而不是邏輯後果。

換句話說，有效使用邏輯後果的時候，必須要瞭解孩子的行為以及長期效果。

要記住，有些時候，不管孩子行為所要追求的錯誤目的是什麼，邏輯後果都不適用。或許，老師要求的作業毫無意義。或許，老師在計畫的過程中，並未邀請學生參與，好讓孩子們覺得這項作業有意義。或許老師須要讓學生參與討論，瞭解到底要做什麼、怎麼做、以及做的理由。最能贏得孩子的興趣與合作的方法，應該就是讓學生參與解決問題了。邏輯後果只是一個工具，而且往往還不是最適用的工具。

大人需要改變態度

我是在心理學課堂上學習到上述這些觀念的，那時的我相信，大人的反應必須開放、誠實、自然。問題是，我在面對自己孩子的不當行為時，拿出來的開放、誠實、自然反應，不外乎威脅、吼叫、責打。那時的我以為，當我覺得該嚴厲的時候，若我表現出溫和，這種的反應並不誠實也不自然，因為我對這些不當行為很生氣。

幸好我很快就明白，大人必須控制自己的行為，因為我也要求孩子控制他們的行為。這需要練習，但結果絕對值得。

我第一次採用邏輯後果就以失敗收場，因為我忘了溫和且堅定的重要性，而且我也不知道邏輯後果的四大 R 條件。我只有堅定，但缺乏溫和，而且還用了羞辱。經過如下：

我事前就告訴孩子，如果晚餐遲到的話可能就沒飯吃，或是得自己做飯和收拾善後。我說，我做飯只做一次，叫他們吃飯、收拾善後也只做一次（大人必須決定自己要做或不做什麼）。

孩子第一次遲到時，我不但沒有堅定且溫和地執行這個決策，反而責罵他們忘了我說過的話，最後加了一句：「我早就說過了。」這次事件原本可以運用邏輯後果來解決，反而被我弄成了懲罰，而且我還在懷疑，邏輯後果怎麼都沒用？

如果當時的我真的明白要如何堅定、溫和而且貫徹執行的話，我就應該說：「我很遺憾你們錯過晚餐了。請問，當你們必須自己弄晚餐的時候，我們的規矩是什麼？（唯有在事前已協議過這些相關的規矩，才可以這麼說）」後來我學會了邏輯後果的運作，包括讓孩子事前參與，因此運用起來也就得心應手了。

讓孩子事前參與

多年來，我一直嘮叨孩子們，早上要換好衣服。後來學會了自然後果和邏輯後果的概念，於是召開一次家庭會議，一起決定早餐時間是上午八點到八點半，在這段時間裡沒有換好衣服就坐下來等早餐的人，就必須等到午餐的時候才有東西吃。由於孩子們有參與討論，頭幾個禮拜配合的情況不錯，七歲的肯尼甚至決定先把衣服準備好，以便在早上迅速更衣。

肯尼也是第一個測試這個規矩的孩子。有天早上他穿著睡衣坐在沙發上，一眼瞄著時鐘，到八點三十一分的時候踏入廚房，要求吃早餐。我說：「抱歉，肯尼，早餐結束了。我相信你能等到中午。」肯尼說他不想等，並且爬上流理台去拿穀片。我咬著牙，維持住溫和的態度，同時堅決地把他抱下來。他哭了，接著大發脾氣長達四十五分鐘，中間數度企圖再度爬上流理台。每一次，我都溫和而且堅定地把他抱下來。最後他終於離開了。這時我真的不敢確定這套教養方式到底有沒有用，與其經歷這可怕的四十五分鐘，好像懲罰來得容易多了——儘管我為了相同的事情，不知道懲罰多少遍了。

溫和且堅定這次似乎發揮了效果，接下來的兩個星期大家都準時更衣完畢坐在餐桌前。然後，肯尼決定他要再度測試這個規矩，於是在八點三十一分再度穿著睡衣來到桌前。我說的話和上回相同：「我很遺憾你錯過了早餐。我相信你能等到午餐。」一面說，我心裡一面想：「噢不，如果他再亂發脾氣，我覺得我沒辦法拿出另一個四十五分鐘的溫和與堅定了。」

幸好，我只需要把他從流理台上抱下來一次。他轉身出去時低聲說：「反正我也不想吃早餐。」

那也是我最後一次面對孩子換好衣服吃早餐的問題。真的有效！這個例子也說明了另外兩個先前談過的觀念：

1. 情勢在好轉前會先轉壞，因為孩子想測試你們的協議是否是真的。在這段測試期間，保持溫和與堅定並不容易，但若能做到，就確實有效。
2. 懲罰或許更快收效，但只要運用正確，邏輯後果是一種很棒的非懲罰性方法，可以幫助孩子發展出自律和合作。

上述我的例子當中，邏輯後果發揮了效果。可是，或許還有其他更好的方法。若參與者對某個協議的熱情消逝之後，那麼就可以召開一次家庭會議來討論。第九章會繼續說明。或許，我可以坐下來和肯尼談一談，藉著啟發式的提問，發掘出他的感受、他對於解決問題的想法。我也可以擁抱他，告訴他我真的需要他的協助來貫徹我們的計畫，這樣子我們才能有平和的早晨時光。

實際案例

吉娜弄丟了她的壘球手套。自然後果就是讓她承受沒有手套的後果。但是，她的超級母親想要掌控一切，無法忍受讓孩子從生活經驗中學習。吉娜媽媽的手法是「痛罵一頓後出手救援」。媽媽狠狠訓了吉娜（吉娜早就聽過太多次了）：自己的東西自己照顧，不負責就不該擁有，然後開車載吉娜去買了一個新手套（媽媽早就說過好多次，以後不會這樣了）。

假設媽媽採用邏輯後果，讓吉娜賺錢買新手套的話，那麼「沒有讓吉娜體驗到弄丟手套的自然後果」，其實並不是一個糟糕的選項。但是吉娜媽媽和許多媽媽一樣，她的介入完全不合邏輯，使得吉娜已經被訓練得很好，知道自己不必負責，就算媽媽說得再嚴重也一樣。

家長和老師常說「我跟你說了幾百次了」。請大人明白：小孩不笨，孩子知道什麼方法行得通。大人必須接受這個事實：說再多次都沒用。只要大人不斷重複提醒、不斷幫他們解決問題、不斷讓孩子免於負責、不讓孩子共同解決問題，那麼孩子永遠不會為自己的行為負責。

席維斯太太說了幾百次要孩子收拾好玩具。學習了阿德勒的正向教養法之後，她溫和地告訴孩子，從此以後如果玩具沒有收好，她會怎麼處理（大人先決定自己的行為）。然後她又說，如果由她來幫孩子收拾的話，每次她都會沒收一個玩具，直到他們學會了收好玩具、證明了自己可以照顧好自己的玩具之後。

請記住，滿地的玩具，問題的根源可能來自於家長買了太多的玩具。在這種情況下，孩子根本不在乎家長沒收玩具。此時父母不應期待孩子配合收玩具，而是應該承認「玩具買太多」，並且採取行動：不要買那麼多玩具。

席維斯太太知道孩子最喜歡哪些玩具，哪些則是因為買太多而不在意的玩具。後來看見玩具沒收好，她問道：「你們要自己收玩具，還是要我收？」小孩們收起自己喜歡的玩具，至於那些不太在意的玩具，被媽媽收起來放在櫃子最上面，漸漸遭到淡忘。等到孩子們不要的玩具都被放在櫃子最上面，席維斯太太告訴孩子，以後她不再事前警告了，只要看到沒有收好的玩具，就會沒收。這下孩子們搶著在她之前收好玩具，媽媽的負擔也變輕了。若孩子要求媽媽歸還被沒收的玩具，則只有當孩子們連續一個禮拜都沒有亂放玩具，她才會歸還。

玩具的例子可以協助我們用另一個角度理解邏輯後果：權利伴隨著責任，這點孩子必須理解。可用簡單的公式表示如下：

權利＝責任
沒有責任＝失去權利

擁有玩具是一種權利，伴隨的責任是照顧好玩具。顯而易見的邏輯結果就是「不願接受照顧玩具的責任，就是失去擁有玩具的權利」。席維斯太太也示範了以下兩個工具的效力：大人先決定自己要怎麼做、以尊重的態度知會孩子並確實執行大人的要求。玩具的故事還有續集。現在只有當孩子喜歡某個玩具到一個程度，甚至願意存下零用錢去買的時候，席維斯太太才買這種玩具（孩子負責一半的錢）。當孩子有投資的時候，似乎會更珍惜他們的物品。家裡玩具亂扔的問題解決了。

就算家長和老師相信自然後果和邏輯後果這兩個工具，運用起來依舊會有難度。在理智的情況下，成人當然知道自己的目標是激勵孩子成為一個快樂、負責的人。只不過，實在是太容易憑著血氣的直覺反應或陷入親子之間的權力爭奪了，大人們往往只想到「勝過」孩子，而不是「贏得」孩子。家長和老師都不喜歡承認，可是懲罰確實會讓他們感覺良好，因為當孩子出現不當行為的時候，大人會感覺自己的權力被剝奪了，可是懲罰可以讓他們拿回這種「被剝奪的權力」。此外，大人們相信自己的任務是要讓孩子行為合宜。可是父母和家長有時會忘了，「強迫」並不是一種學習生活技能、培養品格的有效動力。大人也忘了管教的主要目的是激勵孩子表現得更好。

說到這裡，我們必須記住一個原則。本章中我曾多次明示、暗示：邏輯後果不是處理大部分問題的最佳工具。邏輯後果讓許多家長和老師砰然心動，他們想要在孩子的每個不當行為背後，都找出一個後果。我常聽見有人問：「這個情況的邏輯後果是什麼？」。我的回答是：「如果沒有明顯的邏輯性（相關）後果，那麼就代表在這個情況下並不適用邏輯後果。」其他的方法可能更有效，例如舉行家庭會議、專注於問題的解決而不是後果、建立日常作息的慣例、提供有限的選擇、尋求孩子的協助、處理行為背後的錯誤信念、大人先決定自己的作法而非強迫孩子、以尊嚴和尊重的態度貫徹實施決定、擁抱孩子、協助孩子探索自己選擇的後果而不是強加後果等等。本書中提到的許多其他方法，也可以採用。

本章重點

正向的教養工具

1. 想清楚。「邏輯後果」是不是偽裝失敗的懲罰？

2. 請小心，看似有效的做法不一定有效。請考量你管教方式的長期效果。
3. 對孩子正在經歷的事情，表達同理和理解。
4. 不要強加自然後果，但要讓孩子體驗他們的選擇的自然後果，而不加上歸咎、羞辱或痛苦，也不要救援。
5. 大人先決定自己未來的做法，而不是孩子的做法。
6. 在可能的時候，提供選擇。
7. 考量邏輯後果的四大 R 條件。
8. 考量懲罰帶來的四個 R 後果，以此理解自己管教方式的長期效果。
9. 記住，「為了要讓孩子表現得更好，我們得先讓他們感覺更糟」是個瘋狂的想法。
10. 孩子感覺好的時候，表現會更好。
11. 將不當行為重新引導為有貢獻的行為。
12. 如果你希望孩子能控制自己的行為，你就先示範自我控制。
13. 對大多數的錯誤目的而言，邏輯後果都不適用。
14. 採用溫和且堅定的態度，貫徹執行決定。
15. 透過啟發式發問，協助孩子探索他們選擇的後果。
16. 邏輯後果不是處理大多數問題的最佳方法。

17. 利用這個公式：權利＝責任。欠缺責任＝沒有權利。
18. 專注於解決問題，以改善家庭和課堂上的氛圍。

可以討論的問題

1. 家長和老師如何偽裝懲罰？
2. 孩子們遭到懲罰時，心裡在想什麼？
3. 懲罰的立即效果是什麼？
4. 懲罰的長期效果是什麼？
5. 為什麼我們有時候要小心，看似有效的方法不一定有效？
6. 如果大人堅持要贏，那孩子只剩下什麼位置？
7. 什麼是自然後果？舉例說明。
8. 成人在自然後果中扮演什麼樣的角色？
9. 邏輯後果的定義是什麼？
10. 什麼是邏輯後果的四大 R 條件？
11. 如果邏輯後果的四大條件缺一的話，會如何變成一種懲罰？舉例說明。
12. 若孩子經歷到的，不是邏輯後果的四大 R 條件時，他們會經歷什麼？

13. 成人是基於什麼樣的錯誤信念，會運用權力，強加苦難？
14. 為什麼溫和且堅定非常重要？
15. 為什麼很難同時表現出溫和與堅定？
16. 為什麼有時候不作為才是最有效的做法？
17. 為什麼邏輯後果不是每一種不當行為的最佳解決方案？
18. 邏輯後果對哪種錯誤目的通常會有效（就算正在衝突中）？
19. 若孩子行為的錯誤目的是追求權力或尋求報復，有哪兩件事情必須先發生，才能採用邏輯後果來解決問題？
20. 哪種錯誤目的不應該採用自然後果或邏輯後果？
21. 你要如何協助孩子探索他們的選擇會帶來何種邏輯後果，而不是將後果強加在他們身上？
22. 絕大多數問題中，你應該把焦點放在什麼上（當然不是放在後果上）？

第6章　重點在解決問題

我們需要調整我們的態度和技巧，才能將重點轉移到解決問題的方法上。做成了以後，就會產生極大的差異。假如你已經習慣於某種思考的方式，就算要略微調整也很難，可是一旦調整過來後，你可能會驚呼：「我早就該這樣想了！」接下來，一切都很簡單了。

傳統管教方式的焦點是在教導孩子「不要做什麼」以及「別人怎麼說你就怎麼做」。正向教養的焦點則是教導孩子該怎麼做，因為孩子先前已經接受了訓練，可以把眼前的情況好好想清楚，然後採用一些基本的原則（例如尊重、手段有助於解決問題等）來尋找解決問題的方法。他們是整個過程中的積極參與者，而非被動的接受者（且常常是帶著抗拒）。接下來，孩子會做出更好的行為選擇，因為對他們來說那是合理的選擇，而且他們會覺得很棒，因為他們受到尊重的對待，他們也以尊重待人。

若我們把焦點放在解決問題上，孩子們學到的是如何與他人共處，孩子們獲得的是可以面對未來挑戰的工具。縱使他們無法立刻在下一次就把事情做對（正如成人也很難一次就學會），但他們已經學到經驗。成人的挑戰是，放棄「受過傷就能學會教訓」這種瘋狂的想法。這點我不斷反覆強調過了，原因就是這個想法已經深埋在文化中，誤以為我們應該要傷害孩子，才能教導他們區別對錯。

將焦點放在解決問題上，會創造出非常不同的家庭或課堂氣氛。這與將焦點放在懲罰上、甚至是放在邏輯後果上非常不同。你的想法和行為都會因此改變，孩子的想法和行為也會改變。許多家長和老師都回報，若他們把焦點放在解決問題上，權力爭奪就大幅降低了。

將焦點放解決問題上的重點是：我們面對的問題是什麼？解決之道是什麼？孩子是絕佳的問題解決者，他們有很多創意十足的解決方法，只要成人願意花時間去訓練，並且讓他們有機會發揮解決問題的能力。

如何把焦點放在解決問題上

解決問題有四大原則，有點類似第五章提到的邏輯後果四大 R 條件。事實上，前三個原則全一樣，只有第四個不同。但是兩者強調的重點非常不同，我們在這裡要討論的是幫助孩子學到如何解決問題，而不是要他們為了問題付出代價（代價經常是懲罰）。

解決問題的四原則

1. 相關（Related）
2. 尊重（Respectful）
3. 合理（Reasonable）
4. 有助於解決問題（Helpful）

實際案例：孩子可以解決問題

以下案例可以看出，學生首先針對邏輯後果進行腦力激盪與討論，接著把重點放在解決問題之上。兩種情況有著驚人的差異。

五年級的班級會議中，大家正在針對兩位沒聽到上課鐘而晚進教室的學生，進行邏輯後果的討論。同學建議：

1. 遲到的學生把自己的名字寫在黑板上。
2. 晚進教室多久，放學後就留在學校多久。

3. 今日遲到的時間，將自明日的下課時間中扣除。
4. 剝奪次日下課休息的時間。
5. 吼他們一頓。

接著，老師要學生暫時忘記以上的建議，另外腦力激盪出有助於遲到的學生不再遲到的方法。以下是同學的建議：

1. 聞上課鐘大家一起高喊：「上課了！」
2. 學生玩耍的地方，不要距離鐘聲太遠。
3. 進入教室時，關心一下鄰近同學進來了沒。
4. 將上課鐘聲的音量調大。
5. 每人自選一位夥伴，由夥伴提醒自己該上課了。
6. 鐘響時，拍拍遲到學生的肩膀提醒他。

這兩份建議清單的差異很大。第一份看起來像懲罰，焦點放在過去，以及如何讓犯錯的孩子為他們的錯誤付出代價。第二份則是解決的方法，時間點是未來，亦即如何讓學生在未來表現得更好，重點則是將錯誤視為學習的機會。換句話說，第一份建議清單的目的是傷害，第二份清單則是為了幫助。

華盛頓州艾佛特市一位老師分享了另一個案例：學生只要受到些許鼓勵，就能從「傷害性」的解決方式轉化為「有助於問題的解決」的方法。

有個班級正在討論，一位學生在未經許可的情況下拿走了亞歷克斯的鉛筆。起初同學們建議：「她下課不准休息」、「老師把她換位置」。

顯然同學們都很清楚犯錯的人是誰。而且顯然她也是個累犯，有些孩子已經厭倦了處理她的問題。她在位子上越縮越小。

這時老師問全班是否願意讓老師當顧問，換個方式來解決問題。老師指出，雖然同學們沒有指名道姓，但是大家都知道，甚至連老師都知道他們說的是誰。全班學生點點頭。老師接著請大家猜猜，喬安娜聽了上述的懲罰建議，感覺是更好還是更糟糕。全班都承認，喬安娜八成感覺更糟糕。老師又提醒，大家先前都同意要在班級會議中努力助人，而不是傷害人。於是老師說，接下來我們把重心放在解決方案，而不要放在後果上。所謂的解決方案，就是以有幫助的方式來解決問題，同時全班可以透過建議的提出與討論，瞭解如何預防類似問題。老師問喬安娜和全班，是否願意再嘗試一次。大家都同意了，開始重新提出建議。

這回的建議包括：「她應該開口借鉛筆。」「我們全班可以有個共同的鉛筆庫。」「她可以用別的東西交換鉛筆，然後用完後再換回來，這樣子亞歷克斯就不會擔心鉛筆拿不回來。」

實在很神奇，喬安娜的身形在位子上漸漸「長大」了。等到所有想發言的人都說過話後，主持會議的學生詢問喬安娜和亞歷克斯，兩人是否對於解決方案有共識。亞歷克斯和喬安娜都同意，「開口借鉛筆」這方法行得通，而且兩人會在一個星期以後，於班級會議上報告這個決議的推行狀況。

這個解決方案看起來很清楚，充滿尊重與鼓勵，老師更是從中見證了喬安娜的縮小和長大。事後老師想：「在這次事件中，全班學到了什麼？」老師的感想是，也許這是喬安娜這個「累犯」第一次感受到支持，並且受到團體的歡迎。看起來，僅僅是簡單建議「拿東西之前要開口借」，就讓她有了賦權的感覺。

喬安娜日後的人生是否還會遭遇問題？可能。但從現在起，她和全班共擁一種解決問題的工具，這個工具傳達出「妳是我們的一份子」的訊息，而不是「妳不屬於我們，需要被排除。」

孩子和成人剛開始做腦力激盪，尋找解決問題的方法時，許多建議都帶有懲罰性。這時可以先打斷腦力激盪的過程，轉而將注意力放在解決問題的方法上。另一種辦法則是等到大家完成腦力激盪後，審視一下提出的建議，將所有違背解決問題四原則的建議都刪除。有些具有傷害性或不實際的建議（例如，去夏威夷旅遊可能有幫助，但不實際）也必須刪除。去除了不適當的建議之後，行為不當的當事人就可以選擇他們覺得最有幫助的解決方法。若當事人擁有解決方案的選擇權，而不是讓別人告訴他們該如何做，也不是由全班表決應該要採用哪種解決方式，就會大幅提升被尊重感和責任感。

常有人說，孩子只要有機會，他們解決問題的能力超過了大人。例如某所小學中，孩子們玩繩球的時候有人不守規矩，還出現攻擊性的行為。老師想不出好辦法來解決，也不知該如何讓孩子為自己的行為負責。

有一群小二的學生在班級會議中討論這個問題，孩子很快就辨識出問題在於繩球遊戲的贏家是一種高風險、高獲利的地位，你贏得越久，就能玩得越久。因此玩家很想要贏球，讓其他的孩子等很久才能玩得到。

對此問題，凱蒂提出了一個很棒的解決：與其讓贏家繼續玩下一局，她建議改變遊戲規則，讓贏家先回到隊伍的最後端重新排隊。這樣子，贏球（或作弊）的動機就降低了，而且有更多的孩子可以參與遊戲。

學生們也都同意她的看法，接著向其他的小一、小二生提出這個建議。大家都願意試行這種規則幾個禮拜。老師們則感到懷疑。他們覺得孩子只會另找漏洞，任何的解決方法都只會有短暫的效果。

讓老師驚訝的是，孩子們很喜歡新的遊戲規則，而且感到很得意，因為解決方案是他們一位小二的同儕想到的。遊樂場的氣氛產生了戲劇化的改變，低年級學童為他們解決問題的能力感到高興。之後的班級會議中，有好幾個不同的班級以創意十足的眼光討論其他問題的解決方法，同時，老師們也開始相信班級會議的價值，不僅僅是為了解決問題，同時也能教導重要的生活技能。

當孩子決定在打翻牛奶時要拿海綿和抹布擦乾淨時（因為你開口問他們該如何解決這個問題），這就展現了解決問題的四原則（相關、尊重、合理和有助於解決問題），你就是在教導孩子一種生活能力，並且提供他們機會，發展出「我有能力」的信念。

假設某天你的青春期孩子很晚回家，等到你們雙方都冷靜下來（通常是次日），你可以邀請他一起腦力激盪出一個符合解決問題四原則，又彼此尊重的解決方案。這時你就是在教導他負責和解決問題的技能，同時你也明確表達出，孩子需要尊重你的需求（亦即你需要孩子早點回家）。

若孩子打破窗戶，你們共同決定解決問題的方法是要用他的零用錢去修補，那也是運用解決問題的四原則。若你能避免歸咎的模式，並且將犯錯視為學習的機會，你就等於是親身實踐了解決問題的技能，展現了尊重，親子並且共度了一段高品質的時光。

聚焦於解決問題的過程中，有一個很重要的生活技能必須包括進來，那就是教導冷靜期的價值。大人要先瞭解，才能教導孩子：在大多數的情況下，需要先經過冷靜期，然後才去找解決方案。我們在焦躁、運用原始腦的時候，唯一的選項就是戰或逃，此時很難將注意力放在解決問題上。要等我們冷靜下來，能運用理性腦的時候才能解決問題。這時，積極暫停就很有幫助了。

運用積極暫停

如果你的配偶或同事把你逼到角落說：「我不喜歡你的做法。你自己去積極暫停一下，反省自己做了什麼。」你會有什麼感受？你會怎麼想？怎麼反應？你會覺得「喔很有幫助呢！」還是你會心存感激？或是你覺得很丟臉？你會想：「哇，這實在太鼓勵我了！」還是會想：「這是在侮辱人嘛！你誰啊？」你是否會決定要對這個人傾訴你所有的問題，因為他實在可以幫助你？還是會決定要收回你的感情，另外找個夥伴？

這種待遇對成人而言，既不尊重又沒有效果。那為什麼成人會以為同樣的方法對孩子有效？成人經常因為沒有先想清楚，而做了很多無效的事，他們沒考慮到長期的結果，沒體會到孩子的感受是什麼、想法是什麼。成人也不知道，此刻孩子正在如何評價他自己，如何評價他人。成人更不知道，孩子正在考量未來該怎麼做。簡單說，成人往往話出口前根本沒思考過。

我曾問很多父母和老師，為什麼「你去想想自己做了什麼」是個蠢問題。因為這個問題的假設就是成人可以控制孩子的想法。其實並不能。若孩子被喝令去積極暫停一下，他們應該不會去想自己到底做了什麼，比較可能是在想大人你做了什麼，以及你怎麼這麼不尊重、不公平。有些孩子會懷抱憤怒與怨恨，思考要如何扳回一城或是以後再也不要被逮到。最讓人難過的是那些在想著「我是壞小孩」和「我不夠好」的孩子。

積極暫停的四大原則

積極暫停很不一樣。它的目的是改善孩子的感受，好讓他們運用理性大腦，而不是讓他們感覺很糟糕，更不是要他們為自己的行為付出代價。若要把焦點放在問題的解決之上，第一步就是大家都必須冷靜到足以運用理性腦。以下就是如何讓孩子參與積極暫停的四大原則。

1. **花時間訓練**。先討論積極暫停有什麼幫助，教導孩子冷靜期的價值，以及等到大家感覺比較好時再解決衝突的重要性。

大人若能率先實踐，就能有效地教導孩子如何使用積極暫停或是「重整時間」。家長可以在浴室櫃子裡放一本喜歡的幽默書籍，然後退到浴室裡去重新整理自己。在教室中，重整的地方是一個角落，可布置成熱帶島嶼風，孩子可以「去夏威夷」重整幾分鐘。老師通常不必起身到角落裡去，但她可以在抽屜裡放一棵充氣式的棕櫚樹，當她需要暫停時，就把棕櫚樹放在桌上「去夏威夷」。學生們都知道，當老師「在夏威夷」的時候，就不要打擾老師，讓她可以重整自己，平靜下來。

2. **讓孩子創造他們自己的暫停區域**——一個能讓他們心情變好，以表現得更好的地方。讓孩子創造或至少協助創造自己的暫停地方，這點很重要。如果孩子還小到無法協助或選擇，就代表他們還不適用暫時隔離這個教養工具。請向孩子說明，暫停時間並不是懲罰，也不是要讓孩子受苦。親子可以一起動腦想出一些事，讓孩子進入積極暫停區域時可以做，例如閱讀、玩玩具、休息或聽音樂。

孩子在暫停區域裡，能不能做一些自己喜歡的事？許多家長和老師都反對這樣。他們相信，若讓孩子玩玩具、閱讀、休息或聽音樂，等於是在獎勵不當行為。這些成人深信孩子被懲罰之後（讓孩子感覺更糟糕）才會表現得更好。這些成人沒有理解一個事實：孩子感覺較好時，才會表現較好。

「暫停」可能被孩子理解為懲罰，所以你可以請孩子或學生幫它另取個名稱。

一個幼兒園的老師說她和孩子創造了一個叫「太空」的空間。他們在教室角落掛上深色的網子，然後在天花板上懸吊一些星球。角落裡放了兩個懶骨頭，因為有時孩子可以邀請朋友一起進入暫停區域（稱為太空夥伴）。還有幾本書、填充玩具和聽音樂的耳機。

另外一個幼兒園的老師則把舊衣物裡面填充柔軟布料，做出一個人形「暫停外婆」。孩子們會問：「如果你在外婆大腿上坐一會兒，會不會有幫助？」

注意這句話：「會不會有幫助？」讓孩子有兩個選項很重要。「現在要怎麼做才能幫助你？是去我們的冷靜地方，或是把問題放入班級或家庭會議的議程？」

3. **事先和孩子（或學生）擬好計畫**。你可以解釋，親子（或師生）雙方的一方（或兩方同時）都會發現：如果有一段暫停的時間，將有助於問題的解決。家長和老師往往發現，他們自己才是需要暫停的人，就算只是深呼吸幾口氣而已。讓孩子知道，他們可以選擇前往「暫停」區，如果他們覺得這樣有幫助的話。

在孩子出現不當行為的當下，有些家長會說：「讓你去你的快樂基地會有幫助嗎？」如果孩子太煩躁，不願前往的話，此時家長可以說：「你希望我和你一起去嗎？」或許家長也需要暫停一下呢。如果孩子還是不要的話，要記住此時的目標是讓孩子的心情好轉，以便讓他表現得更好。這時你可以說：「好吧，我想我自己需要暫停一下。」然後你就可以示範給孩子看，暫停其實並不是件壞事。

4. **最後教導孩子，等他們心情好轉，接下來就該找出解決問題或者補救問題的方法**。這一個原則很多大人聽不見，特別是那些反對「讓孩子在暫停區裡做喜歡的事」的大人。

有些採用正向教養的學校在遊戲場上設置了長凳，當成積極暫停的區域。學生需要冷靜的時候（以便讓心情好轉），就可以使用，直到他們準備好，可以尊重他人或尊重遊樂場設施為止。此時老師詢問學生的態度很重要，必須尊重、溫和且堅定：「你覺得在你心情好轉之前，坐在暫停長凳上有沒有幫助？你想要現在解決問題嗎？還是提到班會討論？」

有時候不一定需要找出一個解決方案，往往光靠積極暫停就足以終止不當行為，或者單單是心情好轉，就足以重新引導孩子採用更受團體接納的行為模式。若真的需要後續的解決方案，不妨使用啟發式的發問，這樣有助於協助孩子去思考自己的選擇會帶來什麼樣的結果，以及如何利用所學來解決問題。有時候，孩子可能需要更多協助才能解決問題，這時就可把問題放入家庭或班級會議的議程中。

如何應用啟發式提問

大多數家長和老師並沒有受過相關訓練，所以不知道除了懲罰之外，還有哪些有效的方法。父母和家長或許可嘗試去理解，「冷靜期」的用意不是讓孩子逃過責任，也不是溺愛。若成人能瞭解人類行為及管教方式的長期效果，那麼既溫和又堅定的正向教養方式就會顯得非常合理。當然，家長和老師也當理解，積極暫停之後也許還需要後續動作，而最好的後續動作之一（亦即最能將焦點放在解決問題之上），就是透過啟發式提問，協助孩子明白他們的選擇。

啟發式提問可以協助孩子探究自己的選擇會帶來什麼樣的後果。這樣與「將後果強加在他們身上」有很大的不同。探究的意思就是孩子參與了「為自己考量、為自己弄清楚事情、哪些事情對他們是重要的、他們想做什麼」這整個過程。最後的結果是把重心放在解決問題的方法之上，而不是後果之上。強加的後果往往會造成叛逆與防衛性的想法，而不是探索性的思考。幫助孩子探索的關鍵就在於不要再告訴他該怎麼做，反而要向他提出啟發式的問題。

成人很喜歡「告訴」孩子發生了什麼事、那裡出錯了、是什麼造成的、孩子應該有什麼樣的感受、該從中學到什麼、該如何處理等等。如果成人能夠「詢問」孩子，發生了什麼事、哪裡有問題、孩子覺得是什麼造成的、他有什麼感受、他學到了什麼、他對於要如何解決問題有什麼想法、未來可以如何運用所學到的教訓等等，就會比較尊重，比較具鼓勵性，而且能促進技能發展。這才是教育的真正意義（英文的教育這個字源自拉丁文，意思是引導出）。成人經常想要硬塞，而非引導，然後還搞不清楚為什麼孩子學不會。

典型的啟發式提問

- 你打算完成什麼？
- 你對於發生的事情有什麼感受？
- 你覺得是什麼造成這件事情的發生？
- 你從中學到了什麼？
- 未來你要如何運用你學到的？
- 你現在對如何解決問題有什麼想法？

我稱這些為典型的啟發式提問，因為沒有一個已經寫好的劇本。這點很重要。我們要的，就是進入孩子的心。在啟發式的問題當中，並不包含「為什麼」，因為那通常聽起來有指控性，會引發防衛心（其實，所有的問題都可以用指控的語調說出來）。通常只有在孩子覺得你真的對他們的觀點感興趣時，問出「為什麼」才有效。在採用啟發式提問時，以下的原則很有幫助：

1. **不要預設立場**。如果你對孩子該如何回答這些問題有預設的立場，你就不是在進入孩子的世界。這些問題之所以稱為「啟發式的提問」，原因就是你並沒有抱持預設的立場。
2. **如果任何一方心情煩躁的話，就不要問問題**。等到雙方都冷靜後再問。

3. **誠心提出啟發式問題**。讓你的智慧引導你進入孩子的世界，並且展現出同理心和接納。

我有個女兒有次告訴我，她打算在派對上喝個爛醉。我深吸了一口氣說：「再多講一些。妳為什麼想要這麼？」她說：「很多人都這樣啊，而且他們好像都很喜歡這樣。」我強壓下訓話的衝動說：「妳現在不喝酒，妳的朋友是怎麼說妳的？」她想了想說：「他們說很敬佩我，以我為傲。」我接下去：「妳覺得妳喝醉時，他們會怎麼想？會怎麼評論你？」我觀察到，她思考過後才開口：「我想他們會很失望。」我接著問：「妳覺得妳會怎麼評價妳自己？」我看得出來，這個問題讓她又思考了一會兒。她停了一下，說：「我可能會覺得自己是個失敗者吧。」她很快就接著說：「我想我不會喝醉了。」

如果我不懂得使用啟發式提問來協助她探究她的選擇會有什麼後果，我很可能就會強加一個懲罰性的後果在她身上，例如禁足。這樣反而會讓她私下搞鬼，不再以信任和我討論。最大的損失會是，她沒有機會自行去探究她的選擇會帶來什麼後果，沒有機會去探究她在生命中真正企求的目標。

本章重點

簡單來說，把焦點放在解決問題上，能教導孩子以下的技能：

如何從錯誤中學習。眼前的情況，我們要如何修正？應該怎樣做？固然，有些事情無法完全修正，但盡量補救的最好方法是什麼？

孩子如何發展他們的優勢。最有助益的情況就是，解決問題的方案來自於孩子，或是親子（師生）一起腦力激盪出來的，然後由孩子選擇。孩子會覺得受到鼓勵，能將自己的力量用在有建設性和貢獻性的方法上。

為什麼犯錯是學習的機會。如果你不要過度自責，並且將錯誤視為學習的機會，孩子們將會學到犯錯並不可怕。

發展出解決問題的技能。如果大家都擁有這種技能，你能想像世界會變成什麼模樣嗎？

暫停一下，冷靜下來解決問題，而不是直覺反應。多麼棒的生活技能！

面對預料之外的問題，要如何發揮創意，而不是因為覺得很糟於是放棄。

如何發展出適當的（社會能接納的）反應。孩子們學到「該怎麼辦」，而不是「別做哪些事」。最有效的邏輯後果也可以當成解決方案。

剛嘗試正向教養的家長和老師，最好一次只練習一種方法，並且要有接受不完美的勇氣。要終結教養戰爭，就必須遠離權力爭奪，並且創造一個氛圍，這個氛圍對孩子和成人的長期效果都是相互尊重、負責、有能力、有辦法、擁有解決問題的技能。將犯錯視為學習的機會，也很重要。聚焦於解決問題的方法則是達到這些目的的最佳方法之一。

正向教養的工具

1. 聚焦在解決問題上。
2. 解決問題的四大原則有助於聚焦在解決問題上。
3. 辨別出問題所在，並且腦力激盪出解決方案。
4. 在詢問孩子哪個解決方案最有幫助之前，先排除掉所有不尊重的方案。
5. 解決問題之前先冷靜下來。

6. 積極暫停。
7. 詢問孩子，他們覺得有幫助的選項是什麼，並在可能的情況下提供至少兩個選項。
8. 利用家庭或班級會議來解決問題。
9. 啟發式提問可以協助孩子去探索：他們做出的選擇，會帶來什麼後果。

可以討論的問題

1. 解決問題的四大原則是什麼？
2. 聚焦在解決問題的主題是什麼？
3. 做腦力激盪時，聚焦於後果和聚焦於解決問題，會產生什麼不同？
4. 藉著詢問哪些問題，可以協助孩子排除懲罰性的解決方案？
5. 為什麼在尋求解決問題方案之前先有冷靜期，是件很重要的事？
6. 積極暫停和傳統的暫停有什麼不同？
7. 身為成年人，如果遭到同伴的懲罰性隔離，你的感受、想法和決定會是什麼？
8. 當你需要讓情緒好轉時，如果可以進入一段由你自創的積極暫停區，你會有什麼感受、想法和決定？
9. 為什麼要孩子去「想想自己做了什麼事」是個愚蠢的做法？

10. 教導孩子積極暫停時，要注意什麼重要的原則？
11. 孩子經過積極暫停後，有什麼良好的程序可作為後續，或是幫助他們探知他們選擇的後果？
12. 強加在孩子身上的後果，與協助孩子探索自己的選擇所帶來的後果，兩者有什麼差異？
13. 為什麼溫和且堅定很重要？
14. 成人為什麼很難既溫和又堅定？
15. 為什麼在生氣的時候，不要處理衝突？
16. 大人為什麼覺得有衝突要立刻處理？他們在擔心什麼？
17. 為什麼在設定界線時，讓孩子參與會更有效果？

第7章 讓你的鼓勵有效

如果一個孩子走到你身旁無辜地問：「我是小孩，我只想要歸屬感。」你會生氣或是用任何方式制止那個孩子嗎？當然不會！

大多數成人不瞭解的是，任何一個行為不當的孩子，其實都在潛意識地表達：「我只想要歸屬感，而且對於要如何擁有歸屬，我有些錯誤的想法。」當然，這句話是用密碼傳達的。當成人學會理解這些「不當行為的密碼」時，就會對孩子表現出更鼓勵的態度了。

第四章中討論過，行為不當的孩子是挫敗的孩子。他們的不當行為是要讓你知道他們沒有歸屬感和價值感，他們對於要如何找到歸屬感和價值感有著錯誤的信念。若你記住，在行為背後有一個隱藏的、挫敗的信念，你就能更有效地將孩子的錯誤行為引導到正向的行為。

德瑞克斯強調鼓勵，他認為鼓勵是成年人最能幫助孩子的重要技能。他曾多次說：「孩子需要鼓勵，正如植物需要水一樣，缺少了就無法生存。」若我們接受這個看法，則顯然最能幫助不當行為孩子的方法就是鼓勵。若將挫敗移除，則不當行為的動機也就不存在了。儘管這是事實，但是要鼓勵一個行為不當的孩子並不容易，而且許多大人根本不知道什麼是鼓勵。

有時候鼓勵並不容易，因為成人常常習慣於「以惡報惡」，用不當行為去回應不當行為，卻沒有處理孩子不當行為背後所隱藏的訊息，也沒有鼓舞孩子表現得更好。另一個難以鼓勵的原因是，太多的成人都深信「懲罰才能刺激孩子改善行為」。那些相信懲罰有效的父母和老師，恐怕大多數人從未研究過懲罰的長期負面效應。就算有研究過、且知道長期來看懲罰很不好的人，依然積習難改，不肯放棄原來的做法。

如果你知道「積習難改」其實很正常，或許會稍感安慰。我們都有底線，可是孩子們就知道該如何踩我們的底線。孩子碰觸到我們的底線時，我們可能當場就退化回到原始的爬蟲腦——雖然我們不會「食子」，但我們在氣頭上拿出來的直覺反應，確實能蠶食掉孩子的歸屬感和價值感。在衝突中，成人和孩子都可能拿出非理性的反應，難怪都沒在聽對方說話。衝突當下不是教導任何建設性內容的好時機，可是成人往往覺得自己必須要當下處理衝突，如果不處理的話，就是放任孩子的行為。就因如此，所以我們需要採用正面的暫時隔離，讓大人和孩子在開始解決問題之前都能冷靜下來，讓心情好轉（開始使用理性大腦）。

成人在平靜的時候，比較能聽進去要鼓勵孩子，但沒人知道鼓勵到底是什麼，所以在應用上也很模糊。本書很強調鼓勵，書中討論的每一種方法，都是想要協助孩子和大人感受到鼓勵。鼓勵提供了機會，讓孩子發展出「我可以，我能有貢獻，我可以影響發生在自己身上的事或我的反應」的觀感。鼓勵是教導孩子重要的生活技能和社會責任，讓他們未來能擁有成功的生活與人際關係。鼓勵可以簡單如一個擁抱，幫助孩子心情好轉，表現得更好。

多年前我想試試看鼓勵這個理論。我兩歲的兒子一直糾纏吵鬧，我已經很煩了，很想打他。但我想起了鼓勵，於是蹲下來擁抱他，告訴他我有多麼愛他。他不但停止糾纏、哭泣，而且神奇的是，我想起他的行為背後有一個隱藏的訊息，於是我花了幾分鐘去鼓勵他，而不是懲罰他，這時我的焦躁也消失了。

很不幸，鼓勵並不總是像我講的例子那樣簡單。原因有三：

1. 成人很難記住，一個行為不當的孩子其實是在說：「我只想要歸屬感。」
2. 成人擅長懲罰，不擅長鼓勵。
3. 在衝突的當下，孩子沒有準備好接受鼓勵。

鼓勵的時機

前述的例子中，我的孩子雖然一面在吵鬧，卻能正面回應我的鼓勵。但有時候孩子必須經過一段冷靜期之後，才會正面接受鼓勵。在衝突的當下，尤其如果孩子錯誤的目的是追求權力或想要報復的話，大人和孩子都會因為憤怒而無法給予鼓勵或接受鼓勵。所以在衝突的當下，最有效的做法是友善地撤退（你或是孩子進入積極暫停）。在還沒冷靜之前，如果你就是覺得無法忽略造成衝突的行為，至少要用「我」來表達你的感覺和企圖，而不是用傷害的語言或是歸咎。

大人要從衝突中撤退的時候，只要說：「我覺得我們現在都太生氣，沒辦法討論，等到我們都冷靜下來之後，我希望能談一談。」這個說法尤其有效——如果你先前在班會中就已和學生討論過積極暫停的觀念，而且教室裡有學生參與規劃的積極暫停區。如果你們即將舉行班會或家庭會議，你也可以提出另一個選擇：「你想要把這件事列入議程嗎，還是由我來提出？」另一個選項是：「現在要怎麼做對你最有幫助？積極暫停？還是將這個問題列入議程，之後再處理？」

如果鼓勵無效，可能是你的時機不對。若能瞭解冷靜期的重要性，就可提高成功率。

相互尊重

相互尊重包含以下三個態度：相信自己和別人的能力、對他人的觀點如同對自己的觀點一樣感到興趣、願意承擔自己在問題中的責任。要教導孩子這些態度的最佳方法就是以身作則。

五年級的傑森經常發脾氣，在課堂上大聲展現出他對他人和老師的敵意。老師試過好幾種懲罰，但傑森脾氣越來越硬。老師試過把傑森送進校長室，也叫傑森留校罰寫五百句「我要控制自己的脾氣」。後來他乾脆叫傑森離開教室，坐在外面長凳上直到冷靜下來。傑森這時就會摔門出去，在窗戶外跳上跳下、扮鬼臉，然後帶著一臉叛逆回到教室，而且很快又會脾氣爆發。

老師決定試試看鼓勵的方法，先複習了正確時機、贏得合作還有相互尊重等觀念，然後請傑森放學後留下來。師生獨處的時候傑森發現老師好像比較友善，老師先謝謝傑森今天留下來，然後他告訴傑森他很希望能找出一個讓彼此都覺得不錯的解決方法。老師承認自己也是問題的一部份，並且向傑森坦承：每當傑森發脾氣干擾到上課，老師也很生氣，於是錯誤地採用懲罰的方式想讓傑森表現得更好。其實，這是一種不尊重的方法。

老師繼續說，他不想要再懲罰傑森了，他需要傑森的幫助。他問傑森是否願意和他一起找出解決的方法。

這時傑森還不願意合作，只是說都是其他同學害他生氣，他根本沒有辦法（記住，當大人突然改變行為時，孩子需要一些時間才能相信我們）。老師說他瞭解那種感覺，因為有時候其他人也會讓他很生氣。這句話吸引了傑森，他驚訝地抬起頭看著老師，眼睛裡露出鬆了口氣的神情。

老師繼續和傑森分享，他自己生氣的時候會出現胃部抽痛、肩膀僵硬等情況。他問傑森在生氣的時候有沒有感到自己身體的狀況。傑森想不出來。老師接著問傑森，他是否願意試驗看看，下次自己生氣的時候感受一下身體上有什麼不同。師生於是達成協議，下一次傑森發脾氣後再度留校，討論一下傑森對自己身體的觀察。

五天後傑森再度在課堂上發脾氣——對傑森而言，這是相當久的間隔。原因可能是老師花時間以一種友善、尊重的態度和他討論，讓他有了歸屬感和價值感。他暫時不覺得需要利用不當行為來尋求歸屬感了。但是，卻不能持續下去。

這次傑森在亂發脾氣之際，老師輕輕把手放在他的肩膀上說：「傑森，你現在有注意到自己的身體的狀況了嗎？」這個問題打斷了傑森的爆發，他開始思考。老師用一種很感興趣、很興奮的語氣說：「下課後來找我，讓我知道。」

那天放學後傑森告訴老師，他注意到自己生氣時會緊握拳頭、緊咬牙齒。老師於是又問傑森，他是否願意在下回生氣時，很負責地走出教室，做個積極暫停，直到冷靜下來。老師說，傑森可以不用開口要求離開教室，直接走出去就好，因為他知道傑森在幹什麼，並且相信他有能力自行處理。然後老師再問傑森：下次踏出教室之後，他想做些什麼讓自己情緒好轉的事？

傑森說：「我不知道。」

老師說：「我建議你數到十或一百，要不然想些快樂的事，或是乾脆欣賞天氣。」

傑森說：「好吧。」

又隔了五、六天傑森才又爆發。他雖然有感受到鼓勵——老師用尊重和他討論，但是鼓勵的感覺無法持續。再下個星期，傑森在上課時間三度走出教室，待了三到五分鐘再進來，回來時情緒明顯比較平靜。每一次，老師都比個讚的手勢給他，並且眨眨眼認可他負責任的行為。

其實老師也不確定傑森到底是怎麼讓自己平靜下來的，但是他很感激傑森沒有在窗戶外做鬼臉。傑森持續練習為自己的脾氣負責，每個星期會走出教室四、五次。過了三個禮拜，他才有一次在教室裡發了太大的脾氣，竟然忘了走出去。

中午休息時間，老師和傑森談了一會兒，提到他表現得不錯，而且每個人在學習過程中都會犯錯，那麼傑森是否願意繼續努力改進呢？傑森同意了。

之後那個學年，傑森偶而會走出教室，但很少發脾氣了。當傑森冷靜後回到教室時，老師繼續對他眨眼睛和微笑。傑森並沒有變得完美，但是他有了顯著的改進。老師在教職員會議中報告：「以往傑森每天要發好幾次脾氣，現在，他一個月會失控一、兩次。這我能接受。」老師尤其高興他和傑森的互動改善了，現在師生的關係變得更棒。

要的是改進，不是完美

以上的案例也展現了一個概念，那就是要追求改進，而不是完美。期待完美並不符合現實，想要追求完美的人會覺得很挫敗。孩子寧可根本不嘗試，也不想要經歷不斷的挫折，只因他們無法符合成人或他們自己預期中的完美。光是肯定孩子有改進，就是一種鼓勵，足以激勵孩子繼續努力。

布萊利太太很挫折，因兒子艾伯特老是在學校惹麻煩。每當他犯錯，老師就罰他抄寫五十遍，艾伯特又不肯寫，老師就加倍懲罰。再這樣下去，布萊利太太擔心艾伯特都要變成不良少年了，因此開始教訓他。現在，艾伯特在家裡和在學校裡都遭到懲罰。他進一步叛逆，表現出一副不在乎的模樣，他說他恨透上學了。

布萊利太太終於要求與老師會面。在面談中她問老師，艾伯特的整體行為當中，到底有多少是「不良」行為。老師回答，大概百分之十五吧。布萊利太太驚訝地發現，艾伯特的惡劣名聲，來自於其他人把注意力放在他百分之十五的不當行為上（因此使他更加展現出他的不當行為），卻忽略了他百分之八十五的良好行為。

布萊利太太參加過家長讀書會，於是和老師分享了一些她學到的事。老師對於非懲罰性的解決方法很感興趣，於是同意要設計一個適用於艾伯特身上的正向計畫。後來布萊利太太、老師和艾伯特一起討論，大家達成共識：日後每當艾伯特破壞教室秩序或是表現出不尊重的行為，他就必須做一些有貢獻的事，例如幫老師做事、協助其他需要幫助的同學、當小老師教導課程。

艾伯特的不當行為經過重新引導，轉向了有貢獻的行為，從此他就不太有不當行為了。老師也開始引進班級會議，好讓全班一起解決問題。

負面的懲罰會刺激出更多叛逆，同時也讓孩子、家長和老師感到挫敗。當成人拿出相互尊重、鼓勵和專注於解決問題等方法時，孩子就會產生歸屬感，發展出負責的行為。

強調優點，不強調缺點

下圖顯示，孩子或學生或許有百分之八十五的優點和百分之十五的缺點，但大多數的家長和老師關注的是什麼？

若你把百分之八十五的時間和精力，放在百分之十五的負面事情上，負面就會放大，正面會消失，換句話說，你看到什麼，就得到什麼。換個角度，如果你將百分之八十五的時間和激勵，投注在肯定、鼓勵正面的事情，沒多久負面就會

圖：看到什麼就得到什麼

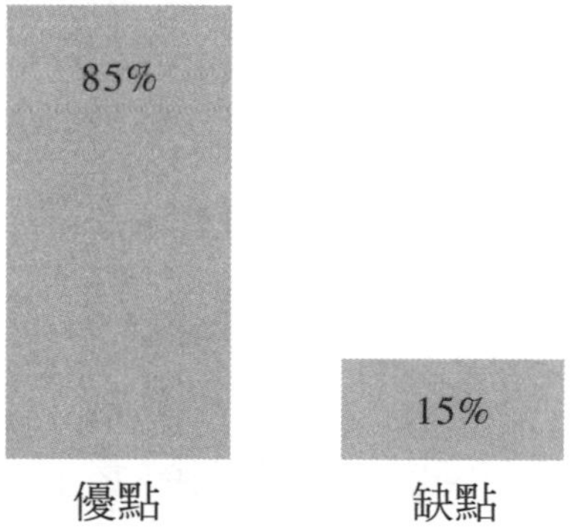

消失，正面就會放大成百分之一百。因為你只看到正面。當你專注於正面時，對你和他人都是一種鼓勵。

不當行為重新導向

每個孩子的行為中，都可以尋找到優點。破壞秩序的孩子往往有不錯的領導能力。只要明白這一點，就不難與孩子配合，協助他用有貢獻的方式來重新引導自己的行為。附錄二描述的同儕輔導就是這個概念。老師將那些有領導能力、卻把智力用來破壞秩序的學生加以訓練，擔任同儕輔導員，運用他們的領導能力去幫助其他的學生。

在幼兒園中，黛比不想要清理自己做完美勞的物品。老師就教導黛比，讓她再去教導其他的學生應該怎麼收拾。頑皮的尚恩總是推倒其他孩子的積木，老師就指派尚恩擔任積木巡守人員，任務就是教導其他的孩子怎麼玩積木，以及如何清理收拾。

補償

「補償」和「重新引導行為」很接近，但更能讓孩子深入參與解決問題的過程。當孩子做了不負責任或是不尊重他人的事時，可以請他們做一些能讓被冒犯者感覺較好的事情，當成彌補。若有一個學生破壞班上秩序，使老師的負擔加重，老師就請他幫忙做事，讓老師輕鬆一點，以此當成補償。此時成人如果表現出懲罰性的態度，那這個方式就沒用了。但如果成人的態度是友善而且尊重的，而且孩子也參與了「做什麼事來補償」的討論，這個做法就非常有效。

實際案例

茱蒂和琳達朝著鄰居的車丟橘子。媽媽要她們坐下來，透過態度友善的啟發式提問，和她們討論。媽媽首先說：「用橘子去丟席伯先生的車子，一定很刺激、很好玩。但我猜，妳們一定沒有想過，等他看到自己車子的髒亂，會有什麼感受吧？」

兩個小女孩看起來有點罪惡感。

媽媽繼續說：「妳們覺得他會怎麼想？如果有人朝妳們的車丟橘子，妳們會怎麼想？」

女孩們承認，自己會不高興。

媽媽繼續問：「妳們覺得自己能做些什麼來補償席伯先生？」

女孩們聳聳肩說不知道。
媽媽堅持：「我不是在找妳們麻煩。我們都會犯錯，現在的重點是，要從錯誤中學習，盡可能去彌補錯誤。妳們都很會解決問題。如果有人朝妳們的車丟橘子，那麼他要做什麼，妳們才會比較高興？」
琳達說：「我想，我會希望他們道歉。」
媽媽說：「還有呢？」
茱蒂說：「我會希望他們把我的車洗乾淨。」
媽媽說：「聽起來都是很棒的做法。妳們願意為席伯先生這麼做嗎？」
兩個女孩雖然不太甘願，但是都同意應該這樣做。
媽媽說：「我知道這樣很困難，但是我也知道，妳們做了這些補償的事情之後，對自己的感覺會比較好。你們希望我陪妳們去，還是想要自己去找席伯先生？」
女孩說，她們會自己去找席伯先生。
茱蒂和琳達很幸運，席伯先生很欣賞她們的作法。他肯定她們承認錯誤、願意彌補的做法非常有勇氣。萬一他是個心胸狹窄的人，媽媽仍舊會支持她們做出補償的決定。就算對方無法寬容，也不難想像日後琳達和茱蒂在考量自己行為會帶來什麼樣的結果時，一定會多想一想。

做出補償可以鼓勵孩子，因為它教導了社會責任。孩子在幫助他人時，對自己的感覺也會比較好。透過非懲罰性的方法，補償就會變成鼓勵，使孩子體驗到從錯誤中學習的道理，修正所造成的問題。藉著補償，孩子學到他們可以在不歸咎、不羞辱和不痛苦的情況下，負起應負的責任。這也會鼓勵孩子。

讓人難過的是，有些成人覺得讓孩子感受到指責、羞辱和痛苦，要比鼓勵他們停止不當行為更重要。這種成人錯誤地相信，如果讓孩子感受比較好，就等於獎勵不當行為，會鼓勵出更多的不當行為。但應注意的是，當孩子獲得鼓勵去做出補償，此時他們並沒有「逃過」不當行為。他們學習到的是在有尊嚴和尊重的狀況下，為自己的行為負責。

避免社會壓力

在社會壓力下，成人有時很難採取有效的教養方式。若朋友、鄰居、親戚或其他老師在觀察你和孩子的互動，你可能會覺得其他人都在看你處理得好不好，想要判斷你是不是一個稱職的家長或老師。在這種情況下，你可能傾向於覺得這些觀察者想要立刻看到完美的結果，因此你有壓力，想要用懲罰來滿足旁觀者，因為懲罰會產生最明顯、最迅速的效果。

面對著社會壓力，我們需要很大的勇氣才能清醒思考，並且採取最有效果的作為。有年夏天我們和朋友一起健行，我十歲的兒子馬克運動能力很好，揹著背包攀爬了長長的六英里，向下進入峽谷。我們踏上陡峭的上坡回程時，馬可抱怨他的背包弄得他很不舒服。他爸爸開玩笑說：「你可以的，你是海軍陸戰隊員的兒子。」

馬克已經痛苦到無法體會這個玩笑了，但是他還是開始攀爬。他在我們前面，不久我們就看到他的背包從山坡上朝著我們滾下來。我還以為他摔跤了，擔心地問他發生了什麼事。馬克憤怒大吼：「沒有！背包痛死人了！」他摔了背包繼續往上爬，大家看著這一幕，好像覺得很有趣。有位大人自願幫他揹背包，我則覺得很難堪，而且還感受到一股社會壓力：我可是寫過正向教養書籍的作者呢。

我很快就決定先不理睬我的自尊。此刻最重要的是採用一種能讓馬克受到鼓勵及負責的方式，來解決眼前難題。我要求其他人先走，讓我們私下處理。然後我們採取了第二章所記載的贏得合作的四步驟。

我對馬克說：「我猜，要回程的時候，你就已經告訴過我們你的背包把你弄得很痛，但是我們卻沒有認真回應你的看法。這樣是不是讓你很生氣？」

馬克說：「沒錯，所以我摔了那個背包。」

我說我不怪他，我在相同的情況下也會有一樣的感受。

他爸爸也說很抱歉，請馬克給他一個機會來解決這個問題。

馬克明顯不生氣了。現在，他準備好要配合了，他和爸爸一起想了個辦法，也就是把外套墊在背包摩擦背部造成疼痛的地方。馬克繼續背著背包走完全程，只有偶爾抱怨幾次。

當你發現你在社會壓力下，請甩開觀眾，你可以離開，或要求其他人離開，讓你們私下解決問題。

安排特殊時光：親子共處

家長們最能鼓勵孩子的方法，就是安排一段固定的特殊時光，親子一起共度。你可能和孩子的相處時間很多，但是，「不得不在一起」的時間、「隨便」的時間和「經過安排的特殊時光」是有差異的。

兩歲以下的孩子需要大量的父母陪伴，而且不能理解「特殊時光」。只要讓他們感受到你喜歡和他們在一起就好，不需要安排特殊時光。二至六歲的時候，每天至少需要和他們共處十分鐘。當時，特殊時光越長越好，但在你忙碌的行程中，如果只有十分鐘和孩子在一起，你也會驚訝地發現這樣會有多麼神奇的效果。

六歲到十二歲的孩子可能不需要每日的特殊時光了（家長可自行判斷），但他們喜歡每個禮拜至少有半個小時的特殊共處時光。至於時段和長短則每個家庭不同，有些是放學後分享牛奶和餅乾的時間，或每週六的一個小時。重點在於，孩子們確知他們擁有一個特別留給他們的時間。

親子共處的特殊時光可以鼓勵孩子，原因是：

1. 當他們確知自己擁有一段和父母共處的特殊時光，他們會產生歸屬感和價值感。孩子會感覺到，在你眼中他很重要。
2. 親子共處的特殊時光可以讓你重溫當初生孩子的初衷——享受親子關係。
3. 若你真的在忙，而孩子卻需要你的關注，這時你比較能輕易說出：「寶貝，我現在沒辦法，但是我真的很期待我們四點半的特殊時光。」

父母可以和孩子一同規劃特殊時光，一起發想在這段時間裡你們要做什麼。先把一切想法都列出來，之後再一起檢視清單上的項目，進行分類。如果有某些事太花錢，就改列到需要存錢的清單。如果清單中有些活動需要的時間很長，超過了特殊時光的長度，那就改列入全家活動的行程上。

我經常建議家長暫停接聽電話，才能凸顯這段時間很特別、不受干擾。有位母親的做法是，她和三歲女兒在共度特殊時光的時候，還是保持電話暢通。可是若有人來電，媽媽接起電話會說：「抱歉，現在是我和蘿莉的特殊時光，不能和你說話。」羅莉聽到媽媽告訴別人和她共度特殊時光有多麼重要，都會微笑。

老師們也許會詫異，如果放學後和某個孩子相處個兩、三分鐘，卻不談孩子的問題，會產生多麼大的效果。老師可以問：「你最喜歡最的休閒活動是什麼？」然後告訴學生自己的興趣是什麼。若老師和學生分享一些他個人的訊息，學生會感到自己非常特殊。許多老師都說，放學後只要簡單地和孩子相處幾分鐘，就足以鼓勵孩子，讓他們停止不當行為——即使在這段期間內完全不提孩子的不當行為。

實際案例：師生之間的相處時間

黛比是彼得老師的學生，她想要的是權力（錯誤目的），所以彼得老師很關切她。黛比經常不做作業，臉上明顯出現不屑的敵意，常常心情惡劣。有一天，彼得老師要求黛比在放學後留下來，黛比臭著一張臉留下來了。老師沒有提到任何關於她的行為的問題，反而問黛比，她昨天晚上有沒有什麼好玩的事可以分享。黛比不講話。彼得老師心想：「這個教養工具好像沒用啊。」但還是繼續說：「好吧，我想要告訴妳我昨晚做了什麼有趣的事。」接下來，他分享了他和家人前一天晚上做的事。黛比還是不講話。彼得老師告訴黛比，她可以離開了，但如果任何時候黛比想要分享她的趣事，都可以來找老師。

黛比離開後，彼得老師覺得好挫敗，心想這種互動怎麼都沒用啊。但是，第二天他注意到黛比看起來心情好多了，也沒有表現出敵意。放學後，黛比給彼得老師看一幅她和朋友騎腳踏車的畫。她說這是她前一天放學後最好玩的事。

我們只要稍加分析，就可理解為什麼這種短暫的互動可以有如此戲劇性的結果。首先，孩子覺得自己得到特別的關切。孩子起初可能會懷疑這是另一次訓話或責備，因此排斥這種特別關切。接著，老師出乎意料之外沒有討論孩子的不當行為。第三，成人常常要孩子說說看自己的興趣，但成人自己卻沒有分享興趣，缺乏相互的尊重。當你分享一些關於自己的事時，孩子會特別有歸屬感和存在感。

老師可在學期中與每個學生單獨共度幾分鐘。一開始可先挑選那些最為挫敗的孩子（可做個紀錄免得漏掉任何一個學生）。許多老師說自己沒時間搞這種特殊時光。當然，老師為了學生的學業成就，背負不小的壓力。但是，有些老師瞭解「鼓勵和學業一樣重要（說不定鼓勵更重要）」的道理，因此他們會在下課或放學後，找一點時間與學生分享。

家長可以把特殊時光安排在睡前的例行活動之內（不過，不要用睡前的例行活動取代白天的特殊時光）。有一位媽媽在睡前幫孩子蓋被子時，會先請孩子分享白天最悲傷的事，然後是最快樂的事。接著，媽媽分享自己當天最快樂和最難過的事。一開始的時候，孩子有時把自己難過的事講得太誇張，還會哭起來，媽媽會耐心等他們平靜下來才說：「我很高興你和我分享你的感受。明天等你平靜一點，我們再討論看怎麼解決。現在告訴我你最快樂的事。」如果孩子想不出什麼快樂的事，就換媽媽分享她的事。孩子習慣後，就會據實陳述悲傷的事，接下來則是討論怎麼解決或避免。孩子們很快就變得比較喜歡分享快樂的事了。

鼓勵 vs. 讚美

多年來許多人都強調，讚美能協助孩子獲得正向的自我概念，改進他們的行為。但我們必須提防，看似有效的做法未必有效。稱讚或許能激勵某些孩子，讓他們改進行為。問題在於，他們長大後可能變成討好他人、尋求肯定的上癮者，自我的概念完全依賴他人的意見。另有一些孩子則排斥讚美，原因是他們不願意照著別人的期待而活，也可能是他們覺得自己無法與那些太容易獲得讚美的人競爭。就算讚美看似有效，我們也必須考量到長期的效果：讚美的長期效果導致對別人的依賴。可是鼓勵的長期效果就在於能夠引發自信。

說到讚美，成人常有一個錯誤的信念，那就是「透過讚美『給予』孩子自尊」。自尊是無法贈與或接受的，必須要透過自信、自知有能力的感覺而來，而這種感覺，則是來自於處理失望的經驗、解決問題的經驗、從錯誤中學習的經驗。

要成功運用「鼓勵」這個教養工具，成人就必須要展現尊重的態度，並且對孩子的觀點要有興趣，而且要給孩子機會去發展足夠的生活技能，好讓他們享有自信與獨立，不受他人負面意見的影響。以下就分別討論「讚美」與「鼓勵」的不同。

許多人相信讚美有效，且見過讚美帶來立即的效果，因此他們不太能分辨鼓勵和讚美的差別。他們只看到孩子接受讚美時滿面笑容，但他們卻沒有想過，長期下來孩子可能會太在意他人的看法。

如果你不確定你要說的話對孩子到底是讚美還是鼓勵，那麼可以先想想以下的幾個問題。

- 我是在激勵孩子的自我評價，還是鼓勵孩子仰賴他人的評價？
- 我表現出尊重還是安撫？
- 我看到的是孩子的觀點，還是只有我的觀點？

• 我會對朋友這麼說嗎？

我發現最後一個問題尤其有幫助。我們對朋友說的話，通常比較符合鼓勵的條件。

鼓勵 vs. 批評

「批評，可以幫助孩子表現得更好」這種想法根本就錯了。或許有人辯稱，建設性的批評有幫助，但建設性的批評本身就是個矛盾的詞彙：建設性，意味著建構起；批評，則是摧毀。在討論孩子需要改進之處時，可以用這樣的方式問：「你覺得你在哪方表現得很好？你覺得在哪方面還需要改進？」孩子通常不需要被點出就已經知道了，但可以讓他們自己承認需要改進之處。問孩子：「你想要怎麼改進？你需要怎麼做才能完成自己的目標？」你可以和他們一起腦力激盪，找出能協助他們改善的方法。這樣也能教導孩子設定目標和自我評估。

鼓勵自我評估

柯麗把她練習寫字的作業拿給老師看。老師要柯麗指出她最喜歡的一個字，柯麗指出後，

表：讚美與鼓勵之間的差異

	讚美	鼓勵
字典的定義	1. 表達出正面的評價 2. 表揚，尤其強調完美 3. 表達出肯定	1. 以勇氣激勵 2. 刺激前進
說給誰聽	行為人：「好女孩。」	行為：「做得好。」
肯定的標的	只有完整、完美的產品：「你做的很好。」	努力和改進：「你盡了全力。」或「你對自己的成就有什麼看法？」
態度	高高在上，操控性：「我喜歡蘇西的坐姿。」	尊重、欣賞：「誰能表現給我看，現在應該有甚麼樣的坐姿？」
「我」的訊息	評價性：「我喜歡你做的方式。」	自我引導：「我感謝你的配合。」
最常使用	在孩子身上：「你是個好棒的孩子！」	在成人身上：「謝謝你的幫忙。」
範例	強奪了別人的成就：「我很驕傲你得了一個 A。」	肯定成就者以及他的努力：「這反映出你的努力。」
會引發	孩子為他人而改變：尋求別人肯定上癮	孩子為自己而改變：內在導向
控制點	外在控制：「別人會怎麼想？」	內在控制：「我怎麼想？」
教導的內容是	要想什麼。仰賴他人的評價。	如何去想。自我評價。
目標	從眾：「你做對了。」	理解：「你怎麼想／學習／感受？」
對自我價值的影響	當他人肯定時覺得有價值	儘管他人不肯定也覺得有價值
長期影響	仰賴他人	自信，自助。

老師說：「那換我指出我最喜歡的字了喔。」老師指出一個寫得特別漂亮的字。接下來，老師指著另一個字，筆畫重複了，要柯麗談談她對這個字的感覺。

柯麗驚訝地用手掩住嘴：「噢。」老師問她能不能自己修正，還是要老師幫忙。柯麗說她自己改就好了，並且回到座位上去重寫。

老師並沒有指出錯誤。她先專注於優點，然後要柯麗自我評估她的錯誤。如果大人問孩子他們需要在哪方面改進，他們通常可以自行說出。

以上的例子也說明了一個概念，就是要把焦點放在優點上，而非缺點。你指出做得好的部分之後，孩子通常會想要繼續表現好，甚至更好。

身為父母或老師，我們有責任協助孩子學習，並增進他們的學業能力和社會技能。但是，鼓勵通常是激勵孩子想要表現得更好的方式。如果大人已經先透過鼓勵贏得孩子的心，之後孩子也比較樂於接受其他的方法，例如以下的幾種方法。

花時間訓練

「花時間訓練」聽起來容易，做起來沒那麼容易。孩子可能沒受過某些工作的訓練，但成人卻期盼他們完成那些工作，這個現象在家中比在學校裡更常見，家長常常期待孩子把房間整理好，卻從來沒教他們要怎麼整理。孩子走入自己混亂的房間，覺得不知所措。如果家長明確地說：「把乾淨的衣服放進抽屜，髒衣服放進洗衣籃，然後我再告訴你接下來要做什麼。」那麼就容易了。接下來，他們可以把玩具放回架子上或是玩具箱。也可以透過「有趣」來訓練事情，例如先收有輪子的玩具，接下來是有身體的玩具，然後是動物型的玩具。

家長往往告訴孩子他們有什麼期待，卻沒有說清楚要如何才能符合這些期待，因此產生很大的溝通鴻溝。為了消除誤解，應該花時間進行特定的訓練。以下的趣味對話可以凸顯溝通的鴻溝：

媽媽：吉兒，把房間整乾淨！

吉兒：我已經整理過啦！（意思是，房間還可以走，沒被塞滿。）

媽媽：妳哪有？（意思是，地板還不能用舌頭舔。）

花時間訓練，意味著把你的條件和期待說得非常明確。有位母親光是教孩子鋪床，就用了好長一段時間。她會問：「如果你拉這裡的話，會發生什麼事？」（會把皺褶拉平）。她特別購買蘇格蘭格紋或條紋的床罩，方便孩子學習順著直線拉平。等孩子六歲時，大家都已有足夠的訓練，把床鋪得像軍隊似的。

若你要求孩子清理廚房時，你就要確認孩子已經清楚理解你的要求，否則孩子可能以為你只是叫他們把髒盤子放入水槽。許多家長看到孩子不會做家事就生氣，其實他們從來沒花時間訓練孩子做家事。花時間訓練，並不表示孩子就會做得如你期盼的那樣好。改進是一輩子的過程，而且別忘了，你希望他們優先處理的事情，也許要等到他們長大有了自己的孩子以後，才會成為他們優先處理的事。我們對生活中有必要優先處理的事項都會表現得比較好。話再說回來，孩子的優先事項不包含乾淨、清潔和禮貌，但他們仍需要學會這些事。但是，成人也必須要記住孩子就是孩子。

等你覺得已經給孩子足夠的訓練，就可以這樣檢驗：「廚房要清乾淨，應該要做哪些事？你們的理解是什麼？」如果孩子說：「把盤子放入洗碗機裡。」就追問：「地板和流理台呢？該做什麼才能確定它們乾淨了？」你可能會看到孩子翻白眼，不耐煩地說：「掃地，擦流理台。」你就忽略這種行為，反而肯定他們：「好極了。我很高興我們的理解一致。」

訓練也可以很有趣。例如，每個星期選一個晚上練習用餐禮儀，然後請大家很戲劇化地說台詞：「請把奶油遞給我。」如果抓到別人趴在桌上吃飯、邊咀嚼邊打開嘴巴講話、人家說話他插嘴、一面吃飯一面抱怨、把手伸很長到桌子另一頭拿東西等行為，則抓到的人就可以得分。得分最多的人有權選擇餐後的遊戲。

花時間訓練也意味著，你要告訴孩子你會在什麼時候改變做法。三年級的康妮每天早上都是媽媽幫她穿衣服。後來媽媽覺得讓孩子自己穿衣服很重要，於是決定不再幫康妮更衣了。以往媽媽總是在前一天晚上就把康妮要穿的衣服先拿出來，她想，以後不要這麼做了，她有信心讓康妮可以自行處理。但是她沒告訴康妮她的決定。次日早上，她聽到康妮不高興地喊著：「媽，我的衣服在哪裡？」

媽媽很尊重地回答：「在衣櫃裡，親愛的。我相信妳自己也找得到。」康妮反駁：「媽，下次妳要這麼做的時候，拜託先讓我知道，可以嗎？」康妮說的沒錯。在改變之前，應該要尊重地先和相關的人討論。

日常慣例表

孩子們自己做的事越多，就越感覺到自己有能力、受到鼓勵。為了避免睡前和早晨常見的拖延、混亂，最好的方式就是讓孩子參與制定出一份日常慣例表，然後讓他們自己遵守，而不是告訴他們該怎麼做。先請孩子列出一張他睡前應該要做的事，內容可能包括收好玩具、吃點心、洗澡、換睡衣、刷牙、挑選次日要穿的衣物、睡前故事、擁抱。把所有的項目都寫下來（孩子夠大就讓他們自己寫）。孩子們都喜歡你拍下他們在做事的照片，這些照片就可以貼在日常慣例表上每個項目的後面（例如「刷牙」項目後面就貼孩子在刷牙的照片）。然後將表放在孩子看得見的地方。

接著，讓日常慣例表來主控即可。不要告訴孩子該做什麼，而是要問：「日常慣例表說接下來要幹什麼？」往往不需要你問，孩子就會告訴你了。

如果能在前一天晚上就把次日要穿的衣服準備好，就可有效減少早上的混亂，孩子不會因趕著要找東西而脾氣煩躁。晚上的例行事務如果包含要孩子把次日要帶到學校的午餐先準備好，也可讓早上更順暢。

要記住，目標是要讓孩子覺得自己有能力並且受到鼓勵。如果做到這一點，還會順便帶來另一個效果：你再也不必碎碎唸孩子了，而且就寢和清晨的時間會變得更平靜。

犯錯是絕佳的學習機會

就算孩子沒有活在指責、羞辱和痛苦中，他們也會從某個地方學會自我批評。往往，他們會自行決定自己「應該要更完美」。我們需要不斷告訴他們，犯錯是絕佳的學習機會。

啟發式的提問

上一章中提到，以啟發式的問題協助孩子探究他們的選擇會帶來什麼後果。同樣的技巧，也可以用在「花時間訓練」的過程中。如果你向孩子提出啟發式的問題，而不是陳述（陳述通常是以要求或是訓話的型態出現），你就可以擁有孩子更多的參與和理解，並且創造出更具鼓勵性與尊重的氛圍。只有在你對於答案真的感興趣時（而不是你期盼孩子說出你要的答案），啟發式的問題才能發揮效用。

孩子在回答問題時，他們是在積極參與。你在陳述時，孩子只是被動參與。你可以從孩子的回答中，聽聽看他們的理解是否和你一樣。例如，與其告訴孩子「去把廚房清理好」，不如問：「你們覺得需要做什麼事，廚房才會變乾淨？」

孩子可能會說：「洗碗。」

你可以接著問：「那桌子上的東西怎麼辦？」

孩子或許會承認：「噢，好吧，應該要收起來。」

你可以回答：「沒錯，那還有爐子上的東西呢？東西收好後，桌子、流理台還有爐子的表面應該要怎麼辦？」

這種方式就叫做花時間訓練。誘導孩子思考、讓他們積極的參與解決問題，這一切都非常具有鼓勵性。有時候，最好的鼓勵方式就是一個擁抱。

試試看擁抱的奇效

很多時候，只要成人暫停處理孩子的不當行為，開始處理潛在的原因（也就是挫敗），孩子就會改變他們的行為。有位年輕的父親很挫敗，因為四歲的兒子不斷亂發脾氣。這位父親在教養課堂上學到，行為不當的孩子是挫敗的孩子，而鼓勵就是處理不當行為的最好方法。他覺得這個說法有點顛倒，有點像是在獎勵不當行為。但「孩子情緒好時，就會表現好」這個想法吸引著他，他決定要試試看。

下一回他的小兒子亂發脾氣時，這個爸爸單膝跪下，比兒子還大聲喊道：「我需要一個擁抱。」

兒子停下來，抽咽地問：「什麼？」

爸爸大喊：「我需要擁抱。」

兒子停止了哭泣，幾乎不相信地問道：「現在？」

爸爸說：「對，就是現在。」

兒子很困惑，但他停止了脾氣，不甘不願的說：「好吧。」然後僵硬地抱了父親。很快就不僵硬了，父子融入彼此的懷抱。

幾分鐘後，爸爸說：「謝謝，我正需要這個擁抱。」

兒子嘴唇有點顫抖：「我也是。」

擁抱的時機很重要。有時候擁抱沒有用，是因為孩子已經太煩亂，抱不下去了，也無法接受其他形式的鼓勵。這時你仍然可以嘗試，但如果孩子不願意，你可以說：「等你準備好的時候，我真的想要一個擁抱。」然後就離開現場。不少家長說，只要他們這麼做，孩子通常會立刻跟上來，想要一個擁抱。

有些人問：「抱抱了之後咧？不當行為該怎麼辦？」很多時候，鼓勵就足以中斷不當行為，也就不需要再做什麼了。其他時候，擁抱可以創造出鼓勵的氛圍，孩子在這個氛圍裡願意學習也可以學習。此時是絕佳時機，可以實施花時間訓練、啟發式提問、提供有限選擇、轉移注意力、共同解決問題等教養方法。

另外一種鼓勵孩子的好辦法就是讓他們作出貢獻，使他們感到自己是有用的。孩子給你一個擁抱讓你情緒好轉，那是多麼棒的貢獻啊。當然，他們的情緒也會連帶好轉。

要記住，行為不當的孩子是挫敗的孩子。太多人以為必須透過指責、羞辱和痛苦（換言之，就是懲罰），讓孩子為自己的行為付出代價。這時，不如試試擁抱吧。

如果上述的方法都無效，那麼你面臨的情況可能是親子的權力爭奪，或是報復的循環，兩者都會帶來更多挫折。這時你可以和孩子分享你的錯誤，請求孩子幫你忙，重新來過。你能做出最具鼓勵性的事，就是承認你的錯誤。

如何站在孩子的觀點

有個好方法可以幫助你記住孩子的觀點，那就是回想你的童年。閉上雙眼，回想某個事件，發生在幼年的你和家中或學校的某個成年人之間，那件事讓你覺得挫折、誤解、羞辱、遭到不公平對待，或以上皆是。重溫那次的經驗。回想到底發生了什麼事，以及你當時的感受。把那些感受重溫一次。

繼續閉著眼睛，回想另一個發生在幼年的你和成年人之間的事件，那件事讓你覺得受鼓舞、被理解、被欣賞、自己很特殊、受到激勵要表現得更好，或以上皆是。重溫那次的經驗。回想到底發生了什麼事，以及你當時的感受。把那些感受重溫一次。

小時候感受到挫敗的時候，你的感覺可能是被誤解、遭羞辱或不公平的對待。你可能有感受到某種形式的指責、羞辱或痛苦。你會覺得自卑、想叛逆。遭受這樣的挫敗之後，你應該不太可能覺得自己受到了激勵，想要改進（雖然大人很希望你受到激勵，想要改進）。你可能會因為這種挫敗，從此放棄了某個技能，例如彈鋼琴、閱讀、書法、運動。這些都來自成年人令人挫折的批評。

小時候感受到鼓勵的時候，你的感覺是有人瞭解你、欣賞你、你很特別。這些經驗會激勵你想要表現得更好，想要追求有價值的技能或目標。你小時候得到的鼓勵，從大人的角度來看很可能沒有花他太多時間，他僅僅是說了幾句肯定和欣賞的話而已。

接下來的兩章會說明，讓孩子透過班級和家庭會議積極參與鼓勵的過程，是一件非常重要的事。

本章重點

正向教養的工具

1. 注意時機。等待「不衝突的時機（往往是你和孩子已經度過一段積極暫停的時間）」，再嘗試鼓勵孩子。此時孩子也可能準備好接受鼓勵了。
2. 使用「我」的訊息，為自己的感受負責。
3. 離開衝突現場（可能的話，進行一段積極暫停）。
4. 等到雙方冷靜下來，情緒好轉後，約個時間談。
5. 邀請孩子將問題列入家庭會議或班級會議的議程中（你也可以這麼做）。
6. 傾聽。記住，孩子覺得他們被傾聽時，才會聽你說話。
7. 採用贏得合作的四步驟。
8. 強調優點，不強調缺點。認可、鼓勵那些沒問題的部分，這樣會讓沒問題的部分所佔的比例大大提升。
9. 和孩子一起解決問題，以便在需要改進的地方，找出相互尊重的解決方法。

10. 將注意力放在改進，而非完美之上。
11. 重新引導不當行為。在不當行為中尋找才華或技能，並且以有用、有貢獻的方法重新引導孩子利用那些才華或技能。
12. 支持孩子為他們的錯誤做出補償。利用啟發式提問協助孩子自行決定他們可以做什麼來彌補錯誤。
13. 避開社會壓力。你和孩子私下進行友善的討論，尋求解決問題，會比較恰當，這樣才能避開其他人批判的社會壓力。
14. 和你的每一個孩子規劃出定期的「特殊時光」。
15. 幫孩子蓋被子時，給孩子一點時間分享他們當天最傷心或最快樂的時光。然後分享你的故事。
16. 鼓勵，而不要讚美。
17. 避免批評。問孩子：「你想要怎樣改進？你需要怎麼做才能達到你的目標？」
18. 鼓勵自我評價。
19. 花時間訓練，表明期待。
20. 問：「你知道我們一起決定了什麼事嗎？」
21. 提前讓孩子知道你對自己作法的決定。

22. 讓孩子參與日常慣例表的製作。
23. 教導孩子：犯錯是絕佳的學習機會。
24. 停止命令、說教和要求，改以啟發式的發題。
25. 嘗試擁抱的奇效。

可以討論的問題

1. 什麼是行為不當的孩子？
2. 不當行為背後隱藏的訊息是什麼？
3. 德瑞克斯認為，成人最重要、最能幫助孩子的技能是什麼？
4. 什麼是時機的重要性？
5. 什麼是贏得合作的四步驟？
6. 要讓贏得合作的四步驟發揮功效，成人應有什麼樣的態度？
7. 成人需要有什麼態度才能相互尊重？
8. 為什麼「特殊時光」對鼓勵孩子、激勵他們改進行為，有很好的效果？
9. 讚美會有什麼風險？
10. 鼓勵的長期效果是什麼？

11. 讚美和鼓勵的差別是什麼？

12. 你可以問什麼問題，以便判斷出你的陳述是鼓勵還是讚美？

13. 讓孩子參與設計日常慣例表的好處是什麼？

14. 犯錯的目的是什麼？

15. 你還能想出什麼其他鼓勵孩子的方法？

第8章　透過班級會議處理教養問題

正向教養的技巧能否發揮效果，關鍵在於成年人的態度：成人是否重視相互尊重、關心，在孩子身上造成的長期影響。前面已經說過，若孩子在本書所描繪的尊重互動之下成長，就能學到自律、合作、毅力、負責、解決問題的能力，還有其他良好品格所必備的社會和生活技能。

上述的這些能力和技能，最適合在定期舉行的家庭會議、班級會議中，讓孩子完全體驗及實踐。

班級會議可以讓師生得到哪些益處

這種會議也是絕佳的機會，使成人與孩子一起學習、實踐民主程序：合作、相互尊重、專注於解決問題，孩子更可以透過會議來發展七大重要認知（第一章介紹過這七大重要認知）。長期來看，無論是家長、老師還是孩子，若能把握家庭和班級會議的機會，就可以學到前述的合作、互重等等多項優點。而且，家庭會議和班會還可以帶來一個附帶的效應：孩子的管教問題消失了。這個附帶效應會吸引很多家長和老師——這樣也好，只要大人們瞭解，管教問題的消失或減少，只是個附帶效應，不是家庭和班級會議的主要目標即可（不過，這是多麼棒的附帶效果啊）。正如一位老師所說的：「我進入教育界可不是為了當警察、法官、評審團和行刑者。自從實施了班級會議後，學生們學會了尊重和助人，也會自行解決問題。而我，現在有了更多的教學時間。」

若孩子們能夠透過致謝而學習、實踐成為「追尋正面意義的人」——這是作者湯瑪斯．畢德斯（Thomas J. Peters）在《追求卓越》（In Search of Excellence）一書當中所使用的詞彙——並且透過相互的腦力激盪尋找彼此尊重的解決方案，從而培養出解決問題的能力，則他們在人生中所有的重要事項上，都能獲得益處。這些能力和學業成就一樣重要，並且需要每天練習。

我常問老師：你們有沒有考慮過，每個星期讓孩子學一次數學就好了？答案永遠是：「不行啊。」我再問為什麼，老師會說，學生需要天天接觸數學和閱讀，熟能生巧。我會接著問：你們有沒有考慮過，每個星期讓孩子練習一次良好品格的生活技能就好了（而且其他時候只是訓話而已）？當然，老師立刻就明白我想說的了。

每當學生有狀況的時候，老師或許可以建議：「你要不要把這個問題列入班級會議議程裡？」單單這樣問，當下就足以產生令人滿意的效果，而且在嘗試解決問題之前，還提供了一段冷靜期。曾有一位老師反對這種看法，他認為特教生在情緒失控的當場就必須立刻協助。我建議他，不妨試試看，將特教生的問題放入班會討論，看看會發生什麼事。老師後來告訴我，那位特教生一面發火一面走向議程表，把問題寫上去，然後很平靜地走開。光是這樣，就足以讓學生知道他的問題很快就會獲得處理。

把問題排入議程，進入實質的討論之前，建議最好有一天的冷靜期。若超過三天，就太久了。因此，如果班會每星期舉行一次，恐怕效果不佳（年紀更小的孩子的冷靜期可以更短。在幼兒園，可能一小時就夠了）。「把問題排入議程」本身就是一個短暫的冷靜期。

學生經常比老師更善於解決問題，因為學生人數較多，而腦力激盪的過程會激發出獨特的想法。只要我們允許、鼓勵學生表達想法，他們會討論出好多很棒的主意。隨著學生覺得自己被傾聽、被認真對待、想法和概念獲得肯定與鼓勵，到頭來很多教養問題也就消失於無形了。他們在過程中有主控權，這樣會激勵他們去遵守他們自己參與制訂的規則或解決方案。老師發現，當孩子有參與決策時，他們比較樂於配合——就算最後的解決方式是老師以往建議過許多次、但學生沒有採納的建議。

孩子參與班級會議，還會帶來數不清的優點。他們在會議中學到的學業和社會技能，往往多到令老師驚訝。孩子們參與解決和他們切身相關的問題，過程中可以學到傾聽技能、語言發展、思維的拓展、自己選擇的邏輯後果、記憶技能、客觀思考技能等等。他們解決了與個人健康和安全相關的問題，他們學習、實踐了衝突的化解（包含預防衝突及處理當下的衝突）。解決衝突還可帶來一個更大的好處，那就是這個過程與每個學生——而非只有少數人——都息息相關。另外，學生也體會到學習的價值和技巧。有一次我參訪學生的班會，當天議程中有一個案子是討論作弊。孩子們討論了各種各樣不該作弊的理由（包括：作弊的話，等於你沒真正學習到課業的內容），這些理由大人可能都已經反覆說過了，但若是出自大人的口中，孩子們就說不定把它當耳邊風不理不睬。

成功班會的態度與準則

在班會中，老師應避免以下的態度與行為：

1. 把班會當作訓話、說教的時間。老師應該盡可能客觀、不批判。這不表示老師無法發表意見或無法參與。老師還是可以提案進入議程，還是可以提出個人看法。
2. 過度操控班會。孩子一眼就能看穿這種手法，會拒絕合作。

小學的班級會議應該每天都舉行（或至少每週三次）。如果班會的頻率太低，學生就不想提案討論，因為會拖太久才處理；此外，班會頻率過低，學生開會、提案的技能會生疏，因為沒有每日練習。

中學生、高中生可以更迅速從班會程序中學習，並且記得更久，所以每週一次就足夠了。但是，高年級的學生如果因為自己的意見獲得傾聽，加上他們的能力成熟而獲得尊重，那麼他們的參與和配合程度會更佳。基於此，有些中學和高中每天都用固定教室讓原班級同學開會。其他要跑教室的科目，則由該科老師每星期舉行一次班會，例如英文老師的班會是星期一，數學老師星期二，歷史老師星期三等。如果同學熟習開會程序的話，特殊的課程（如音樂）就可以在問題發生當下立即舉行班會。

本書的初版曾建議老師用多數決來做決策。若討論的主題與全班相關，多數決不會在學生中造成對立的感覺，而且也是個好機會，可讓學生瞭解並非每個人的想法和感受都相同。但是，也有些老師喜歡採用本書提到的解決問題的過程，直到達成共識為止。

若討論的問題只關於一、兩個學生時（就算全班都很關切而且也想要幫忙），此時應該允許當事的學生選擇他們認為最有幫助的建議。這樣也能鼓勵當事的學生，讓他們產生正面的感覺，因為他們正在為自己的錯誤負責；同時鼓勵當事學生去理解其他同學的建議（而非同學們的歸咎、羞辱或痛苦）。學生們很快就會學到，當他們提出尊重、實際有用的建議（而非懲罰性的建議），此時能發揮的功效最大。

值得注意的是，班會初期通常都不成功，學生和老師需要時間才能習得開會的技巧。我常告訴老師，剛開始實施班會的時候，要準備經歷一個月的地獄期，但這是值得的，只要老師知道班會的長期效果。剛實施班會的時候，學生還不習慣彼此協助（比較習慣懲罰），還不習慣將犯錯視為學習、解決問題的機會（比較習慣逃避責任、擔心被指責、受到羞辱和痛苦），因此需要一個月的混亂地獄期。

我後來發現，如果在前面四次的班會中（視情況延長），老師先花時間教導學生以下的有效班會八大基礎，就可以減輕地獄期的混亂。這八大基礎，可見於簡．尼爾森與琳．洛特等人合著的《跟阿德勒學正向教養：教室裡的運用》（Positive Discipline in the Classroom 暫譯）一書當中。

有效班會的八大基礎

1. 全班圍成一個圓圈。
2. 練習嘉許與感謝。
3. 明訂議程。
4. 練習溝通的技能。
5. 學習每個人想法不同。

6. 角色扮演和腦力激盪。
7. 辨識出人們行為背後有哪四大因素。
8. 專注於非懲罰性的解決方案。

此外，在《正向教養：學校講師指南》（Positive Discipline in the Classroom Teacher's Guide）當中，有老師可以實施的活動，也有給學生的活動，好讓學生學習、練習有效班會八大基礎的技能。如果學生能先學習到開會的技能以及非懲罰性的正面態度，再開始彼此協助，處理實質的問題，這樣可讓班會更有效。開始處理議程上的具體問題前，應先向學生解釋開班會的目的，加以討論，並讓學生透過體驗活動來明白班會的目的。

班會的目的

1. 給予嘉許。
2. 彼此協助。
3. 解決問題。
4. 規劃活動。

班會的兩大主要目標是「彼此協助」、「解決問題」。這點獲得確立之後，有些老師（尤其是小學老師）在會議展開之前，還是會先詢問學生：「我們班會的兩大目的是什麼？」

班會的幾個目標

目標1：教導相互尊重

老師可以和學生討論以下的問題，以教導大家相互尊重。

1. 為什麼打斷別人發言就是不尊重？（因為我們聽不見大家在說什麼；因為這樣會讓原先的發言者覺得其他人不在乎……等。）
2. 為什麼干擾別人就是不尊重？（因為這樣讓別人不能專心；因為這樣無法學習到正在進行的事物。）
3. 為什麼別人在說話時要傾聽很重要？（這樣我們才可以互相學習，並且展現彼此的尊重，而且因為我們都喜歡別人聽我們說話。）

目標2：致謝、肯定與欣賞

中學和高中生或許會使用「肯定」、「感謝」等詞彙，而幼兒園學生則會用「謝謝」等詞彙來表示，不過概念是相通的。

依照學生的語言發展程度，和學生討論「致謝」、「肯定」或「欣賞」的真意為何。協助學生瞭解：我們應該把致謝、肯定和欣賞的重點，放在其他人的這種行為上：

- 成就。
- 協助他人的行為。
- 任何會產生良好感受的事物。

以上三點，可讓學生動腦針對每一點討論出例子。然後教導他們使用如下句子：「我希望讚揚或肯定某某人，因為（他的某些具體作為）」。使用這些語彙有助於學生把重點放在肯定他人的作為之上，而不是他們的穿著或是長相。我參訪過數百間教室觀察班會。沒有採用以上語句的班級，他們的致謝或肯定都較為模糊、膚淺，而且討論也傾向於漫無目標，不時離題。

剛開始練習的時候，或許會有學生說：「我希望向吉兒致謝，她是我最好的朋友。」在學習的過程中，就先讓它過去，但班級日後還是要學習討論出「這位朋友做了哪些具體的事情，值得提出來致謝」。

老師可以先示範致謝幾句（根據上課時觀察到學生值得讚美的行為）。許多老師以每日的致謝作為示範，每天致謝幾位學生，直到全班每個人都被致謝過。

第一次開班會的時候，可以請每個學生至少提出一項致謝，以確定大家都懂得該如何進行。如果還是有人說不出來，可以詢問班上同學，看看其他人有沒有注意這個學生當天經歷了哪些值得致謝他人的事（例如有人下課時和他玩耍、有人協助他做功課、有人借他鉛筆、有人傾聽他的問題）。一旦確定學生們都已學會致謝的技巧後，就依序發言。致謝過程有一個很重要的部分，就是被致謝的學生要說謝謝。

老師還可以召開幾次專門致謝的班會，以確定學生學會了致謝的技巧。許多老師發現，僅僅透過致謝，就能有效創造出正面的教室氛圍。初期適應之後，孩子會很期待給予肯定和接受正向的肯定。

目標 3：專注於解決方案

在解決任何問題之前，應該先教導學生專注於解決方案。第一步是讓學生討論「自然後果」，可以透過發問讓學生思考：如果沒有外力介入的話，這些行為會產生什麼後果。

- 站在雨中，會變成怎樣？（淋濕）
- 在馬路上玩耍呢？（會被車撞）

•如果不睡覺的話？（會很累）

•不吃飯呢？（會肚子餓）

通常幫助孩子學習的最佳方式，就是在沒有事前討論或探究解決方案的情況下，讓孩子體驗自然後果。在這種情況下，成年人的介入只能是展現出同理心，或採用啟發式提問來協助孩子探究：他們的選擇會帶來什麼樣的後果。

在尋找解決方案的討論階段，學生也像成人一樣，很難明白邏輯後果和自然後果的區別，並且傾向於將「懲罰」偽裝成「邏輯後果」。但是，若要求學生把注意力放在尋求相關的、尊重的、合理的、有幫助的解決方案上，孩子很快就會進入狀況。可以向孩子解釋：當我們在腦力激盪，想要找出解決方案的時候，意味著我們必須提出可以供其他人採用、讓他們為自己行為負責的方案，以及可以幫他們從錯誤中學習的方案。老師也應向學生解釋第六章中所說的「解決問題的四個原則」，方法是製作一張海報，上面列出解決問題的四個原則，讓學生參考。然後，請學生就以下問題動腦提出解決方案：

•某人亂畫桌面。

•某人遊戲沒有遵守規則。

• 某人不做作業。
• 某人上學遲到。

開始時，最好請學生練習假設性的狀況，這樣才不會產生情緒或指責。盡量將學生提出的解決方案寫下，接著讓學生逐條討論這些方案，是否符合解決問題的四個原則：這個方案相關嗎？尊重彼此嗎？合理嗎？有助於問題解決嗎？也請學生討論：這些解決方案會幫助人，還是會傷害人？讓全班決定要刪除哪些方案：哪些不符合解決問題的四個原則？哪些會造成傷害？哪些不實際？

目標４：超越邏輯後果

前面說過，邏輯後果很有用，學生可以習得從錯誤中學習的技巧，鼓勵他們改進。但我還是很擔心：因為我太常看到邏輯後果被濫用了。老師想要把懲罰假裝成邏輯後果，學生也馬上學會這招，結果班會變成大批鬥，就是因為老師和學生都把焦點放在更像傷害、而不像是要協助當事學生的邏輯後果。學生必須知道，邏輯後果往往把重點放在過去，而沒有放在未來。當然，記取過去的教訓，以便改進未來，這辦法不錯，但如果把重點放在過去（以此加諸責難、羞辱、痛苦），那根本就無法產生效果。

如果有人以為，所有的不當行為背後都可以找出一個邏輯後果，那這樣想就錯了。如果老師和學生理解邏輯後果，對彼此都有利，可是若把焦點放在解決方案上，那效果會更大。只要給學生機會，他們有辦法想出許許多多無關邏輯後果的解決方法。老師可以讓學生練習如何透過腦力激盪來尋找解決方案，方法就是先從假設性的問題開始操練。

班會怎麼開：實務步驟

1. 如何使用議程

先向班級說明當日的議程。有些老師在布告欄上留個空間，用來登記議程，也有人在教室內放一本筆記本（筆記本的優點是大家可以翻閱，看看過去的問題是怎麼解決的）。老師應告訴學生，老師將教導人家如何解決問題，而不是由老師來解決所有的問題；從現在起，同學們不用把問題帶到老師面前，而是要在議程內寫下自己的名字和扼要的案由（只要寫下能幫助他們記起問題細節的內容就好）。剛開始時，不要把當事學生的名字寫出，而是要告訴全班，等到大家學會尊重和互助後，就可以把當事人的名字列出了。這樣子，當事人才可以知道，自己即將獲得全班的寶貴協助。要提醒學生，一開始實施班會的時候，大家可能還是想要找老師解決問題，但老師會提醒他們把問題列入議程，讓班會來解決這些問題。

以前我擔任國小輔導老師的時候，只要有老師或家長問我如何處理他們和孩子之間的問題，我總是回答：把問題列入議程，在班會中解決，因為孩子會提出最佳解決方式，而且當他們參與決策時，會最樂於配合。

若針對某個問題無法提出有效的解決方案，此時可以將問題再度列入議程，進行更多討論。若老師自己把問題放入議程，應記住要承認自己應負的責任，且不要試圖指責。孩子們也會感覺很棒，因為他們幫助老師解決了問題。班會期間，按照進入議程的先後順序，依序討論每個問題。散會前討論不完的問題，於次日續行。有些問題無法當天解決，這樣沒關係，重點是解決問題的過程。有時等到要討論某個問題時，提出問題的人會表示已經解決了。這時老師可以說：「很好。」然後繼續下一個議題。同樣情況中，也有些老師會請孩子分享解決的方法。

2. 利用冷靜期

向學生說明：在氣頭上為什麼沒辦法解決問題。學生喜歡聽「爬蟲腦」的比喻：人生氣時，乃是很不理性又不願意傾聽別人的觀點。為了刺激討論，你可以詢問學生：為什麼生氣的時候很難解決問題。如果學生年紀太小，就直接說明：先等待幾小時或幾天，等大家冷靜下來，才能尊重地解決問題。

3. 圍成一個圈

學生圍成一個圈開班會，這樣很重要。原來的座位安排可能會是障礙，阻撓程序的進行，而且我還沒看過哪個學生坐在原位時，能夠不去玩弄自己桌上的東西。

事前要花時間訓練學生盡可能安靜、有秩序地調整桌椅。有些班級光這個練習就花了好幾天。我見過最短的紀錄是十五秒。大多數班級可以在三十到六十秒之間內完成。

移動桌椅的訓練如下：首先要求學生思考，如何盡量小聲、有秩序的移動桌椅，通常學生都有好點子，可以流暢地完成桌椅的移動。然後，問學生需要練習多少次，才能有效把搬桌椅的好點子實踐出來。

有些老師喜歡安排座位。剛開始的第一天，老師會要求一次只由一個學生將他的桌椅搬到指定的位置上。也有些老師則是一次要求一個小組或一排的學生移動桌椅。如果學生在移動桌椅時吵鬧或秩序不良，就請學生不斷練習這個動作，直到沒問題為止。等到全體學生都學會了如何安靜移動桌椅，就可以全班同時行動了。

4. 班會的結構

以前我不瞭解班會的結構，主持班會常失敗。我想達到的目標，學生並不理解；班會的秩序也很難維持。於是我就想放棄，告訴學生說：「顯然你們現不想開班會。等你們準備好之後，我們再試試。」換句話說，我不但沒有為自己的準備不足負責，我還向脫序狀態投降。等到學生已經練習了有效班會的八大基礎，並且採用以下的形態，此時班會的成功率就會提高。

- 以致謝開始。順著座位圓圈傳遞一個物件（例如沙包或發言杖）。想要致謝其他同學的人，可以在物件傳到手中時發言，依序傳遞下去，讓每個同學都有機會對別人致謝或是放棄發言。用物品傳遞的順序來發言很重要，免得老師隨意點名學生發言，又隨意結束，沒發言的學生就會埋怨不公平。
- 朗讀第一項議程，詢問提案人這個問題是否仍舊存在。如果學生說已經解決了，就繼續下個案。如果有時間，可以請學生分享問題解決的方式。
- 如果問題還沒有解決，就用傳遞物品的方法，請大家發言提出意見和建議。從提案人開始。我建議順著座位圓圈傳兩次，因為有些學生聽過別人的建議後會產生其他的想法，所以第二輪通常不會太花時間。
- 儘可能詳盡記錄學生提出的每個建議。如果學生年紀夠大，就由學生紀錄（若學生提出的建議會傷人，卻無法助人該如何處理？可參見本章尾「有關班會的常見問題」段落）。
- 討論告一個段落，先朗讀出（由老師或學生朗讀）某個問題的所有建議，再詢問當事學生他覺得哪個建議最有幫助。如果當事人不只一個，每個人都可選擇一個解決方式。如果都是有幫助的建議，他們做出不同的選擇也無妨。如果兩個學生選擇的解決方式相互衝突，可請他們私下協調，以決定哪個方法最能讓兩人接受，且避免衝突。

- 決定最佳處理方法之後，問學生什麼時候會實踐。老師應提供有限的選擇（例如今天或明天、下課時或放學後開始實踐）。這樣的選項是有益處的，孩子可藉此覺得自己負責任，且做出承諾。

以上就是班會的結構，是一個可以遵循的步驟，又不至於僵硬到完全不讓老師發揮獨特性和創意。

還有種方法可讓所有的孩子表達意見，又不會破壞班會秩序，那就是使用手部動作來表達意思。有位老師教導學生：想表達不同意見時，將雙手在大腿上方，交叉移動。若贊同此刻的發言，則舉拳過肩，上下移動。

有次我邀請來賓觀摩班會。會議進行中，有個孩子因為自己的不當行為被列入議程討論，他選擇當眾向全班道歉。有位觀察者對這個現象表示擔憂，她說她認為當眾道歉會讓孩子感到羞辱。我請她詢問道歉的孩子以及班上同學，當眾道歉是否讓他們感到不安。全班異口同聲表示：不會！重點是，要進入孩子的世界，而不是將你自己的世界投射在孩子身上。

老師的態度與技能

1. 用合作來取代操控

前面提過《正向教養：學校講師指南》這本書當中有些活動，可幫助老師體會正向教養的原理。有一個活動叫「請坐下」，參與者圍成一個三角形，三角形當中有一個人扮演的學生，坐在椅子上。其他兩位扮演成人，站在椅子後面，雙手放在學生的肩膀上。活動進行時，請扮演學生的人從椅子上站起來，而扮演成人者則是壓制他，不讓他站起來。然後詢問每個參與者他們的想法、感受、未來要如何應對等。討論過程中，所有短期和長期操控的問題都會很自然被提到，扮演學生的人分享了生氣、抗拒或高度挫折的感受，他們也說自己的決定是要把往後所有的時間都花在擊敗操控的成人、扯平或（這點更糟糕）放棄而服從，從此喪失重要的個人價值感。扮演成人的人則分享，他們雖然是操控者，卻感覺到失控，還有些人說如果沒有考慮長期效果，那很快親子（或師生）就會陷入權力鬥爭，只想要贏或是不要被打敗，卻沒有想到就算贏了，代價是孩子成了人生輸家。

2. 以身作則

老師可以採用好多個方法，提升班會的品質，其中最重要的方法就是以身作則，這樣孩子就能學會老師想要教導的良好品格所需的社會或生活技能。當老師示範有禮的說法，例如請、謝謝和不客氣等等，都會有幫助。

3. 用啟發式提問（蘇格拉底方法）

啟發式提問（見第六章）運用在班會時，必須略加改變。開放性的提問是最好的辦法，可以展現相互尊重，同時又讓孩子有機會領悟到他們有解決問題的能力。一切的陳述都可以改成問題的形式提出。如果你想要孩子知道你覺得他們太吵，就問：「有多少人覺得現在這裡太吵了？」如果你又問：「有多少人覺得這裡不太吵？」那麼會格外有效。你越不透露出自己的意圖，就越能引發孩子自己去思考。神奇的是，孩子們自己想出的想法大多都與成人相同，但如果這些是由成人口中訓話出來的，孩子們卻不想聽。

啟發式的問題可以將氛圍從負面變為正面。有個叫做史蒂芬的學生老是在遊樂場上惹麻煩，老師於是請輔導老師幫忙。輔導老師認為，最好的辦法就是透過班會來處理，但老師從來沒舉行過班會，所以輔導老師就出面示範。

輔導老師先要求史蒂芬離開教室，到圖書館看書。一般來說，當事人不在場，就不應討論與他相關的事，但本案中，教室現場缺乏正面氛圍，輔導老師不希望史蒂芬受到大家抨擊傷害。班會一開始就是詢問：全班最大的問題人物是誰？大家同聲說：「史蒂芬。」接著輔導老師問，史蒂芬帶來哪些麻煩？答案是打架、偷球、說髒話、辱罵他人等。這幾個問題的作用，是讓孩子表達出他們的想法和感覺。

接下來的問題是讓孩子從正面去思考，去感受。「為什麼史蒂芬會做這些事？」學生說因為他很壞、他是惡霸等。最後有個學生說：「或許是因為他沒有半個朋友。」另外一個同學也附和，說史蒂芬是寄養兒童。輔導老師這時請同學們討論「身為寄養兒童的感覺是什麼」，學生們七嘴八舌地說：離開親人、一直搬家會讓寄養兒童很難過。這時學生們正在對史蒂芬表達理解，而不是敵意。

老師再問：「有多少人願意幫助史蒂芬？」每個學生都舉手了。黑板上列出一份該如何幫助史蒂芬的建議清單，包括陪史蒂芬走路上下學、在下課時和史蒂芬玩、和他一起吃午餐等十多個點子。每個項目後面都寫出特定學生的名字。

然後，輔導老師去圖書館告訴史蒂芬，全班討論過他在遊樂場上的問題了。老師請史蒂芬猜猜，有多少同學願意協助他。史蒂芬低著頭說：「大概沒人吧。」等老師告訴他，每個人都願意幫他，他才抬起頭睜大著眼睛，不可置信地問：「每個人？」顯然，史蒂芬受到了鼓舞。

全班同學後來貫徹了他們的承諾，史蒂芬因此感受到強烈的歸屬感，他的行為也大幅改善了。

4. 擔起自己在關係（以及問題）中的責任

老師還有一個技巧可以使用：承擔自己的責任，並且尋求協助。有位老師分享咬牙籤的事。她超討厭學生咬著牙籤走來走去，不但是因為她覺得很噁心，也因為教室和校園裡到處是學生扔掉的牙籤。她覺得這是個問題，但學生覺得沒什麼。她一直訓話、拜託學生不要再這樣了，卻完全沒改善。

最後，她把這個問題放入班會議程，承認她知道學生不覺得這是個問題，但如果他們可以協助她找到解決的方法，她將非常感激。每堂課只有五十分鐘，其中十分鐘是班會，所以往往要討論好幾天之後才會得到具體的解決方案。牙籤一案進入第三天，老師表示這個問題還沒解決。

沒想到有位學生問她：她這兩天有沒有看到有人咬牙籤走來走去？她承認沒有。這個學生說：「也許問題已經解決了。」

老師驚訝地說：「或許喔。」

這是個絕佳的例子，說明了有時僅僅是討論就足以讓大家明白問題所在，並在班會之外持續努力解決。

5. 客觀且不批判

盡可能避免批判。只要學生知道可以討論任何事而不會被批判，他們就會把很多事攤開討論和學習。有位老師擔心，如果她提到某些事（例如在洗手間吐痰），可能反而會讓學生開始這種不當行為。但討論之下她才發現，其實學生早就知道發生什麼事了。不公開討論並不會讓事情消失不見。

不要針對議程做審查。有些老師想要把議程審查一遍，刪除某些他們覺得是打小報告的案子。對你而言是打小報告，對孩子而言是真正值得憂心的事。另外也有老師想要刪掉那些「以前討論過」的事情。其實，對老師來說可能熟悉，但對孩子而言卻是獨特的問題。要記住，過程比結果重要。就算你覺得某個項目與以前完全一樣，但孩子可能會用不同的方式解決，或是因為以往已經有過處理經驗了，所以這次能更迅速有效的解決。

6. 尋找每個行為背後的正面意圖

最後一件重要的事情是，辨識出每個行為背後的正面意圖。這樣可以讓孩子覺得受到肯定和重視（獲得肯定和重視，就會帶來行為的改變）。有一場班會討論作弊的問題，當事的女孩解釋，她想要及格，才會偷看。老師問：「有多少人覺得，想要及格真的是件好事？」班上多數都舉起手。另外一個男孩承認他曾經作弊被抓到，因此必須重考一次。老師又問：「這對你有幫助嗎？」男孩說有。這兩個問題，都是在負面事件中找出正面意圖的例子。全班接下來就提出了許多建議，以求改善這種行為。

有關班會的常見問題

以下問題，取自北卡羅來納州一場正向教養座談會的討論。這些都是與會老師關切的事情。

Q：難道孩子們不想要立刻解決問題嗎？我不認為我的學生願意等三天，才看到他們關心的問題出現在討論議程上。

A：曾經有位老師堅持在午餐後立刻舉行班會，處理午餐休息時間發生的問題。我鼓勵她試試看，請學生把問題列入議程，然後至少等一天才開班會。她後來回報，她很驚訝地發現，學生僅僅是把自己關切的問題列在議程上，就獲得很大的滿足感。這就是學生們當下的解決之道。他們的肢體語言清楚顯示，登載進入議程之後，就放輕鬆了。她也回報，之後討論問題時，同學們表現得更理性、更有幫助，因為情緒都已經冷靜多了。

Q：如果選定了某個解決方案，但實施後卻無效，怎麼辦？

A：持續實施該方案，直到有人再度將問題列入議程。有些學生喜歡在坐椅子的時候，將椅子用後兩支腳翹起來朝後傾；針對翹椅子的問題，全班決定任何翹椅子的人就要站在他座位的後面。這個決議並沒有效果，因為太多的孩子喜歡站在椅子後面，而且大家一直站著，干擾到上課秩序。老師於是將問題再度提出，進入班會議程。學生們也覺得站在椅子後面實在太干擾課堂秩序了，後來決定任何翹椅子的人必須暫時離開教室，等他們決定要坐好，就可以回到教室。

Q：萬一有人覺得結果不公平的話該怎麼辦呢？

A：一般而言，如果解決方案是由學生自行選定，或他們自主覺得該方案有幫助，那麼不太會產生公不公平的問題。若我們將重點放在解決方案，而不是後果上，也可避開公平與否的問題。

Q：如果學生真的建議施行懲罰，而非解決方案，那該怎麼辦？

A：把所有的建議都寫下來。學生剛開始學習時，請他們討論這些建議，然後逐條審視，篩掉那些他們覺得不尊重或沒幫助的建議。這個過程可以讓學生思考這些建議的長期效果。另一個方法就是邀請自願者進行角色扮演，讓大家先體驗一下懲罰性的建議。之後再詢問扮演被懲罰的學生：感覺如何？學習到什麼心得？以後會怎麼做？這是另一種教導學生體認「懲罰的長期效果」的方法。

Q：萬一學生集體霸凌另一個孩子怎麼辦？

A：就算學生學會了要正向、要幫助別人，還是可能發生霸凌。梅德老師的班會上，有次正在討論一位在操場上說髒話的新生，全班趨向於聯合起來傷害她。梅德老師於是做了一次有效的發問，重新引導學生的思考方向。他問：「有多少人知道當新生的感覺？」好幾個孩子提出了自己的記憶，然後梅德老師再問，有多少人曾經花時間與新生交朋友、告訴他學校的規範。沒有人回應。梅德先生接著轉向新同學，問她以前學校的同學有沒有說髒話。她說有。梅德老師接下來問，有多少人願意當她的朋友，教導她本校的規則。這次許多人都舉手了。之後的討論氣氛，已經變得正向、助人了。學生們決定，針對操場髒話的行為，只要經過這次討論就可以了，不必再處理，因為新同學不瞭解學校的規矩。

在一場八年級的班會中，正在討論比爾的事情，但比爾覺得大家聯合霸凌他。我問同學們：「如果你們處於比爾的狀況，你們覺得有多少人會認為自己受到協助了？」沒有人舉手。我於是問：「如果你們處於比爾的狀況，會不會覺得自己遭到霸凌了？」大部分的人都舉手。我接著問：「有多少人願意在發表評論和建議的時候，設身處地去思考？」大家都表示願意，並且承認他們之前並沒有想到這一點。

Q：如果問題涉及別班學生怎麼辦？

A：許多學校的班會時間是統一的，所以可邀別班的當事學生出席。要這樣做之前，先要請本班的學生討論「被叫到別班的感受是什麼」，讓大家討論如何讓受邀的學生感受到「要幫助他」，而不是「要傷害他」。有些班上會先討論別班受邀學生的正面特質，好讓班會從致謝開始。

史都華受邀到隔壁班，因為隔壁班學生抱怨他踏壞了他們的沙堡。他們先致謝他的運動成就和領導能力，接著隔壁班老師問史都華，是否知道自己摧毀了沙堡。史都華解釋，第一次是意外，另外一次是因為反正已經打鐘要進教室上課了。接著有學生問史都華，關於如何解決問題，他有沒有什麼建議。他說沒有。有人建議他擔任沙堡糾察隊，不要讓人破壞其他人的沙堡作品。史都華和大家都同意了。

從致謝開始，就能降低防衛心並且激勵合作。有些班級一切的解決問題方式，都以致謝當起點。

Q：如何防止把議程當成告狀的手段？

A：不用防止。改變你的觀點會比較有幫助。這些問題，往往是學生關心的。只要學生有機會練習開會技能就好。如果老師有權審核議程，學生就會對班會程序失去信心。還有，當學生透過班會來尋求解決時，這些問題就不再具有打小報告的意味了，因為學生試圖以有幫助、而非傷害的方式解決問題。

Q：少數學生霸佔議程的話怎麼辦？

A：把這個問題列入議程，讓學生解決。有位老師曾分享過她的經歷：湯米每天幾乎都在議程上列出十個問題。我建議老師，把這個現象列入議程討論。結果老師還沒這麼做，其他同學已經這麼做了。後來全班決定，每個人每天只能提出一項議案。老師後來說，如果當時她試圖自行解決問題，她可能會規定每個學生每天只能提出三到五個議案，但她更喜歡孩子們的解決方法。

Q：如果學生想抱怨老師，可否將老師列入議程？

A：如果老師掌握了班會的精神，就會對於針對自己的議案感到自在，並且把這個當成從錯誤中學習的機會。對學生來說，這是絕佳的老師以身作則典範。

梅德老師有次被學生列入議程，因為梅德老師在下課時沒收了一包學生吃了一半的薯片

（學校禁止在遊樂場上吃東西）。梅德老師在走回辦公室的路上，吃了幾片薯片。同學們建議的解決方法是（梅德老師也同意），梅德老師買一包薯片還給學生，但他可以先吃半包，因為他沒收的時候，只剩下半包了。

又有一次，梅德老師在體育課時，叫一位行為不當的學生跑操場。學生認定這是懲罰，不是解決問題。於是梅德老師又被學生提報進入班會議程。同學們決定，梅德老師應該跑四圈操場。梅德老師接受了這個決議，乖乖跑了四圈。下次班會的時候，換老師提案了。老師說，他只請學生跑一圈，學生卻要他跑四圈，這樣很不公平。其實，老師這次是巧妙地利用這次機會，引導學生討論：如果用懲罰來取代解決問題的方案，那就非常可能演變成冤冤相報的模式了。

Q：有些孩子堅持不承認他們確實做了的事。此時怎麼辦？

A：只要信任與協助的氛圍建立後，很少會有學生不肯為自己的行為負責。若班上還沒建立這樣的氛圍，老師可以先詢問同學，有沒有人目擊。也有些老師會請學生以角色扮演的方式，將事件重演出來，而且這種演出往往會令全班捧腹大笑。在這種情況下，可能會激勵那個不肯承認的學生站出來說明事情真正的經過。

假設有學生不肯承認，老師更可以藉機詢問全班同學一些「為何不認錯」的問題。例如：「如果你覺得會被其他人傷害，而不是協助的時候，你會願意承認自己做的事嗎？」「有多少人曾經覺得別人指控你做了什麼，但是你自己並不覺得自己做了任何事？」

還有，如果學生堅持不承認，很多老師在實務上發現可以採用這個做法，效果不錯：這一次暫且相信當事學生的話（亦即他沒有做那件事），但如果下次再出現同樣的不當行為，就立即列入班會議程討論。

Q：如果學生拿議程來報復怎麼辦？我有學生只要看到自己被登記進入議程，就把「原告學生」也寫進議程中。

A：學生必須真實的相信：議程的目是為了相互幫助，而非交相攻擊。在這之前，復仇一定會發生。有些老師解決的方法是把議程放入鞋盒中，不同的日子採用不同顏色的紙張來登錄議程，這樣才能判斷哪些是先放入的議案。也有老師規定，提案學生無須記名。同時，老師和學生練習如何提高信任，將焦點放在問題的解決上。等到老師覺得學生準備好了，就改回開放閱覽的議程。

Q：學生常在上課前聚在議程前面，忙著登記議程。該怎麼辦？

A：如果學生進教室的時候聚集在議程前，干擾了上課，可規定只有在下課離開教室時，可以把事情列入議程。有時候，單單是等到下一堂課下課再登記，就足以讓學生冷靜下來，可能會覺得事情並沒有嚴重到需要進入班會議程。若規定學生只能在下課時登記議程，之後等到學生不再干擾上課進行時，就可允許他們隨時都登記議程。

Q：真的有必要每天舉行班會嗎？我沒有那麼多問題可談，也討厭花那麼多時間。

A：每天舉行班會的主要理由，是透過班會程序，讓學生練習良好品性的社會與生活能力。如果每星期才開一次班會，很多學生就無法真正學習到這個過程。有老師發現，天天開班會才是成敗關鍵。有位老師帶的班級特別難管教，本來他都想放棄了，後來開始每天開班會，學生們開始信任這個程序，班上的氣氛也因此改變，因為學生學會了正向的技能，並且在日常生活中使用這些正向技能。

另一位老師說她從不開班會，因為班上學生都很配合，沒有問題。後來班上出了一個大麻煩，她想用班會解決，才發現全班都不知道該怎麼辦，因為學生沒有學過這個程序。這個老師並不瞭解，班會的重要性是教導孩子們在問題發生之際，有能力解決問題；更重要的是，教導他們一輩子都用得上的技能。

還有一位小學老師發現她的學生不願意把問題放進議程，是因為每個禮拜才開一次班會，解決問題的速度太慢了。

在小學階段最好每天開班會。如果當天議程沒有待解決的問題，則進行讚美之後就開始討論其他的議題。

Q：如果議案牽涉缺席的學生該怎麼辦？

A：如果缺席的學生是提案的學生，就把提案刪掉不討論。如果缺席的是被告學生，就暫時跳過去，但此議案保留，等到被告學生到校後成為第一個討論的提案。這樣可以降低因為自己被登記進入議程就缺席的可能性。但是，如果你懷疑真的有學生是因為自己被告而缺席，那就應該在班會中全班討論，如何確保大家都明白班會是要相互幫助，而非傷害彼此。

Q：如果家長反對怎麼辦？

A：邀請他們來觀摩。很少有家長在親眼見證之後仍反對。有些學生可能會覺得，只要他們回家訴苦說自己在班會中被指責，就可以從父母那裡獲得特別的關注。就算學生在家裡把班會描繪得很準確，聽在家長耳中仍然像是一團混亂。老師可以告訴家長，明白他們的關切，老師自己也是因為親見班會過程以及班會的正向結果，才理解班會的效用。有些家長願意出席觀摩班會，有些則會因為老師的理解和邀請而覺得安心。（我在附錄三當中有一封給家長的信。）

如果家長觀摩過班會後仍舊反對，或是家長不願觀摩又堅持不讓自己的孩子參加班會，就安排他們的孩子在班會時參訪別班或到圖書館去。曾有個學生向母親抱怨班會，媽媽立刻過度反應衝來學校，堅持不讓孩子參加班會。她兒子後來抱怨，覺得被孤立了，因為他在人家開班會時得去圖書館。

Q：如果學生不想參與怎麼辦？

A：這一點學生沒有選擇，正如同學生無法選擇是否要參與數學課一樣。你可以討論為什麼有人不想參與班會以及要如何改進班會讓大家都想要參與。

Q：決議要怎麼執行？

A：老師不需要執行個人或是團體決定的決議。學生很清楚狀況，如果有其他的學生「忘記」的話，別人會提醒他，或是再度提案討論。

Q：班會誰主持，老師或學生？

A：只要學生年紀夠大，最好盡可能讓學生擔起責任。許多老師會請學生輪流擔任主席和紀錄，例如每星期由一位學生擔任主席，負責議程推動，另一位擔任紀錄的學生負責記錄所有的提議和最後的決議。

Q：這個程序在幼稚園和小一要如何進行？

A：我參訪過許多低年級班級，孩子們表現可圈可點，像高年級學生一樣好，無論是採用的語彙或是解決問題的技能，都像小大人一樣。

現在許多幼兒園在學生兩歲或三、四、五歲的時候，就讓他們練習班會。在《學齡前兒童的正向教養》（Positive Discipline for Preschooler）一書中有個案例，是針對亂扔東西的討論，許多年紀較大的學生提出不錯的建議，可是輪到兩歲半的克莉絲汀娜發言時，她分享的是：「我今天早上的穀片裡有加香蕉。」老師也謝謝她的分享，接著換下一個人分享。儘管克莉絲汀娜並不完全瞭解班會的意義，但她的參與一樣有效，而且她覺得自己很重要。同時，她正在吸收、學習。

年幼的孩子可能需要一些幫忙，才能將自己的問題列入議程。有些小學老師的方式是請學生到身邊，然後協助學生寫下他們要談的議題。也有些老師的方式是請學生寫下名字，然後畫一個圖提醒自己要討論什麼。這些方法很有用，因為有些低年級的孩子，等到開始討論他們提出的問題時，有時早就忘了自己的問題了。其實他們需要的只是一段冷靜期而已。年紀小的孩子忘得快，原諒得也快。

另外，年幼的孩子可能需要更多的指導和輔助，老師或許要更積極主動。我認識一位老師，帶的是一年級的小朋友，每次班會前她都會請學生朗讀班會的目的：

1. 互相幫助。
2. 解決問題。

然後，再請學生覆誦開班會的三項規則：

1. 圍成一圈開班會的時候，不要玩任何東西。
2. 每次只可以一個人發言。
3. 六隻腳（每個人的兩隻腳，椅子的四隻腳）都必須在地上。

有關班會的其他建議

神祕小天使

有些老師喜歡在每星期一的班會中，讓孩子抽出一位本週神祕小主人，然後抽籤的人就必須擔任小主人的善良小天使。星期五的班會則由學生分享本週自己身上發生了哪些好事，讓學生猜猜自己的神祕小天使是誰。

要讓這種作法產生效果，必須先經過一番教導。首先，請學生動腦想出他們可以替小主人做哪些事，例如寫一張鼓勵的字條、分享一些事物、幫忙、一起玩、微笑、每天打招呼、在她桌子上放顆糖。把這些事情列在黑板上，接著請每個學生至少寫下五件他們可以做的事，然後把自己的清單貼在桌子上，做完一件就劃掉。神祕小天使這個練習可以有效避免某些學生遭到同學忽略，且顯著提高了許多班級的正向氛圍以及友誼。

另外，每個學生也有責任要在班會中發表一些致謝或肯定自己神祕小天使的事。這樣能確保每個學生都接受到致謝。

班級規定

學校裡有些決策學生不能參與，例如課程的安排（除非你想要鼓勵學生和課程決策的大人對話）。但也有許多事情可容學生參與決策。若學生有機會參與並且協助做出決定時，他們會更有高的意願去配合這些決議。

許多班級的班規是由學生腦力激盪出來的，公告在教室裡某個地方，班規的一開頭就是「我們共同決議……」等字樣。看看這些規則的內容，幾乎就和老師片面制訂出來的一模一樣。有些老師曾經嘗試過自己片面立法和學生共同討論決議這兩種方法，他們都發現，當學生參與了班規的討論時，配合度與相互尊重都有改進。

許多老師發現，如果在班會中先討論過，校外教學就會比較成功。可以請學生討論：校外教學時可能會發生哪些意外，帶來不佳的經驗，然後預防性地決定如何解決這些可能的意外。

接著，還可以請學生討論應該要怎麼確保校外教學的愉快。

班會也可以讓代課老師更輕鬆。我經常問學生：「學生會做哪些事，故意捉弄代課老師？」同學們會說出一長串他們做過的事，例如換名字、換座位以及大家事前約好一個時間，同時把書掉到地上。接著，我會問學生，如果此時你是代課老師，會有什麼感受。他們的回答包括受傷、難過或是生氣等。其實我驚訝的是，大部分學生從來沒有考慮過代課老師的感受。我會接著問他們有哪些事情是可以讓代課老師過得更愉快的，學生的答案經常很體貼，到了感動的程度。然後，我會再問學生：有多少人願意協助代課老師，而非傷害代課老師。學生們當然都願意。許多代課老師說，如果前去一個有固定開班會的班級代課，實在是很愉快的事。

如何結束班會

班會開得好，會讓學生積極熱烈參與，甚至希望繼續開下去。老師可以把班會安排在午餐或下課前舉行，就可以避免會開不完，因為學生通常不願意佔用到自己的午餐和下課時間。

事前變好之前，可能會先惡化

學生有時不相信成人真的願意傾聽，願意認真對待他們，他們要花點時間才能接受這是真的。因此一開始他們可能想利用這種新權力來傷害和懲罰成人，因為這是他們從成人的行為中看見的模式。

這時要記住你的長期目標，拿出勇氣，就算不完美也要堅持。難道真的有學生就是不願意回應成人的傾聽，對於成人肯定他們的想法與點子也不在乎？難道真的有學生就是無法從「找出非懲罰性的解決問題方案」當中獲益？難道真的有學生，在明瞭了「錯誤就是學習的機會；錯誤不該是指責、羞辱、痛苦；要勇敢為自己的行為負責」之後，依舊學不到責任、負責、社會情懷嗎？我不這麼認為。

許多老師面對艱難，還來不及超越，就受到放棄的誘惑。更有些老師可能真的放棄了。那些堅持下去的，等到班會上軌道之後，都會嚐到美好的果子，因為他們自己和學生都獲益良多。

本章重點

班會指南

1. 老師和學生圍成一個圓圈坐著，老師應注意自己的高度（亦即，若學生坐在地板上，老師也坐在地板上。如果學生坐在椅子上，老師也一樣。）

2. 議事上軌道後，盡量讓讓學生主持會議。

3. 班會第一個議程是稱讚。主席先傳遞發言的象徵物（例如發言權杖或沙包），讓每個學生都有機會可以致謝他人或要求被致謝。

4. 受到致謝的學生必須道謝。

5. 擔任主席的老師或學生並須掌管開會程序，且朗讀下一案。

6. 議案朗讀之後，提案的學生可以：第一，分享感受給其他同學傾聽。第二，單純討論不解決。第三，尋求協助來解決問題。

7. 如果學生只想發言討論，而不要解決方案或解決時的協助，就再度依序發言，只討論不解決也不建議（但可以發表簡短評論）。

8. 還沒輪到老師發言時，老師應避免評論學生的建議（但可以確認學生此時的發言是否真的是在提出建議。不妨問學生：「你剛才說的那一番話，可以怎麼改變成建議的形式呢？」）輪到老師發言的時候，老師才可以評論或建議。

9. 每個建議都由老師或學生紀錄下來。

10. 最好讓每個人盡量有兩輪發言的機會，以便讓有些人在聆聽了別人的發言之後，自己想要補充或重新發言（有人擔心這樣會花很多時間。其實不會）。

11. 提案的學生可以選擇採納哪個建議或他覺得最有幫助的意見。若該案涉及另一位學生，那個學生也可以選擇。若兩人的選擇有衝突，由兩人私下協商，取得雙方都可接受的決議。只有問題牽涉到全班時，才會進行投票。

班會失敗的六個原因

1. 沒有圍成圓圈坐。
2. 沒有固定的班會（小學需要每周三到五次）。
3. 老師在開會前審查言論內容。
4. 學生沒時間去學習「非懲罰性解決方案」的技巧。
5. 老師以居高臨下的姿態面對學生，對學生沒有信心。
6. 沒有依序允許每個學生擁有發言或放棄發言的機會（順著圓圈傳遞發言信物）。

第9章 透過家庭會議處理教養問題

許多家庭內部的親子問題，只要透過家庭會議這個機制來討論（當然要先經過一段冷靜期），就可以避免。家庭會議和班會一樣，「讓孩子參與會議，從而避免了許多教養上的麻煩」只不過是附帶的利益而已。主要的效益在於孩子有機會發展出重要的七大認知與技能（見第一章），讓孩子每個星期都有機會學習、練習解決問題的技能。大多數的家庭發現，雖說是每星期練習一次，其實孩子在週間也是持續練習著。

家庭會議也是強化家庭合作和增進親密感的方法。家庭會議提供了鞏固家庭價值和家庭傳統的機會。家庭會議的成功，主要當然要倚賴成年人的態度與技能，這些在前面的章節都說明過了。

實際案例：孩子再也不會亂丟東西了

吉姆和貝蒂總共有六個孩子，年齡在六歲到十四歲。貝蒂真的很愛這個家，每天下班後都想趕回家見孩子。問題是，每天回家映入眼簾的就是一團混亂：孩子放學後把他們的書本、毛衣和鞋子扔得到處都是，家裡到處是餅乾屑、喝過牛奶的杯子、玩具。貝蒂於是開始碎碎唸：快把東西收好！媽媽要生氣了！媽媽很愛你們，但你們這樣讓我好生氣！媽媽很想和你們相處，可是看到這一團混亂我就一股怒火！孩子們被唸了之後才開始收東西，但這時貝蒂已經壓抑不住自己的憤怒了。

貝蒂最後受不了了，終於把這個問題列入每週一晚上的家庭會議議程。她對孩子承認，這是她自己的問題，因為孩子們顯然並不在意家裡亂成一團，但是她想問孩子能否幫她解決這個問題。孩子們並沒有感受到指責和指控，於是想出了個「寄物箱」的規則：在車庫裡放一個巨大紙箱，任何人只要在共同空間（客廳、休閒室、廚房）看見他人遺留的東西，都可以撿起來放進寄物箱裡，且主人必須等該物在寄物箱裡暫存七天之後才得領回。這個計畫不錯，解決了家裡亂成一團的問題，不久之後寄物箱裡就裝滿了東西。

但是，接下來出現了一些問題，挑戰到寄物箱制度能不能繼續實施。例如，十二歲的大衛上學前找不到鞋子，到處都找遍了之後他才想起寄物箱。果然，鞋子就在寄物箱裡。他只好穿著他臭氣熏天的舊球鞋去上學。

第二天，他連舊球鞋都找不到了，而且也沒有其他的鞋子可穿去上學。但其他兄弟姐妹堅持按照規定，鞋子必須待在寄物箱裡一個星期。大衛向媽媽求救，媽媽很睿智地說：「很遺憾，我也不知道你該怎麼辦，因為我也必須遵守規則。」樂於助人的其他兄弟姊妹想到一個好方法：穿著臥室拖鞋去上學。大衛無計可施，只好連續三天穿著拖鞋上學。從此以後，大衛再也不亂扔鞋子。

後來，八歲的蘇珊找不到大衣。這下父母就難為了。天氣這麼冷，家長怎麼能夠讓孩子出門不穿大衣呢？但父母強忍住自己的想法，讓蘇珊像大衛一樣自己處理這個問題。所以蘇珊連著一星期穿兩件毛衣去上學。

爸爸也「搞丟」了幾條領帶、一件運動外套和雜誌。最讓貝蒂大開眼界的是，自己竟然有這麼多東西出現在寄物箱裡。因此她發現，原來怪別人最容易（都是他們把家裡弄得一團亂，不是我）。

前述案例中，這個家庭的寄物箱計畫因為下列原因，才能夠有效施行：

1. 在家庭會議中分享問題，解決方案由孩子制訂。
2. 問題發生時，媽媽和爸爸並不負起執行家庭會議決議的責任。
3. 決議（或制訂出的規則）由孩子們執行。
4. 全家一體適用決議，包括爸媽。

家庭會議與班會的差異

家長可以參閱前一章有關班級會議的內容。成功班會的概念，往往也適用在家庭會議上。基本上家庭會議的形式與班會相同，但是有六個重要的差異：

1. 家庭會議每週舉行一次，不用天天。定下固定日程後，就不該受到任何干擾。如果朋友來電，就說你會回電（我們家會把電話線拔掉）。不要因為太忙或是有別的事情要做而停開家庭會議。如果這樣，孩子們就從大人身上有樣學樣，從而不看重家庭會議。建立了家庭會議的傳統之後，大家都會期待這個全家聚會的機會——直到孩子進入青少年時期為止（之後會有更詳盡的說明）。
2. 結論的基礎是共識。如果某項議案全家無法達成共識，就把該案延到下次會議續行討論，以便有更長的冷靜期，更多的時間去思考新的解決方法。若採用多數決，容易在家中造成分裂。家庭會議應該要向家中成員傳遞出「我們可以一起努力找出一個尊重所有人的決議」這個訊息。

3. 家庭會議應該包括「審視下星期的活動」這個議程。尤其是孩子慢慢在長大，這個議程更重要，因為活動變多了，諸如打工、體育活動、約會、上課等，需要預先協調車子的使用和彼此的方便。

4. 家庭會議結束前，應該要規劃出一個未來七天內全家一起進行的有趣活動。

5. 會議的尾聲，安排一件全家一起做的事，如玩個遊戲、做爆米花、製作甜點等。不要看電視，除非有個全家都期待的節目。就算要用看電視當結尾，節目結束後也要關掉電視，全家一起討論這個節目的價值（或缺乏了什麼價值），以及如何將這些價值應用到生活中。

6. 桌面保持乾淨，可提高解決問題的效率。非正式坐在客廳裡也可以。但如果是在晚餐後舉行家庭會議，那麼在雜亂的桌面很難討論事情。

家庭會議：人與事

主席

由家庭成員輪流擔任。孩子們喜歡擔任主席，四、五歲之後就可以做得不錯了。主席的責任是維持會議秩序，開啟會議（從致謝開始），接著進入解決問題的議程，維持發言順序，傳遞發言棍讓大家有機會提出看法或建議。

紀錄

由會寫字的成員輪流擔任，負責記錄討論和結論（閱讀以往的家庭會議紀錄，就像看老相簿一樣的有趣）。

表達致謝

每次家庭會議的開始，就是輪流致謝其他家庭成員。如果過去家庭氣氛習慣了互相貶抑，一開始會有點尷尬，不妨先花點時間討論該致謝哪些事情。父母也可以身作則，從致謝家中每個成員開始。另外，如果看到孩子們之間很棒的互動，也可以提醒，這就是一種值得致謝的事。你甚至可以建議全家把致謝列在議程中，以免忘記。

史托福一家人正在學習彼此致謝。六歲的譚美自告奮勇，很流暢的致謝了父母親，接下來她要致謝九歲的哥哥，她稍停了一下說：「真的很難喔。」史托福夫婦鼓勵她盡量說說看，她終於想出一個可以致謝哥哥的地方，後面又加了一句：「但是，他對我也很兇。」

父母親提醒她：「在致謝的時候，不要說但是喔。」後來輪到哥哥致謝其他人，他也是勉強說完。但練習過後，史托福太太說，現在他們全家都能輕鬆彼此致謝了。「之前孩子只會互相貶抑，聽到他們相互致謝實在是太棒了。」

有年夏天我們家實在太忙，我竟然背棄了「沒有任何事可以干擾家庭會議」的承諾，暫停家庭會議。那是一次很好的教訓，因為差異真的很明顯：鬥嘴問題和教養問題顯著上升，孩子之間頻頻互相羞辱。我們因為這樣才再度體認到家庭會議有多重要，於是重新召開。那時候，孩子們惡言相向的程度，可怕到我以為他們應該很難彼此致謝了。幸好多年的訓練還在，致謝的傳統依舊持續，侮辱、鬥嘴和教養問題都顯著降低了。

表達感激

在我們家，感激和致謝這兩個項目是交替出現的。每個家庭成員分享他覺得感激的事，這樣也可以讓大家記起好多值得我們感激的事——而平常這些事情我們早已經視而不見了。

議程放在哪

冰箱是最受歡迎的議程公佈欄，只要簡單用磁鐵將議程固定在冰箱前方或側面即可。事後來看，我希望當年的家庭會議議程都有保留下來。所以現在我會建議你使用三孔夾存放過去的家庭會議議程。

討論時可以按照議案在議程上出現的先後順序，這樣也不用傷腦筋要挑選哪個比較重要的議案出來先討論。

如何解決問題

可使用第六章提到的方式，討論時的焦點是如何解決問題。班會中的「解決問題四大原則」也適用於家庭會議中，但在家庭會議中必須以共識為基礎來解決問題。家庭會議中另一件要注意的事情是，不要太執著於「後果」。有些家庭說，只要他們不再追究每個問題的「後果」，這樣就可大幅減少親子之間的權力爭奪。

一起規劃全家人的活動

若全家每個人都能平等參與活動規劃，大家就比較願意配合，還會更享受那個活動。若全家每個人都能一起討論外出時可能出現哪些衝突、如何避免，那麼全家人的每週活動或者長期渡假，就更可能成功。以下是我先生貝瑞．尼爾森所記下的心得：

實際案例

「帶孩子去夏威夷吧！」我太太說。

「開玩笑！帶他們去，我們麻煩大了。」我回答。

我說這句話的時候萬萬想不到，六個星期之後，我會經歷一次多年來最快樂的全家出遊活動。

而這次旅遊成功的原因，就是家庭會議。我們固定星期天晚上舉行家庭會議，每個成員都受到尊重的對待，每個意見都獲得聆聽和討論。去夏威夷前的幾個星期我告訴孩子，媽媽和我要去夏威夷渡假，你們想不想一起去。語畢，大混亂出現了。我們倆夫婦好不容易把孩子安撫下來，媽媽說：「如果要帶你們去夏威夷，那我和爸爸也必須覺得好玩才行。出門在外的時候，如果我們的規定老是造成你們吵架，那就不好玩了。」

孩子們答應一定乖得像天使，但這種話我聽多了，光靠嘴巴講還不夠。於是全家討論出一個表，上面記載到底是哪些事情會讓渡假變得很痛苦。媽媽列出兩個欄位，一個叫做「父母覺得痛苦的事情」，一個叫做「孩子覺得很痛苦的事情」。前者，包含小孩一直吵著要花錢、一直吵著要吃垃圾食物、兄弟姊妹吵架、孩子和爸媽吵架、東西亂丟、自己的行李不肯自己拿、擅自脫隊亂跑、晚上不睡覺、大人想去的地方孩子不想去。至於小孩子不喜歡的事情包含：吃飯的地方太正式、不能隨便穿衣服、兩人一床太擠、不給錢花、不讓買東西、飛機上沒有靠窗位置。

親子協議之後，我們的解決方案是：孩子們先盡量存錢、父母給孩子一定金額的零用錢、父母不過問孩子怎麼花錢、渡假期間零用錢花完絕不追加、自己的行李自己背、背不動的東西就不帶。還有，不喜歡兩人一床的馬克決定自己背睡袋睡地板。父母也同意孩子吃麥當勞。至於搭機的靠窗位置，則於起降時間輪流坐。孩子答應絕不吵架，要離隊一定事前通報。

我問孩子：「如果你們忘了，又在那裡吵，那怎麼辦？」我問。

「那用暗號提醒我們囉。」馬克建議。

「太好了，」媽媽說：「我只要聽見你們吵架，我就拉我的耳朵，無聲提醒你們不要吵。」

「爸，這個規定你也要遵守。」馬克把矛頭指向我。

「你是什麼意思?」我有點惱火反問。
「如果你對我或瑪莉發脾氣,我就拉我的耳朵提醒你。」
這小鬼倒是蠻機伶的,我想。但我想了一下就同意了。「兒子,好主意。」
出發前一個星期,我們列的表越來越長,全家都有種很興奮、彼此合作的氣氛。孩子們很努力在存零用錢。
出門前的第一場衝突發生在馬克身上。他想帶滑板去夏威夷。我向他解釋,夏威夷海濱街上擠滿了人,滑板未必實用。還有,他要把滑板塞進他自己的行李內,麻煩死了。有鑑於前幾個星期家裡建立起的合作氣氛,經過討論後並沒有太大爭辯,滑板就留在家裡了。
開車前往舊金山的路程狂塞,我們卡在舊金山大橋上,瑪莉開始哀哀叫說她口很渴。馬克提醒她,家裡已經討論過這種情況,瑪莉於是決定等到機場再喝水。家庭會議的另一場勝利!
火奴魯魯的旅館只有兩張雙人床。我們很高興,當初接受了馬克自帶睡袋的建議,免於現場的爭執。
都虧了家庭會議,這次渡假好棒!雖然現場還是有幾個小麻煩,但只要提醒一下我們先前有協議,就迅速解決了。有個孩子脫隊一次,於是我們臨時召開家庭會議,討論如何避免類似情況再度發生。決議是，一旦有人不見，全體就回到上一站等待，而孩子也必須記住旅館名稱和地址，萬一走失時可以告知警察。

夏威夷之旅很棒，更棒的是全家人的親密感。回家兩個星期之後，住在佛羅里達的大兒子來電說他兩個月之後要結婚了。「我帶弟弟和妹妹一起來參加喔。」我告訴老大。

如何規劃家庭娛樂活動

家庭會議有個重要功能，就是規劃每週的家庭娛樂。可惜這個功能常被忽略。如果全家人在一起遊戲、做件有趣的事，多好啊。但許多家庭以為這個情況可以不藉由任何努力就自然發生，其實這是不可能的。想要讓它發生，就必須以行動來計畫和執行。

我們家的方法是列出一個「娛樂活動表」表（後面會詳述）。我們決定，星期六晚上是親子、夫妻共享之夜：每個月第一個週六是媽媽和馬克的共同活動，此時爸爸和瑪莉進行活動。下個月的第一個週六，媽媽和瑪莉共處，爸爸和馬克在一起。每個月的第二、第四個星期六是爸爸、媽媽的約會夜。第三個週六，則是全家一起活動。

家事誰來做

家務事誰來做，是個大問題。把這件事放進家庭會議當中討論，孩子就能夠協助解決這個問題。只要孩子有機會發表看法、參與規劃、做出選擇，配合度就會提高。

在我們家，每次要孩子做家事，孩子就會說「幹嘛什麼事都叫我做」。後來有一次開家庭會議的時候，我們列出了爸爸和媽媽負責的事（包括全職上班），然後請孩子動腦列出他們可以做的事。父母的表列和孩子的表列一比較就看得出來，孩子列出的事項遠遠少於父母列出的工作，孩子們看了都留下深刻的印象。接著，我們把孩子能做的事寫下來，放入一個罐子，每個孩子每個星期要抽出四項家事，下週再重抽一次，免得老是做同樣的事。

這個方法無法永遠解決問題。「家務事」這個主題每個月至少會有一次被列入家庭會議的議程，我笑說這是「三星期症候群」：第一個禮拜，孩子通常熱烈響應自己訂定的家務計畫表。第二個禮拜，雖然還在做，但熱忱沒了。等到第三週就開始抱怨。一看到這個訊號，就知道下次家庭會議的議程裡一定會出現家務事。

有次我演講後，有位母親告訴我：「我們曾經試過用家庭會議處理家務事的分配，好像沒用，孩子大約做了一個星期的家事就不做了。」

我問她：「那請問，妳有沒有找到其他任何方法，可以激使孩子做一整個禮拜的家事？」

她說：「沒有。」

我說：「那我覺得你們的家庭會議很成功，建議妳繼續堅持。」我和她分享了我們家的三星期症候群。我說，雖然我們必須一再討論做家事的問題，但透過家庭會議討論做家事，孩子們的配合度遠遠超過我們試過的任何其他方法。每次開完家庭會議之後，孩子們對家事的責任感就上升，等到責任感下降，就再度列入議程。

關於家事的分配，孩子們有時會用趣味的方式來處理。我家小孩曾經用紙盤自製「家事輪」，中間用一個螺絲底座固定住一個旋轉指針，盤子的邊邊貼上各種家事的照片。然後每個星期旋轉指針來決定要做哪些家事。他們還曾做出兩個袋子，一個是「待辦家事」，一個叫「已完成」，還有記載著各種家事的卡片。孩子們把卡片在兩個袋子裡挪來挪去，似乎很有成就感。

與其每天為了做家事而和孩子吵，每隔三、四週才討論一次，實在是好多了。我最小的兩個孩子曾經幫忙制訂一個做家事計畫，持續了半年多（而不是常見的三個禮拜）。半年後他們又開始抱怨了，於是兩個孩子接著規劃出一個新方案，維持了一年以上。

事情是這樣的。我的分配家事方法是在電話旁的白板上寫下他們兩人的名字，每個人的名下有兩件家事。全家在討論這個計畫的時候，我希望納入「一回家就把家事做完」這個條款，孩子們則想要自選時間，只要在睡前完成即可。我問：「萬一睡前沒有完成呢？」他們都同意，合理的後果就是，若他們在睡前沒有完成家事，那我就在白板上把他們的名字圈起來，而次日他們就必須放學後立即做完兩人名下總共四項家事。這個方法運作了六個月沒出問題，偶爾他們的名字被我圈起來，次日放學後兩個孩子也都會立刻做完家事。

但六個月後，兩人都開始抱怨：「為什麼輕鬆的家事都給他／她做？」我花了很多時間想要輪流指派不同家事，以求公平，但孩子們還是不滿意。讓我自己高興的是，我並沒有長篇大論說明我是個多麼公平的人，我反而直接把問題列入家庭會議的議程。孩子們的解決方法又簡單又有用，真令我慚愧，為何我沒有早點想到？若有的話，那會省多少時間啊。馬克只是建議：「媽媽只要把四項家事直接寫在白板上，先搶先贏。」我再度體會到，若我們給孩子機會，他們就能提出絕佳的解決方法。

剛開始，兩人甚至用鬧鐘來提早叫醒自己，以便去搶輕鬆的家事。不久之後，他們就決定早上睡晚一點比起床搶家事重要，晚起床的人就認命地接受他的命運了。

特殊問題討論

年紀太小的孩子

有些家庭的經驗是，四歲以下的孩子可能會干擾家庭會議的秩序。在我們家，我們是等到嬰兒和學步兒都上床後，再舉行家庭會議。

等到孩子夠大，就讓他們參與部分的家庭會議。三歲大的孩子很喜歡參與甜點後的藏寶或是躲貓貓遊戲。他們甚至可以學會對其他人致謝。到四歲時，孩子們就很有創意了，可以解決很多問題，且能夠全程參與家庭會議了。

青少年

青春期的孩子常會和父母爭奪權力，或者出現報復的舉動。家庭會議可以大幅改變這種互動關係，但需要有些前置的工作。首要，家長必須謙卑謙卑再謙卑，向自己承認：過去的教養方式沒有效果（太想要操控或太溺愛）。其次就是要向孩子承認這一點。

里昂先生分享了他是如何贏回青春期孩子的心。他告訴孩子：「我以前對待你們的方式真的錯了，我只會大吼大叫，而我真的意思是：『只准照我的方法做。』難怪你們不配合。你們很聰明，我很佩服你們沒有被我騙到。我真心想要重來一次，而且我需要你們幫我忙。聽說，家庭會議很有效，能讓全家聚在一起，並且相互尊重，肯定每個人的意見。如果我又犯了過去的老毛病，也就是想要操縱一切，那請你們看到的時候就提醒我。」

家裡幾位青春期的孩子，被里昂先生的新行為驚嚇到連話都說不出來了。里昂先生立刻補上：「我知道，對你們來說我的做法是全新的。你們可以考慮一下，明天再告訴我是否願意和我合作。」

孩子怎會排拒呢？當然不會。現在里昂先生和青春期的孩子相處愉快，就算也麻煩也能透過家庭會議解決。

其實，孩子們好像總是想要追求自己沒有的東西。上述的例子中，里昂先生的孩子現在很享受家庭會議，但我們家的孩子進入青春期後，反而不斷抱怨家庭會議。於是我們把他們的抱怨列入議程，例如開會時間太長，大家就決議會議不可超過十五分鐘。

後來有一天，最愛抱怨的女兒瑪莉去朋友家過夜，回來後她說：「喔，那家人的問題真的很大呢，他們應該用家庭會議來解決。」後來瑪莉上了大學，她也和室友們舉行家庭會議來處理彼此之間的關係。

我在大學講授兒童發展已經十多年了，有時還是會忘記個體化的過程（叛逆）對青少年來說是個正常、健康的過程，而且在這個過程中他們可以發現自己日後想要做什麼樣的人。我最小的兩個孩子是採用正向教養方式來養育的，簡直是超完美兒童，擁有自律、負責和解決問題的能力。雖然他們不完美（我也不完美），但我們大人從錯誤中學習時，他們也願意配合。

後來，等到我最小的孩子進入青少年個體化的過程時，我一下慌了手腳（我補充一下：那些有自信、靠自己能力解決問題的孩子，進入青少年後常常會覺得他們可以自在地叛逆，不必偷偷摸摸叛逆）。我承認，我很擔心別人會怎麼評價我。我那時快要放棄正向教養法，回到操控和懲罰的老路了——事實上我曾短暫走回老路，結果是一場大混亂，親子之間互爭權力，兩邊都受傷了。幸好我很快就醒悟過來，明白孩子比我的自尊更重要，於是我重回正軌，用溫和、堅定和尊重的方式對待青少年的孩子，過程中讓孩子覺得自己有能力，也讓我自己有能力。我還寫了《跟阿德勒學正向教養：青少年篇》這本書。

單親家庭

許多人認為孩子若沒有雙親，就是一種缺損。其實，很多偉人是在單親家庭長大的，單親家庭只不過是提供了不一樣的機會而已。在我的書《跟阿德勒學正向教養：單親家庭篇》當中，我曾呼籲大家不要再用「破碎」來形容單親家庭了。那些家庭沒有破碎，只是不同而已。

家長的態度很重要。如果你因為自己是單親家長而充滿罪惡感，那麼孩子就會感受到「悲劇要發生了」，並且他們的行為舉止就會像是在悲劇中成長的孩子。如果你接受眼前的狀況，並且竭盡所能努力追求成功，而不是放手讓自己失敗，那孩子也能體會到你的用心，同樣做出成功的言行舉止。

單親家庭的家庭會議一樣能發揮功效。一個家庭可以是由一位家長一個孩子或是一位家長數個孩子所組成。家庭會議是一個傳達正向感受給孩子，並且讓他們參與解決方案的最好方法，而不是用來操控孩子。

道蒂太太和拉蒂瑪太太兩人都是單親媽媽，各有一個孩子，四個人同住在一起。她們說，若不是每個星期召開家庭會議，她們恐怕早就撐不下去了。每個星期他們都討論如何解決彼此身為室友常見的問題，以及親子、手足之間常見的問題。

讓家庭會議的內容更豐富

在許多家庭裡，每週的家庭會議已成了傳統，孩子在其中享受幸福、自信、價值和歸屬的感覺，也提供了樂趣、相互尊重、解決問題經驗和快樂的回憶。

以下方法可以讓家庭會議更有變化、更熱烈。可以拿一個檔案夾，放置照片以及與家庭會議相關的資料，裡面可以放置全家成員腦力激盪的議題，以及後來的解決方案。

家庭座右銘

討論家庭座右銘，可以營造快樂時光，拉近彼此距離。家庭座右銘可以每個月換一則，以下是幾個範例，也可以自己發想。

示範家庭座右銘

1. 我為人人，人人為我。
2. 我們相親相愛，相互協助。

3. 值得做的事，就不必計較太多。
4. 就算只能幫助一人，也值得做。
5. 犯錯是學習的機會。
6. 我們發掘優點。
7. 我們是解決問題的人。
8. 我們尋找解決問題的方法，我們不指責。
9. 我們心存感激。
10. 我們每天數算自己的福氣。

家庭會議中的「家庭座右銘」

1. 全家人共同選擇要採用什麼家庭座右銘。
2. 第一週：每個人拿一張白紙，利用週間尋找適當的家庭座右銘，寫下家庭座右銘對他們的意義（可找個時間幫助年幼的孩子寫下家庭座右銘）。
3. 第二週：在家庭會議中分享各人寫下的內容，然後把每個人的紙張存檔，另發一張新的白紙，讓每個人利用週間以圖畫的方式畫出家庭座右銘對他象徵的意義（也可選擇另一個時間，全家一起做這個活動）。

4. 第三周：每個人分享及說明自己的圖畫。將圖畫黏貼在冰箱門上或其他大家都能欣賞的地方，同時每個人觀察自己下週有沒有在生活中實踐家庭座右銘。
5. 第五週：家庭會議時，每個人都分享自己實踐家庭座右銘的心得，同時請大家一起思考下個月的家庭座右銘。
6. 次月第一週：將所有家庭座右銘圖存檔，選出新的家庭座右銘，重新展開上述過程。

感恩頁

感恩的態度不會自然產生，必須後天習得。只要常練習，常分享，就可以幫助家裡每個人培養出感恩的態度。

家庭會議中的感恩活動

1. 每次家庭會議結束時，每個人發給一張空白的「感恩紙」，請全家人將這張感恩紙放在方便的地方，隨時寫下值得感恩的事。
2. 在家庭會議中，或用餐時，輪流說出自己值得感恩的事。
3. 每次家庭會議中，把家庭成員寫好的感恩紙收集起來存放在家庭會議檔案夾中。

致謝頁

只要家中每個成員都學會了在別人身上發掘優點，並且說出正向的話語，你便能營造正面的家庭氣氛。當然，不應期待完美，孩子之間的爭執很正常，但只要孩子（還有父母）學會致謝和接受致謝，負面的壓力就會大幅降低。利用家庭會議去尋找解決問題的方法，更能讓正向的氣氛提升。

家庭會議中的致謝活動

1. 將空白的致謝頁黏貼在冰箱門上（或方便的位置），讓大家寫下對彼此的致謝（年紀小的孩子可以由家中年紀比較大的人代筆）。
2. 當你看到某人值得致謝，就趕緊寫下來，或是問其他的孩子：「你想不想把你的致謝寫下來？」只要孩子養成習慣，會注意到別人值得致謝的事，就不需要父母提醒了。
3. 每次家庭會議開始之際，可以先朗讀自己的致謝。
4. 同時請每個人用口頭補充自己沒有寫下來的致謝。
5. 確保每個成員至少可以獲得一項致謝。
6. 將致謝頁放在家庭會議的檔案夾內，然後在冰箱門上黏貼另一張空白的致謝頁，供下週之用。

「家庭娛樂」頁

很多家庭沒有花時間一起進行娛樂活動。我們雖然是一家人，卻沒有花時間去計劃和安排共同的活動，實在很可惜。

可以發給家裡每個人一張空白的「娛樂活動表」如下：

	全家一起	夫妻專用	個人
免費	________	________	________
	________	________	________
	________	________	________
費用	$________	$________	$________
	$________	$________	$________
	$________	$________	$________

家庭會議中的娛樂活動

1. 全家一起討論「娛樂活動表」當中的「全家一起」欄位，看你們能想出多少個活動（付錢的和免費的都算），適合全家一起進行。
2. 每個人都拿一張空白的「娛樂活動表」，利用週間思考及填寫。不但要想全家一起從事的活動，還要想自己一個人的時候可以做什麼好玩的事。夫妻也可以思考有哪些事可以兩人一起從事。
3. 利用家裡的舊雜誌，剪下裡面的圖片，貼在「娛樂活動表」上面。
4. 在家庭會議中，選一項娛樂活動放進全家行事曆裡，並討論實施的日期，看看可以花多少錢、什麼時候可以花錢、什麼時候要從事免費的活動。全家都應努力尋求共識，看未來三個月內有哪些日子要安排家庭的有趣活動，把每項決定放入行事曆。
5. 按照全家行事曆實施這些娛樂的活動。

家庭會議中的「錯誤和學習」活動

可以教導孩子：犯錯就是最佳的學習機會。定期發給每個人一張「錯誤和學習表」如下，要求每個人記錄自己犯了什麼錯，以及自己的學習，並且在家庭會議裡朗讀分享（不會寫字的孩子，可由父母代筆。四歲以下的孩子還太小，不適合參加這個活動）。

錯誤和學習表

錯誤	我的學習	我未來的做法

這些表格填好後，父母請細心收藏在家庭會議檔案裡。不妨想想，孩子長大以後，看到自己以往寫下的「錯誤和學習表」，會感到多麼有趣！

家庭餐點

「家庭餐點」是一個教導孩子合作、貢獻的好機會，就連孩子都可以輪流烹煮一頓簡單的餐點，例如湯品、烤乳酪三明治、蔬菜、沙拉和果凍。

家庭會議中的「家庭餐點計畫」活動

1. 開家庭會議的時候，拿出有食譜的雜誌，讓孩子（及父母）選擇想要嘗試製作的新餐點。

（把雜誌上的食譜和餐點照片剪下來，放進檔案夾裡面，做成一份家庭食譜書會很有趣。全家可以替這些食譜打分數，看哪道菜的味道最好，然後長期保存得分最高的幾道食譜。）

2. 把食譜寫在 3 乘 5 吋的索引卡上。在卡片背面，寫下製作這道菜需要去店裡購買的食材。（把這些卡片存放在索引卡的盒子裡，以便重複使用。）

3. 在家庭會議裡，利用下列的 家庭餐點計畫表 ，讓全家每個人都參與未來一整個星期的餐飲規劃。表格如下：

家庭餐計畫

	主廚	主菜	蔬菜	沙拉	甜品
週一					
週二					
週三					
週四					
週五					
週六					
週日					

在「廚師」這一欄下，寫下當週每一天負責擔任廚師者的名字。廚師有權選擇主菜、蔬菜、

沙拉、甜品。（當然，可以依照每個家庭的不同需求，改變這個表的設計。）

4. 採買的當天，全家所有人一起去超市。年紀夠大的孩子可以提著購物籃，找出一、兩張食譜卡背面記載的食材。年紀小的孩子可以協助大孩子或父母找出其他食譜卡背面記載的食材。

本章重點

父母能為家庭所做的最重要事情之一，就是定期舉行家庭會議。為什麼呢？因為家庭會議是個很棒的機會，可以教導孩子良好品格所需的寶貴社會技能、生活技能，讓孩子學到：

- 傾聽的能力。
- 腦力激盪的能力。
- 解決問題的能力。
- 彼此尊重。
- 解決問題之前先冷靜下來的重要性。
- 相互關心。
- 合作。

- 在安全的情況下擔起責任。
- 如何找出解決的方案，同時尊重所有相關人士。
- 歸屬感和價值感。
- 社會責任。
- 錯誤是絕佳的學習機會。

家庭會議讓家長可以：

- 尊重的共享控制權，以此避免親子的權力爭奪。
- 不要事事干涉孩子，孩子才可以學到自律。
- 傾聽孩子，也鼓勵孩子傾聽。
- 尊重的分攤責任。
- 建立家庭傳統，創造美好回憶。
- 為孩子樹立榜樣，家長要身體力行。

如果家長真的明白家庭會議的價值，那麼他們一定會盡一切可能努力安排每週十五到三十分鐘召開家庭會議。這將是他們最可貴的教養工具。

正向教養的工具

1. 家庭會議。
2. 把重點放在解決問題上。
3. 「寄物箱」技巧：亂丟的東西先暫存進去。
4. 讓孩子參與制訂解決問題的方法和家庭座右銘。
5. 定下規矩，就堅持遵守，父母不可拯救。
6. 對孩子處理問題的能力有信心。
7. 以共識來解決家庭裡的問題。
8. 把家庭娛樂時間安排進入行事曆。
9. 常出現的問題，在事前就與孩子共同找出解決的方法。
10. 若全家基於共識而產生的解決方案實施後無效，就將問題放回議程，重新提案討論。
11. 為了鼓勵孩子做家事，可採用各種不同的方案。
12. 在青少年進入個體化的過程中，要對他們有信心。
13. 幾個讓家庭會議更有趣的工具。
14. 定期相互分享自己所犯的錯誤，以及學習。

15. 規劃出烹煮餐點及清理的責任分攤方式。

可以討論的問題

1. 有哪些基本概念和成人態度，是讓家庭會議成功的重要因素？
2. 參與家庭會議，孩子們可以學會那些技能？
3. 家庭會議與班級會議的六項區別是什麼？為什麼要有這些區別？
4. 每個成員對每一位其他家庭成員致謝，價值何在？
5. 讓孩子分享他們值得感恩的事，有何價值？
6. 哪四個條件，能讓「寄物箱」計畫成功？
7. 如何享受一個沒有麻煩的全家渡假時光？
8. 哪個方式是教導孩子合作、負責做家事的最好方法？
9. 為什麼單親家庭一樣需要重視家庭會議？
10. 全家一起從事娛樂活動，能帶來什麼益處？
11. 哪些活動可以讓家庭會議更有趣？你最喜歡的是哪一些？你認為你家能從這些事情獲得什麼樣的益處？
12. 家庭會議如何能幫助孩子與家長達成在「本章重點」段落所列出的各個項目？

第10章 父母的性格：你對孩子的影響

本書第四章談到了孩子不當行為背後的錯誤目的。其實，成人也有錯誤目的，稱為「生活型態偏好（Lifestyle Priority）」，而且成人可能也不清楚自己的錯誤目的是什麼（這點和孩子未意識到自己的錯誤目的是一樣的）。這些潛藏的錯誤目的會導致成人出現不當行為，進而影響孩子。在進一步探討這個現象之前，先來看看現實生活中一些家庭的情況，以便瞭解成人的不當行為對孩子產生的衝擊。

實際案例

喬家就寢的時間到了。對媽媽來說，晚上就寢前這段時間實在很困擾。媽媽的生活型態偏好是「安逸」，不想因親子爭執而給自己帶來壓力，她寧願讓孩子玩到累了，自己在地板上睡著，然後再抱上床。她的偏好是要去避開生活中的壓力和情緒困擾，因此她相信，就寢前不要引發親子衝突，可以帶來平靜。

但是，爸爸的態度不同，他的生活型態偏好是「控制」，他相信固定的作息對孩子很重要，而且他願意擔起責任，盯著孩子按表操課，每個人都按時穿好睡衣、仔細刷牙，準時上床睡覺。他相信唯有自我控制、控制全局、控制他人才能避免羞辱和批評。

喬氏夫婦面對難處理的情況時，採用了不同的方式去回應。孩子們對爸媽不同的行事風格也覺得不知所從，因此更刺激孩子去挑戰父母的規定，進一步引發不當行為。追求「安逸」生活型態的媽媽想要避免痛苦和壓力，但她卻導致孩子沒辦法學習到「設立界線、井井有條」的生活習慣，使孩子以為自己可以為所欲為，不用遵守任何社會責任。

生活型態偏好是「控制」的家長，深信自己可以透過操控（操縱情勢、自我要求、操縱他人）來避免批評和羞辱。他們傾向太嚴苛，也沒有花時間與孩子一起制定界線。這樣會使得孩子感到挫折，於是決定叛逆。另有些孩子選擇投降，以為他們這輩子都必須討好別人，才能被愛。

什麼是生活型態偏好？從哪來的？它如何影響父母的教養風格？它會對孩子造成什麼衝擊？回答這些問題之前，先看看以下這家人的故事，同時檢視兩種生活型態偏好。

實際案例

沈家就寢時間到了。媽媽認為孩子應該準時上床，於是開始對孩子說教，要他們做出「正確的事」。但是孩子不肯聽她的說教，因此媽媽覺得很挫折。孩子們不聽她的話，真不乖！媽媽的生活型態偏好是「優越」，為了達到優越，她覺得生活裡面不可以容許任何沒有意義的事情，她相信「做正確的事」可以讓生活有意義。

爸爸的方法完全不一樣，他覺得孩子快樂就好，上床睡覺很簡單啊。他的生活型態偏好是「取悅」，為了讓事情取悅，他嘗試用愛來說服孩子乖乖上床。他和孩子一起玩換睡衣遊戲、刷牙遊戲；他為孩子朗讀床前故事，幫孩子倒一杯又一杯的水，無止境地不斷來個「睡前最後一次抱抱」。他覺得，若孩子覺得上床睡覺時間很有趣，若他能討好孩子，他就可以贏得孩子的愛，不被孩子拒絕。

這對夫婦的風格極為不同，會引發孩子不斷試探父母。以「優越」為生活型態偏好的家長不知道的是，他們要求「做正確的事」和「不可以做不重要、沒有意義的事」，結果會導致孩子覺得自己不夠好，不知道自己到底該怎麼做才能符合爸媽的期待。這樣會讓有些孩子傾向於受挫折、想放棄，而有些孩子則為了追求父母無條件的愛，不惜逼著自己非常非常努力，付出高昂的代價。以「取悅」為生活型態偏好的家長則想要避免拒絕，可是他們努力討好孩子，卻使得孩子得寸進尺，甚至產生「只有在別人照顧我、給我想要的一切時，我才有歸屬感」這種錯誤觀念

雖然這些是極端的例子，但大多數的父母應該都能辨識出自己的某些傾向，這也說明了生活型態偏好的問題：家裡每個成員的個性、想法、心底的信念都不一樣，要瞭解每個人行為的原因以及彼此之間的互動關係，實在很難。幸好，只要具備相關的知識，只要意識到這些問題，就可以對我們有很大的幫助。

本書先前花了不少篇幅說明孩子行為背後的信念。本章將依據以色列的阿德勒學派心理學家聶拉．凱弗發展出的生活型態偏好理論，討論成年人的決定和行為是如何影響孩子。家長和老師們都必須瞭解，自己的生活型態選擇是如何影響了自己的教養、教學風格，又會對孩子的生活型態選擇產生什麼影響。這點真的很重要。

每種不同的生活型態各有優點和缺點，都會影響我們的親子互動。只要瞭解我們的生活型態，我們就可以強化它的優點，避開它的缺點（至少有些時候可以避免缺點）。但是，第一步是要先建立我們的理解。

生活型態偏好是什麼？

你從小到大累積了許多潛意識的抉擇，整體加總之後就塑造了你的生活型態偏好。現在，你的孩子正在發展他們的生活型態偏好。生活型態偏好不代表你是怎麼樣的人，但確實能夠看出你這輩子曾經做過哪些抉擇，這些抉擇如何影響了你對於歸屬感、價值感的尋求。

成年人其實有「主要生活型態偏好（當你的歸屬感和重要性受到威脅的時候，你會怎麼做）」以及「次要生活型態偏好（當你感到安全的時候，你的一般行為）」。本章的資訊可以幫助你辨識出你的主要及次要生活型態偏好。

控制型的生活型態偏好：對孩子的影響

大多數人都想要擁有生活型態偏好的優點，但不想要它的缺點。例如，大多數人希望能掌控自己的生活，不希望受到批評和羞辱。但是，控制型生活型態偏好的人，卻比其他類型的人更無法忍受批評與羞辱，這是程度上的問題。控制型生活型態偏好的人相信，如果能好好控制，就可以避免遭受羞辱（請記住，這是個人信念，並非真實）。同樣的一個情況，可能會讓控制型生活型態偏好的人感到羞辱，但另一種生活型態偏好的人則會一笑置之。這是感知不同的問題。值得注意的是，「控制其他人」往往不是控制型生活型態偏好者的重點，他們想要掌控的是他們自己以及外在情勢，藉此產生安全感。可是，孩子們很容易就把這些動作詮釋成對自己的控制，因此引發叛逆。曾有位家長在正向教養工作坊中理解了這個道理，然後恍然大悟拍了自己的額頭說：「現在我終於明白我的小孩想要告訴我的事，以及他們為什麼這麼叛逆的原因了。」

優越型的生活型態偏好：對孩子的影響

許多人想要追求卓越，不太喜歡沒意義、不重要的事。可是，對於優越型的生活型態偏好者來說，他們願意付出一切代價，只求避開沒意義、不重要的事。另外值得注意的是：優越型的生活型態偏好者，並不想要表現得比別人強，他們只是有這種錯誤的觀念：「我必須比別人更優越，否則就是我不夠好。」而這種錯誤觀念，會讓孩子一直感到自己不好。有個家長在工作坊中理解了這個現象之後驚呼：「噢，天哪！我一直告訴孩子說，只要他願意嘗試，就會做得更好。其實，這樣只是更加讓他覺得自己不夠好！我只希望能夠鼓勵他，而不是打擊他。」

安逸型的生活型態偏好：對孩子的影響

幾乎每個人都想追求安逸的生活，不要有情緒上和生理上的痛苦及壓力。但是，安逸型生活型態偏好者幾乎是把心力完全放在「避免痛苦和壓力」之上。雖然其他人也不喜歡痛苦和壓

表 10.1 四種生活型態偏好：平靜、控制、討好、優越

偏好類型	最害怕的事情是	他們相信，為了躲避最害怕的事，應該這樣做：	優點	缺點	不自覺地造成他人	創造以下的情況，卻又抱怨這種情況
安逸	感情和生理的痛苦；他人的期待；被他人逼入絕境	尋求安慰；尋求特別服務；讓他人感到舒適；選擇輕鬆的方式	平易近人；要求少；自掃門前雪；和事佬；溫和；具同理心；可預期	不發揮才華；限制產能；迴避個人成長	煩惱；不適；無聊；不耐煩	衰退的產能；不耐煩；缺乏個人成長
控制	羞辱；批評；意料之外	控制自我和他人或情勢	領導力；有組織；有產能；堅毅；積極；守規矩	太僵化；不鼓勵創意、隨興、人際親密	叛逆；抗拒；挑戰；挫折	朋友少且欠缺親密感；覺得拘謹
取悅	拒絕；遺棄；麻煩	討好他人；主動—要求肯定；被動—引發同情	友善；體貼；妥協；不具侵略性；自願	不詢問他人的喜好；不照顧自己	以歡樂開始但卻強力要求肯定和回饋	對自己和他人都缺乏尊重；怨懟
優越	無意義；不重要	更盡力；力求表現；要是正確的；更有用；更有能力	知識淵博；理想化；堅毅；公益；完成度高	工作狂；負擔過重；過度負責；過度參與	感覺無能以及罪惡感：「我要如何才配得上？」；說謊以避免被評斷	被淹沒；沒時間：「什麼都要我做。」

力，但他們不會把自己的生命基礎奠定在「沒有痛苦和壓力」之上。這種偏好會讓孩子被寵壞，要不然就是需索無度。正如一位母親所說：「真糟糕。現在我明白為什麼自己的壓力總是那麼大了。我沒有教導孩子該如何照顧自己，並且協助他做出貢獻。我真的顛倒因果了。」

取悅型的生活型態偏好：對孩子的影響

很少有人喜歡被拒絕和排斥。但是，當擁有取悅型生活型態偏好的人感到不安全時，「避免被拒絕」是最重要的考量，也是他們行為的基礎。這樣的結果，很有可能誘使他人佔便宜，或是厭煩了取悅型偏好者的不安全感。正如一位父親說的：「怪不得我的孩子都不感激我為他們所做的一切。我以為孩子們不知感恩又不知體貼，現在才知道，原來我才是那個不體貼的人，從沒有問過、瞭解過他們的想法以及真正想要的是什麼。」

為了追求歸屬感，結果卻適得其反

有趣的是，不管是哪一種生活型態偏好所產生的行為，往往會製造出與原始意圖相反的結果。例如，想樣取悅孩子的父母（或老師）可能會失敗，因為他忘了檢視取悅孩子是否是孩子想要的。想要尋求安逸的父母或老師卻帶來了壓力，因為他們想要避開眼前會造成不舒服的做法，結果造成孩子需求無度（不願和成人合作），等於是在日後創造出更大的壓力與不舒服。

有些成人以為自己必須出面來掌控情況，結果卻導致孩子叛逆，因此帶來了批評和羞辱。有些成人不斷追求優越、不斷避免沒有意義的感覺，到頭來卻創造出最糟的一種「無意義感」——他們驚覺孩子老是覺得自己不好，或孩子想要仿效父母，在生活中過度想去證明自己，結果付出了太可怕的代價。

不管是哪一種生活型態偏好，它們背後的重點都是在追尋歸屬感和價值感。但是，正如許多孩子在追求歸屬感和價值感過程中選擇了錯誤的目的，許多成人也選擇了錯誤的方式，因此創造出反效果。我們的不當行為帶來了人際關係的隔閡，而不是我們想要的歸屬感和價值感。幸好，只要我們意識到這些問題，加上一點幽默感，就可以幫助我們克服這些錯誤的信念和行為，讓我們更有效地幫助孩子，幫助自己。

如何辨識出你的「主要」偏好

當孩子們去感知外在的世界，從而得到結論，形成一些基本的想法（因為某某情況，所以我必須要……）的時候，他們的人格偏好就漸漸形成了。以下例子說明了在相同的情況下，孩子可能會做出不同決定：

- 因為我還小，他們很大，所以我必須讓別人照顧我。（安逸型偏好）
- 因為我還小，他們很大，所以我要控制好自己和外在情勢，免得被羞辱。（控制型偏好）
- 因為我還小，他們很大，所以我必須討好別人才會被愛。（取悅型偏好）
- 因為我還小，他們很大，所以我要更努力，表現得更好。（優越型偏好）

這些人生早期的決定所產生的結果，會在未來顯現出來。你在三歲時所做的決定，決定了你未來一輩子的人生藍圖。想到這裡，你會不會有點害怕？

你一輩子的人生藍圖

如果你要蓋豪宅，你會請一個三歲小孩幫你畫藍圖嗎？這麼荒謬的事應該會讓你哈哈大笑。可是，你的人生藍圖基礎，正是幼年的你所繪製的。事實上，你從生下來的那一刻就開始規劃自己的人生藍圖了，只不過和絕大多數人一樣，你早就忘了嬰幼兒時期的你所做的決定。不過，三歲的你、四歲的你和五歲的你，早就一再確認過了你的人生藍圖（雖然當時的你不知道）。接下來，六歲到十歲的你，又在潛意識裡增添了一些規劃，繼續發展著你的人生藍圖。青春期的你可能是出自好玩（賀爾蒙暴增，加上一些有的沒有的青春期現象），又加上了一些決定、想法、感受、態度，就這樣完成了你的人生藍圖——這樣規劃出來的藍圖會有缺陷，應該不意外吧？畢竟你當時只是個孩子，或是個青少年，從沒受過人生規劃的訓練，也缺乏足夠的人生經驗來客觀理解人生（這需要一點年紀才辦得到）。所以，你還能期待什麼？

若想要修正你的人生藍圖，你首先得瞭解自己的人生藍圖（也就是你的生活型態偏好）。若你瞭解人生藍圖，還能進一步偵知你的孩子正在為他自己做出什麼樣的規劃，而且在他們缺乏安全感的時候，你也能更瞭解他們的行為。如果你不知道自己的生活型態偏好是什麼，可以從以下的描述中，選出最適合你的：

- 我身旁的人都很自在時，我的自我感覺最良好。若周圍的人處在緊張、痛苦和壓力之下，我的感覺最糟糕。（安逸型）
- 唯有在事情依序進行、有組織的時候，唯有在我自己與外在環境都在掌控之下的時候，我的感覺最好。若我因為一些「應知道可知道卻不知道、應該做到可以做到卻沒有做到」的事情而感到尷尬、羞辱或遭批評，我的感覺最糟糕。（控制型）
- 當我能討好大家、避免衝突、讓生活有趣而平順的時候，我的感覺最好。當我覺得被拒絕、被排擠或是不被重視時，感覺最糟糕。（取悅型）
- 當我成功並且做出有意義的貢獻時，感覺最好。當我覺得沒有價值、無意義而且愚蠢的時候，感覺最糟糕。（優越型）

當你處於壓力（缺乏安全感）狀態下，上述說法最符合你的，就是你的生活型態優先偏好。重點是「處於壓力狀況下」這幾個字。在沒有壓力的情況下，我們都不擔心受到羞辱、拒絕、生活沒意義或痛苦。在平靜穩妥的生命裡，我們通常不會連結到很久以前的童年決定、行為模式和信念。只有在我們感受到壓力或是覺得不安全的時候，我們才會瞬間進入生活型態偏好的不當行為。這些不當行為，往往就是親子之間爭奪權力的根本原因。

我為什麼要說「感受到壓力或覺得不安全」呢？因為壓力的本相就是這樣。某件事會讓某人感到壓力，但卻對另一個人毫無影響，壓力來自於我們自己的想法。阿德勒說過這句名言：「除了你賦予的意義之外，你的想法毫無意義。」

如何辨識出你的「次要」偏好

或許你會說：「沒錯，我確實很想避免羞辱和尷尬，但我並不想控制他人或控制情勢。事實上，一般而言我是個努力討好別人的人。」如果真的是這樣，那恭喜你，你剛剛辨識出你的次要偏好了。

你平常的風格是討好，不過這是你的次要優先偏好，因為這是你在安全情況下的一般做法。唯有當你缺乏安全感或是感受到壓力，你才會採用「必須」的信念。這時你會放棄討好，改採控制，以求避免羞辱。

我們會選擇一種偏好，當成日常生活中（有安全感的情況下）的主要行為模式。這個時候的偏好，就是次要的偏好。當我們感到壓力、不安全或是受威脅的時候，我們通常會轉回到主要的生活型態偏好。換句話說，在不同的情況下，我們會從不同的偏好中選擇我們的做法，但這樣的目的永遠是要維持我們「必須有」的優先偏好。例如，控制偏好者可能會討好他人以求得到主控，也會努力追求卓越以維持掌控，或是讓人與情勢都很舒適以維持控制感。

父母、老師，與生活型態偏好的關係

每種偏好的優缺點，都會影響你身為父母的表現。瞭解生活型態偏好的目的不是要貼標籤，而是要提高你的意識，以便做出明智的抉擇，而不至於盲目仰賴你小時候的感受或決定（況且你早就忘了你小時候的這些感受及決定）。你若知道自己的生活型態偏好有哪些缺點，就可以發展出策略來超越這些缺點。你可以為自己的行為和抉擇負起更多責任，而不是表現出被害者的模樣。

「安逸型偏好」的優點與缺點

優點：安逸生活型態偏好的人比較平易近人，擁有社交能力，行為模式穩定可預測，這些都是孩子的典範。這種人的孩子或學生可以學到如何享受生活中的小確幸，有時間「聞聞路旁的花香」。

缺點：安逸生活型態偏好的人傾向溺愛孩子（因為溺愛是最簡單的選項）。尋求安逸的成人經常採用放任、放縱的風格，這樣會教出被寵壞的小孩，也可能導致課堂秩序失控。

正向教養的技巧可以這樣幫助你：安逸偏好的大人可以透過家庭會議或班級會議來讓教養更有效，讓孩子一起參與設定界線、創造生活規範、設定目標、解決問題等事。

實際案例

卡特太太的優先偏好是安逸。她給了孩子太多選擇，輕易接受孩子的要求，只因為這樣比較簡單。奇怪的是，選擇簡單的方式並沒有讓生活變得更輕鬆。她感到很大的壓力和不舒服（孩子們也一樣），因為他們只知道要透過感情勒索來進行互動（抱怨連連、亂發脾氣直到媽媽投降）。卡特太太不但沒有讓孩子覺得自在，還意外製造出高度壓力的家庭氣氛。

卡特太太瞭解了自己的優先偏好之後，終於明白她可以使用優先偏好的優點，而不必受限於缺點。於是她開始花時間教導孩子相互尊重，並訓練孩子們的生活技能，還提供孩子們機會去練習這些技能。例如利用零用金和孩子討論儲蓄與開支的概念，然後讓他們去體驗自己選擇的後果。

若孩子有什麼要求，她就列入家庭會議議程去討論。在家庭會議中她邀請大家一起討論如何透過孩子們的努力，來獲得他們所要的東西。全家人制定了早晨和睡前的該做的例行事務，還制訂計畫共同完成家事，又規劃了簡單的家庭出遊。卡特太太學到，她必須做出決定，例如選擇適當的幼兒園、確保孩子的安全問題、對孩子設定明確且一致的界線和期待。她發現，以下這些問題不可以問孩子的意見：回家走哪條路（高速公路還是一般道路）、要不要洗澡、周末有沒有空幫忙照顧外甥。做出這些決定，是她的責任。當她停止讓孩子負擔這些選擇，孩子的安全感就增加了。明確的期待可以讓孩子感到安全，但是卡特太太先前的做法會引起孩子的焦慮，完全和她追求的安逸相反。現在卡特太太心存感激，因為她知道若家裡的壓力越小，她就越自在安逸；而孩子們學會了能夠滿足他們需求的技能，也會變得更自在。

「控制型偏好」的優點與缺點

優點：擁有控制偏好的家長和老師擅長協助孩子學習組織技能、領導技能、堅持到底、積極向上、守法等事。

缺點：傾向過度僵化、操控孩子。過度操控會引發叛逆或抗拒，無法鼓勵孩子學習父母（或老師）想要教導的技能。

正向教養技巧可以這樣幫你：控制偏好的成人如果能瞭解自己其實太過於操控，如果能夠練習放手並提供孩子選擇，加上啟發式的提問、讓孩子更參與決策等技能，就可以更有效的教養。

實際案例

瓊斯太太的生活型態偏好是控制，她習慣告訴孩子去做什麼、怎麼做、什麼時候做。她不允許孩子回嘴。她真心相信，負責的父母就應該像她這樣。她的控制行為帶來了反效果，孩子們學不到自律、負責、合作和解決問題的技能。她的三個孩子當中，有兩個永遠在叛逆，盡可能在不受懲罰的情況下少做一點，並且不斷測試媽媽的界線。

表 10.2 生活型態偏好對教養和教學的影響

偏好	教養優點	教養缺點	需要補強
安逸	以身作則平易近人、圓滑處世、可預期性和享受簡單樂趣的好處	溺愛可能會導致孩子被寵壞、需索無度。更在意舒適而非「情勢的需要」。	制定生活常規；設定目標；一起解決問題；教導生活技能；讓孩子體驗選擇的自然後果；家庭會議。
控制	教導孩子組織技能、領導技能、堅持完成、積極態度、守法和時間管理技能	僵化；操控。可能誘發叛逆和抗拒，或是不健康的討好。	放手；提供選擇；啟發式的發問；讓孩子參與決定；家庭會議。
取悅	可能幫助孩子變得更友善、體貼和不具侵略性，調停、妥協、自願並且協助弱者	任人踐踏，斤斤計較（現在是你欠我了）。可能導致抗拒、憂鬱或是報復。	有信心孩子能自己解決問題；共同解決問題；坦承感情；學習給予與付出；家庭會議。
優越	展現成功與成就，教導孩子評估品質並推動追求卓越	訓話、要求過多；引發不夠格或是無法「跟上」的感受；只看到對錯，而非可能性。	放棄一定得正確的需求；進入孩子的世界並支持他的需求與目標；無條件的愛；享受過程並且發展幽默感；舉行尊重所有想法的家庭會議

瓊斯太太感到快要失控了（她最怕的就是失控）。這兩個孩子，似乎正在和她進行一場永恆的權力角力。

她的另一個孩子則變成討好者，努力想要達到媽媽的期望，透過討好來取得媽媽的肯定。只不過，他並沒有發展出成為快樂、成功的人所需的生活技能，反而失去了快樂的感覺，活在無法讓別人快樂的恐懼中。他成了追求肯定上癮者。

學到了生活型態偏好的道理後，瓊斯太太開始強調自己的優點，而不是缺點。她採用家庭會議讓孩子們參與解決問題。她學到如何使用啟發式發問，以便幫助自己和孩子探究他們的決定會帶來什麼樣的後果，以及如何從自己的錯誤中學習，同時間媽媽始終會給予無條件的愛。瓊斯太太不再掌控一切，她請孩子們參與建議，提出討論，以便解決問題。當她發現自己可以放棄操控時，她和孩子反而更有主控權了。

「取悅型偏好」的優點與缺點

優點：擁有取悅型偏好的父母和老師擅長協助孩子學習友善、體貼、非侵略性的行為。他們是和事佬，因為他們希望大家都快樂；他們擅長於協調，樂於幫助他人。他們也是弱者的代言人。

缺點：不幸的是，他們出錢出力，一味討好孩子和其他人，若對方並沒有給予相對應的回饋，他們就可能會感到憤怒和沮喪。被討好的一方也會感到厭惡，因為他們背負了「要感激、要回饋」的期待。

正向教養的技巧可以這樣幫你：學習到「克制自己想讓人家都高興的傾向」。其次，擁有討好偏好的父母和老師如果想要在教養上更有效，就應當先停止關注他人的需求，轉而照顧自己的需求，以便讓自己有更多可以付出。這樣的父母或老師必須要有信心，相信孩子們能夠讓他們自己快樂。而且父母也可教導孩子誠實面對自己的情緒，以及攜手解決問題的技巧。大人和孩子都可以學習表達自己的想法、感受及願望，而不必期待其他人也有相同的想法、感受或願望。這個道理用說的容易，要做出來就難了。其實，培養相互尊重的關鍵點，就是要學習重視每個人的需求（包括自己的需求）。

實際案例

史密斯先生的生活型態偏好是取悅。他花了大量的精力和力量想讓孩子對彼此、對鄰居、對祖父母、對教友、對老師親善。他好像更在乎孩子們彼此對待的方式，而沒那麼關心孩子會不會處理自己的感受。有時候孩子哭鬧，他會給孩子太多的特別照顧；孩子就寢前想要吃點心、聽床前故事，他就會努力討好孩子的歡心。結果，更多點心和故事都不能讓孩子心滿意足乖乖睡覺，這時他又勃然大怒。最後，他們家常常每個人氣沖沖地上床，誰都不高興！

史密斯先生很希望孩子能喜歡他，能肯定他父親的角色。他主觀覺得孩子也應該會想要討好他。可是當孩子們抱怨爸爸不在乎他們的感受時，史密斯先生完全無法理解。惡性循環就這麼出現：史密斯先生覺得，儘管他為孩子們做了這麼多事，但孩子們卻不在乎他的感受。

對於生活型態偏好的道理，史密斯先生有點半信半疑。可是，當他和孩子一起參與家庭會議，讓孩子一起參與解決全家共同的問題，這時家裡的氣氛整個翻轉了。史密斯先生和孩子們終於學習到如何直接說出情緒、表達感覺。全家人一起討論了「每個人體會到的現實不一樣」這個觀念，以及每個人對情況的解讀不一樣（而且無涉對錯）。全家人也分享了「每個人喜歡的事情不同」、「不要主觀以為，而是要開口問清楚，這樣才是尊重」等觀念。

他還發現一件很重要的事：必須要考慮自己的需求，以及考量情勢。他學會了採用溫和但堅定的態度回應孩子的睡前要求：「現在該睡覺了。你們的睡前慣例表上的下一件事是什麼？」一開始，這麼簡單的問題都要問好幾遍，孩子才肯聽，後來孩子瞭解爸爸是個言行一致的人，就不再試圖操控爸爸了。

史密斯先生終於發現，若他不先弄清楚孩子到底喜歡什麼，而只是一直想要用自己的方式去討好孩子，此時他無法讓孩子高興。現在，史密斯一家人已經習慣了彼此聆聽，詢問彼此的需求，而且誠實面對是否該答應他人的要求。史密斯先生學到了偏好和正向教養的技巧，使得他自己和孩子們都覺得自在快樂，大家都很高興——至少，絕大多數的時候。

「優越型偏好」的優點與缺點

優點：擁有優越型偏好的家長和老師，是絕佳的成功及成就典範。他們知道什麼是高品質的成果，他們鼓勵孩子追求高品質，他們擅長激勵孩子追求卓越。

缺點：他們的孩子會覺得父母一直要追求完美，實在很困擾。孩子們面對父母和老師的高度期待，經常會覺得自己能力不足。

正向教養的技巧可以這樣協助你：讓成人理解，不要過份要求孩子。太強調優越，往往會引發能力不足的感覺，無法激勵出追求成就的意願。擁有優越偏好的成人想要提升教養的效率，就該嘗試停止「事情一定要做對正確、一定要很棒」的要求（什麼是正確的，什麼是很棒的，往往都是依照大人自己的標準）。成年人可以好好練習進入孩子的世界，去瞭解哪些事情對孩子來說是重要的。成年人應該知道，「把事情做對」的方式不只一種；大人該做的就是確保自己的孩子知道，大人對他們的愛，是沒有條件的。

成年人也當以身作則，讓孩子知道「犯錯就是絕佳的學習機會」，聆聽孩子對於解決問題的想法，並且接受孩子的想法。有時候，優越偏好的成人會太強調最終的結果，以至於完全錯過了享受過程的樂趣。

實際案例

林先生的生活型態偏好是優越型。他常告訴孩子自己有多偉大，告訴孩子他期待他們也變得同樣偉大。他以為這樣就可以鼓勵孩子追隨自己的腳步，他把自己的信念投注在孩子身上，還期望孩子能超越他。林先生是個工作狂，經常忽略家人，只為了提供家人最好的生活。他不知道，家人其實真正想要的是和他共處（而且共處時他別要求太多）。

這位父親的優越型人格，其實反而有害於他的期待，造成他的期待落空（他期待孩子擁有卓越成就）。他有個孩子成了校內麻煩人物（孩子是這麼想的：如果自己不能達到父親的期待，成為最好的好孩子，那他至少可以成為最厲害的壞孩子）——這個孩子其實也發展出優越型偏好，只不過運作的方向恰好與父親相反。林先生還有一位孩子則變成了完美主義者，完全無法接受失敗，就算是贏了也沒辦法好好享受戰果，因為他處於經常的恐懼之下，害怕失敗帶來的尷尬與羞辱。

林先生理解了生活型態偏好之後，想要強調自己偏好的優點，於是和家人共同合作，學習帶著幽默感來討論犯錯，並且推動全家人可以共同參與的計畫。有時候，他們甚至冒著一起犯錯的風險，只不過是想要向自己證明，犯錯沒關係。林先生利用家庭會議改善自己與孩子之間的溝通方式，他們開始學習如何享受過程，如何在過程中合作，而不是把焦點放在「一定要有一個優越的成果」之上。

林先生停止了說教，開始請孩子參與討論，發表不同意見。他也和孩子們一起參與由他們共同設計的社區服務計畫。林先生發現，親子溝通改善了，他自己也因為和孩子一起學到了不少東西，而感到十分鼓舞。孩子們也受到鼓勵，而且有了新的表現：在家庭中，在學校裡，孩子們合作的程度增加了。

林先生成為孩子足球隊的義務教練。以前，他希望孩子擁有高超的足球技巧，他希望孩子拼全力練習足球，他尤其希望孩子懷抱強烈的得勝意志。現在，他的新觀點讓他看得更清楚：只要他願意鼓勵，所有的孩子都有潛力。他開始與隊上的孩子一起努力，和他們磨練踢球、跑步和傳球的技巧。他教導孩子盡力而為比贏得球賽更重要——這也是他學到的教訓。

他們贏了好幾場比賽，也輸了好幾場比賽，但是林先生發現，他最大的喜悅來自於團隊所展現出的態度。他們一起努力，並且享受努力的成果。

如果生活型態偏好是互相衝突的話……

前面段落中，我們討論了若父母和老師瞭解自己的生活型態偏好以及正向教養技能，會產生什麼樣的結果；我們也討論了，如果父母及家長理解到生活型態偏好，再輔佐以正向教養的技能，可以減少親子、師生的衝突。還記得本章第一個實際案例當中，喬氏夫婦相互衝突的風格嗎？阿德勒說過：「異性相吸容易，生活相處就難了（Opposites attract, but they have difficulty living together.）。」風格不同的人彼此吸引，是因為在對方身上看到自己沒有的特質。可是，有時候有些特質在剛認識的時候看來可愛，等兩人結婚後又變得如此可恨可惱。

實際案例

大衛和蘇珊是在滑雪時一見鍾情的，兩人關係發展飛快。大衛的態度輕鬆，風格平易近人，相處起來令人感到愉快。看著他輕鬆自在衝下滑雪道，實在迷人。蘇珊聰明美麗，談吐大方又滿腦子創意，是大衛平生僅見最有才華的女子。兩人有許多共同點，又都熱愛滑雪。

只不過，兩人都沒想到，初識時曲折起伏的滑雪道，最後竟然預示了他們未來的關係與長子誕生後的衝突。

大衛的優先偏好是安逸型，蘇珊則是優越型。通常會吸引我們的，就是我們自己沒有的特質。大衛從不干擾蘇珊的職場活動，事實上他鼓勵蘇珊追求成就。畢竟，她的野心和動力，可以讓他的日子更輕鬆。大衛平易近人的魅力和輕鬆自在的態度，正好和蘇珊崇高的目標及努力不休的風格，形成完美的對比。

兩人的第一個寶寶誕生了（此時兩人都不瞭解生活型態偏好的道理）。這個寶寶似乎有種特異功能，可以讓大衛感到不自在，讓蘇珊覺得自己不完美。寶寶也有能耐讓兩人為了教養方式和風格吵個不停。爸爸太鬆，媽媽又太嚴。至少，那是大衛與蘇珊對彼此的看法。

後來有個善心人向他們解釋了生活型態偏好這件事，大衛與蘇珊的生活才開始反轉。他們參加了家長課程，兩人齊心協力，努力合作教養孩子。他們專注於欣賞自己的優點（他們各自生活型態偏好的優點，正是當年彼此吸引的原因），努力改進缺點，並且相互理解，相互支持，不再相互批評。尤其讓他們高興的是，他們剛學到的正向教養技能，不但符合他們的個性風格，更能夠幫助他們達成雙方最想要的目標：一個快樂的家庭。

當我們學會將缺點變成優點時，我們就會成長；當我們有了洞見和覺察，知道了問題在哪裡，則我們的成長就會格外有意義，格外令人興奮。我們若能瞭解自己的生活型態偏好，瞭解這種偏好如何影響我們的親子關係，那麼接下來藉著耐心和時間的磨練，我們就可以成為最棒的父母，最棒的人。

本章重點

請利用以下的活動來協助你瞭解自己的生活型態偏好是什麼。若和一群人共同學習，效果更佳。你們可以把小組擁有相同偏好的人集合在一起，共同完成以下的活動。

1. 製作一張汽車保險桿貼紙
2. 你的優點（小組成員覺得大家最常見的共通點）
3. 你的缺點（小組成員覺得大家最常見的共通點）
4. 你擁有的偏好類型，會引發孩子什麼樣的反應
5. 哪些改善步驟，可以提升你的生活品質，改善你的親子關係

生活型態優先偏好活動

無意義與不重要 □

批評和羞辱 □

排斥與遺棄 □

壓力與痛苦 □

1. 右側的空格內，依據你對圖內文字的形容，填入 1 到 4 的數字，代表你對該組形容的

喜好。1代表最不喜歡。這組圖文，從上至下，分別代表優越型、控制型、取悅型和安逸型的生活型態偏好。

2. 我的主要生活型態偏好是＿＿＿＿＿＿（填入數字1的方框）
3. 我的次要生活型態偏好是＿＿＿＿＿＿（填入數字2的方框）
4. 根據我的生活型態偏好，我的汽車保險桿貼紙應該寫著：＿＿＿＿＿＿
5. 我最大的優點是：＿＿＿＿＿＿
6. 我最大的缺點是：＿＿＿＿＿＿
7. 我的生活型態偏好會引發孩子：＿＿＿＿＿＿
8. 改善的具體步驟：＿＿＿＿＿＿

第11章　綜合運用

本書絕大部分的原則，都需要用成年人的態度去理解基本概念，然後才能加以運用。這些原則加總之後，就成了一個絕佳的工具箱，裡面的工具可以幫助孩子發展出一輩子都有益的性格。世界上並沒有一個可以讓每個孩子、每種情況都適用的萬能工具，所以大家別擔心，可選擇的方法其實很多。本章提到的許多工具，雖已在先前的篇章中談過，但本章列出了許多新案例，可以說明教養問題當中的親子互動，讓你理解如何把這些不同的工具綜合起來應用。

浴室的使用技巧

前面提過，可以用積極暫停來當冷靜期。請記住，冷靜期的目的是讓你等到可以運用「理性大腦」的時候，再來解決衝突，而不是在衝動的「爬蟲腦」狀態之下去嘗試解決問題。與其去想著該如何讓孩子暫停，其實家長先撤退，可能會比較有幫助。

在你自己離開現場之前，先向孩子解釋你的作法和原因（年紀小的孩子可以透過你的行為來理解你的意思）。事先也可以用家庭會議或者一對一溝通的時機，為此進行說明。你可以告訴他們：「我生氣的時候，會去找個地方平靜一下，等我情緒變好，我們就可以一起找出一個彼此尊重的解決方法。」在孩子眼中，這是你最佳的身教。

父母最佳的冷靜地點就是浴室。德瑞克斯的「浴室技巧」很有名，他建議用浴室來暫停，因為浴室可能是全家唯一能上鎖的空間。如果你要在浴室裡待很長的一段時間才能冷靜下來，你就會盡量把浴室弄得舒服一點，放幾本書籍、雜誌或者音響……好吧，音響有點太過份，不過你懂的。

有些父母喜歡先沖個澡，或者如果有朋友、配偶可以幫忙照顧孩子，他們會選擇出去散步或購物。你也可以先和孩子約定好一個訊號，例如很誇張地扯頭髮、揮舞雙臂表示抓狂、擺出和平的手勢等等。

不管是哪種形式的冷靜期，最重要的就是尊重。你可以說：「我需要暫停，這樣才能好好照顧自己。等我感覺變好的時候，我的表現也會比較好。」別忘了向孩子保證，你只是暫時離開，不是拋棄他們；你只是想要照顧好自己的需求，因為你知道當大家都覺得好一點的時候，就比較容易用尊重、合作的方法來解決問題。

小說的使用技巧

老師不能離開班級，棄孩子於不顧。因此在發生衝突的時候，老師可以使用一種技巧，就是坐下來讀小說（用過的老師都說有效，但也有老師對於閱讀感到不自在。如果你的風格很適合閱讀，不妨試試）。

實施的第一步，是先告訴孩子你的計劃，讓他們明白你的工作是教書，他們的工作是學習。如果他們不願意做該做的事，你就無法做你該做的事。所以從現在起，只要他們破壞班級秩序導致你無法教學，你就會坐下來讀你的小說，直到他們讓你知道他們已經準備好做自己該做的事，這時你才可以做你該做的事。

有些老師不喜歡這種方法，因為他們無法忍受「事情在變好之前，可能會先變得更糟」這個階段——孩子們會刻意測試一下界線在哪裡，此時場面會變得非常混亂。但是，孩子們不久就會安靜下來，讓老師知道他們已經準備好要學習了。在有些班上，學生們根本沒有刻意測試界線在哪裡，他們只是單純的不知道「自己表現出很不尊敬的行為」這個事實，直到他們注意到老師開始看小說了，才驚覺自己已經太過份了。只要他們觀察到老師的肢體訊號，就會立刻安靜下來。

這個方法要行得通，必須有一個條件，那就是老師已經贏得了學生的尊重和欣賞，因為在這個情況下，師生的互動比較有效率，孩子們也已經做好準備了。還有，這個方法最適合小學階段的孩子。若用在青少年身上，可能只會對老師帶來災難，因為青少年更在乎同儕的認可，而不是成人的肯定。

實際案例：老師的積極暫停

賴老師是四、五、六年級的特教老師。他得到校長的允許，可以在學生不守秩序時暫時離開教室。他首先向學生解釋，若他們還沒有準備好要學習的話，他就會先離開；等到全班都準備好了，學生們就可以到教師休息室請他回教室。宣布的第一天，學生就吵到連老師的吼聲都快聽不見了。這時賴老師帶了教學助理，端起咖啡杯就離開教室了。

賴老師雖然坐在教師休息室裡，但心情非常緊張，他不知道這個辦法是否有用，也無法想像孩子們在班上會做出什麼樣的事。三十分鐘過去了，孩子還沒有來找他，這時他開始懷疑自己是否已經搞砸了。

四十五分鐘之後，有個學生走到教室休息室告訴賴老師，同學們準備好請他回來上課了。接下來的幾天，孩子們都非常配合，這點讓賴老師很驚訝。等到下一次孩子們再度失控，賴老師和助理又端起咖啡杯準備離開。沒想到孩子們立刻安靜下來，說他們準備好了。在這邊要注意一點：賴老師向來就為孩子們所喜愛和尊重。而現在賴老師要表現的，是他如何自尊自重。

另一個特教老師聽到了賴老師成功的例子，於是也拿出相同的措施。這位老師回報說，二十分鐘後學生就帶著一份簽名的請願書來找她，表明他們準備好要配合了。

還有一個老師也採用同樣的方法，卻忘記告訴學生他人在哪裡。學生們到老師的辦公室找不到人，於是學生就用學校內的公播系統呼叫老師。

如果你任教的學校不允許老師這樣做，那你就別嘗試這種方法。因為有些校長不願意這樣冒險。

孩子的積極暫停

對一位受挫的孩子來說，一段冷靜時期非常有用——如果事前已經和孩子說清楚積極暫停的原則，而且孩子也參與規劃、設計出一個專用區來幫助他改善情緒。當孩子情緒不穩的時候，父母或老師就可以這樣詢問：「請你先去積極暫停區域待一下（或你們自己約定出一個特別的稱呼），這樣會不會有幫助呢？」

前面提到的浴室技巧和小說技巧的優點是由大人來決定該怎麼辦，而不是要求孩子做什麼。但是許多父母和老師喜歡使用孩子的積極暫停方法，因為他們覺得自己正忙著煮飯或上課，此時要自己退到浴室裡實在有點不方便（不過，有時候大人短暫的不方便只是一個微小的代價，可換回孩子學習到責任及合作，也可讓孩子體會到「我有能力改變情況」）。

在這裡，我們必須再度強調本書一開頭說過的一個概念：「大人怎麼會瘋狂到以為：為了要讓孩子表現得更好，我們必須先要讓他們感覺更糟？」大多數的成人誤以為，叫孩子回房去的重點是在於讓孩子受苦。「你回房間去想想自己做了什麼事！」這種語氣代表後面還有一句話：「然後你就好好受罪吧。」

難怪曾有位家長說：「把孩子趕回房間一點用都沒有。他根本很喜歡回房間一個人。」我當時告訴那位家長：「好極了。這樣才會有更好的結果。」我建議父母們要在平靜、愉快的情況下，教導孩子積極暫停（如第六章的內容）。父母可以這樣對孩子說：「你焦躁或生氣的話，請回到自己的房間去做一些讓你感覺比較好的事，你可以看看書、玩玩具、聽音樂或睡覺，這樣可能會有幫助。等到你情緒比較好的時候再出來，我們再一起找出解決的方法。」有些家長會擔心，這樣等於是鼓勵孩子的不當行為，表面上看來或許是這樣。但只要能夠等到大家都平靜下來，再來解決問題，那情況就不一樣了。請參考《積極暫停與五十種避免在家裡及教室引起孩子爭奪權力的方法》（Positive Time-Out and Over 50 Ways to Avoid Power Struggle in Homes and Classrooms 暫譯）一書，當中說明了如何讓孩子參與創造積極暫停區域、如何讓他們「自主選擇」進入該區域（而不是被強迫趕進去）的方法。

三歲以下的孩子還太小，不適合實施積極暫停，但是父母可以和他們一起進行積極暫停。小安才一歲多的時候，只要開始出現不當行為，她媽媽就會帶她回到臥室，把她抱在大腿上，讀一段故事給她聽，然後再帶出來。如果她亂發脾氣，媽媽就會靜靜坐在床上，讓她發洩情緒。等到她平靜下來，媽媽就會說：「妳現在準備好要擁抱了嗎？」

請記住，這不是在獎勵孩子的不當行為。這是以尊重的方式以身作則，讓孩子學習如何在生氣的時候處理自己的情緒——可以生氣或有任何情緒，但是不可以為所欲為。這種方法的基本概念就是，鼓勵才是改善行為的最強大動機。此外，這種方法也考慮到兒童的發展——才一歲多的孩子，其實並不瞭解因果關係，也不瞭解複雜的「控制好自己的行為」這一套，所以不必懲罰他們。

若小安表現出「挫敗的行為」，例如一直哭嚎，或是想要「測試父母的界線」，例如在沙發上跳來跳去，媽媽就會溫和且堅定地把她帶進房間，和她一起坐下來。有時候，媽媽還會讓小安參與，請她去拿計時器，然後請小安試試看設定一段時間，好讓她的情緒改善（其實，這就是分散小安的注意力）。有時候，媽媽會提供選擇：「妳想要自己回房間，還是我陪妳，等到妳心情好轉？」

小安四歲的時候，已經很熟悉這個積極暫停的方法了。每當她需要時間冷靜下來改善情緒時，她已經學會自行回房間，或是要求母親和她一起。有時候她也會哭或是嘟嘴一陣子（因為她學會了：她可以有情緒的），然後才表示她的情緒已經平靜下來。也有些時候她會在房裡玩一會兒或是睡個覺，等她出來時，已經準備好拿出新的行為，或是努力尋找一個值得尊重的解決方法。這時候的小安，已經能夠利用積極暫停來做到自我控制，因為她並不覺得自己是被「趕回房裡去」的。

有一天，媽媽剛開完刀，沒有力氣陪小安回到臥室做積極暫停，這時媽媽首度體會到浴室技巧是多麼有效（媽媽自己進行積極暫停）。那天小安剛好為了小事在咿咿唉唉，媽媽於是緩步走進浴室，小安跟在她後面一直敲門哭喊：「妳快點出來！」幾分鐘後，媽媽聽到小安開始控制她的哭號，然後用愉快的聲音說：「我準備好讓妳出來了。」

媽媽出來時告訴小安：「我很高興妳準備好了。我很喜歡和妳在一起。我們乾脆把『隨便亂哭』這件事拿到家庭會議去討論，這樣我們就可以一起想個很棒的解決方法。」

大人要決定自己該怎麼做，不是決定你要孩子們怎麼做

叫孩子回房間（或其他的要求）有個潛在危險：如果孩子們拒絕了，父母可能就此製造出權力的爭奪（親子之間的權力鬥爭）；另外，如果孩子們認為這是懲罰，而且又覺得受傷，此時可能會展開報復循環的開端。對年紀比較大的孩子來說，這個潛在危險的機率更高。要避免這個風險，你可以讓孩子透過你的行為（而不是透過你叫他們做的事），去學到自然後果或邏輯後果。

實際案例

邦妮嫁給一個單親爸爸，他有六個孩子，最大的八歲，最小的是兩歲的雙胞胎，孩子的生母已經去世了。要為這六個孩子找保母，真是麻煩事一件，連那些很想要就業的保母都待不久，所以在邦妮成為這家人的新媽媽之前，這些孩子缺乏穩定的教養。這一點在用餐時間尤其明顯：孩子們又吵架又打架，還拿食物互相投擲。

邦妮學過正向教養原則，但沒有實做的經驗，現在機會來了。她做的第一件事就是舉

行家庭會議。她並沒有討論孩子用餐時的表現，她只是要求大家決定，食物上桌後需要多少時間用餐。大家討論後決定十五分鐘就足夠了（孩子們在討論時忘了打架、吵架和扔食物需要多少時間）。孩子們很高興地同意新的家規：晚餐在六點上桌，六點十五就撤掉。

第二天晚餐時間，邦妮和丈夫對於孩子的打鬧視若無睹。六點十五分一到，邦妮就開始收拾餐桌。孩子們抗議說自己還沒吃完，邦妮溫和且堅定的回答：「我只是遵守我們大家都同意的規則。我相信你們可以忍到明天早餐時間。」接下來整個晚上她拿著一本小說，戴著耳機坐在冰箱前。

次日晚上和前一天晚上完全一樣，孩子們忙著測試新媽媽是否來真的。第三天晚餐時間，孩子們已經知道她是來真的了，大家都忙著吃東西，沒時間吵架、打架、扔東西。

這個故事有個很棒的後續。六年後我有機會和這六個孩子相處（這對夫妻去渡假了）。孩子們負責且能幹，我整個周末都不需要做任何事。所有的餐點都是孩子們自己準備的，所有的家事都是孩子完成的，完全無須我的介入。孩子們還把他們的餐飲計畫、家事計畫表都拿給我看，他們在每個月第一次的家庭會議中就計畫好一整個月的菜單，每個人都要輪流負責弄晚餐（除了邦妮負責所有的採買，以及長子要練習足球）。

我問孩子們，他們家的運作是否永遠這麼順利？孩子們說：「才沒有。」一個女孩說，他們以前規定負責燒飯的人不需要清理廚房，結果負責清理的人老是抱怨燒飯的人把廚房弄得一團亂。後來他們改變了規則，燒飯的也要負責清理。從此就沒人抱怨了，而且大家也可以等比較久，才輪到自己洗碗、做晚餐。

上面的案例會成功，原因在於以下六個重點：

- 事前就讓孩子知道你要怎麼做。可能的話事前就講好，在哪些情況下你會採取哪些做法。
- 「溫和且堅定」指的是行為，不是語言。孩子們會測試你的底線，此時說得越少越好。盡量閉上嘴巴，拿出行動。
- 你的表達方式，也應該溫和且堅定。
- 避免捲入權力爭奪（親子之間的權力鬥爭）或是報復循環。孩子們會盡一切力量測試你，讓你陷入以往的行為模式。
- 堅定實施計畫。在過程中，若你忽視孩子的不當行為，有時候看起來好像是讓他們逃脫了懲罰。其實，懲罰只能獲得當下的結果，但你採用的新方法能幫助孩子發展出負責任的技能，還有許多未來他們需要的生活技能（長期結果）。

• 情況在好轉之前，會先惡化。要以行動堅持你的新計畫，孩子們就會學到新的反應能力和負責態度。

關於「大人要決定自己該怎麼做，不是決定孩子該怎麼做」這件事，以下還有一些例子：

不要強迫孩子把髒衣服放入洗衣籃內。你只要決定：你只清洗放在洗衣籃內的衣物。孩子需要乾淨衣服的時候卻找不到，這時他們很快就能從這個「自然後果」當中學會了。

不要嘮叨孩子們去清理廚房。你只要決定：廚房沒有清理乾淨之前，你不煮飯即可。想想看，你一面等待，一面讀本好小說，實在很享受。一開始，孩子可能會覺得很棒，肚子餓的時候自己做花生醬三明治就好了。但不久之後三明治就沒吸引力了，他們很快就會明白：需要雙向的合作，才能享受到美食。

不要把這個方法扭曲成權力鬥爭或是報復循環。有些家長誤解了這個概念，想利用這個方法來強迫或羞辱孩子去做出他們叫孩子做的事，或是利用這個方法來「復仇」（因為孩子們做了不應該做的事）。正確的觀念是，先別管孩子們做了什麼。換句話說，如果孩子選擇穿髒衣服，而不是負責地把髒衣物放入洗衣籃內，你也不要在意。如果孩子寧可吃花生醬三明治，也不想要清理廚房讓你燒飯的話，你也別在意。享受無須下廚的假期吧。

「先別在意」這件事，對父母和老師而言是極度有效的做法。除了別在意，還有一些後續方法可以使用，例如透過家庭會議和班會來解決問題、花時間訓練、啟發式提問、鼓勵等等。如果有些父母和家長真的做不到「先別在意」，也可以採取其他的方法，解決問題的方法永遠不只一種，我們還有其他的教養工具可用。教養工具越多，我們就越有效率。可以參考《正面管教：家長育兒百科 A-Z》（Positive Discipline A-Z）一書當中，有上千種非懲罰性的解決方法，可以預防孩子日後出現的行為問題。《正面管教：學校教師百科 A-Z》（Positive Discipline: A Teacher's A-Z Guide）一書當中，為老師們列出了一長串解決方案。父母和老師可以選擇自己覺得最能接受的方式，或是最適用於自己孩子和學生的方式。有些家長和老師在選擇積極暫停之際，會請孩子和他們一起閱讀書中針對特定不當行為的建議，然後一起選擇一個彼此覺得最好的解決方案。

情緒的暫時抽離

冷靜期的目的，是為了讓我們從眼前的情況中暫時抽離，等到情緒衝突結束，免得陷入權力鬥爭或報復循環。接下來，就可以理性地解決問題。無論是浴室技巧或是積極暫停，背後的原因都是成人和孩子若不離開衝突地點，那麼很難冷靜下來。但是，如果我們能夠暫時抽離情緒，避免涉入權力鬥爭的話，那也不見得一定要離開衝突的地點。

前面提過了邦妮和六個孩子的實際案例。邦妮和她先生在餐桌上實施「用餐時間十五分鐘」的新家規時，必須暫時抽離自己的情緒，才能忽視孩子們的不當行為。

我參觀過一個三年級的班會。那天我提早抵達，剛好看見老師把「情緒的暫時抽離」運用得極為有效。當時的課堂進度，正是要從數學活動改為閱讀，孩子們非常吵，秩序混亂不堪。我看到老師進入一種入定般的狀態，緊緊盯著教室後方的牆。孩子們也注意到了，彼此開始小聲說：「她在數數了。」這句話在學生當中傳開來，不久之後孩子們都安靜坐下。

後來我問這位老師：「妳最多數到多少？數到了以後，妳會怎麼做？」她說：「其實我沒在數。我只是決定，孩子沒安靜下來之前，我沒辦法進行教學，所以乾脆休息一下。我在等待的時候盯著牆，孩子們就以為我看著時鐘在計數。以前我一直吼要大家安靜，但同學們好像聽不見似的。現在我決定，在他們沒準備好以前，我就不教學。而學生們就很快就安靜下來了。」

情緒的暫時抽離，並不等於不愛孩子，這只是代表著暫時從衝突的情況中抽離。一切抽離方法的後續，都應該在冷靜期後接著實施鼓勵、訓練、重新引導方向或解決問題等活動。

如何不要讓早晨亂成一團

以下的故事說明了本書先前討論過的幾個概念、態度和方法，以及制訂日常慣例表的重要性。

丹妮家的早晨總是一團混亂，通常是這樣開場的：「丹妮拜託妳起床！這是我最後一次叫妳！我怎麼知道妳的課本在哪？妳把它放哪裡去了？妳衣服還沒穿，五分鐘之後校車就要到了！丹妮，我沒在開玩笑，這絕對是最後一次我開車載妳上學了。妳要學會對自己負責。」

如果這個場面聽起來很熟悉，那你應該很欣慰，因為這個場面每天在好幾百萬個家庭上演。丹妮又錯過了校車，而這也絕對不是媽媽最後一次開車送她上學。因為丹妮心知肚明，媽媽的威脅她聽過太多次，根本就毫無意義。

她的母親沒說錯，丹妮必須要學著為自己負責。但是，這樣的早晨亂象，其實是媽媽正在訓練丹妮越來越不負責任。媽媽不但沒有讓她練習負責，反而是訓練她如何精心策劃操控他人。媽媽不斷提醒丹妮要負責，但整個過程中媽媽才是在負責的人。只要母親不再干涉，讓丹妮承擔遲到的後果，丹妮才會學到負責的行為。錯過校車，丹妮可能得步行上學，老師或許會要求她補課。還有，如果丹妮自行規劃出她的早晨作息表，她可能會變得更負責。

日常慣例表

第七章提到，為了避免早上亂成一團，父母可以花時間訓練，讓孩子參與制定日常慣例表，將焦點放在解決問題之上，並且以溫和、堅定的態度去貫徹。

有日常慣例表的課堂運作起來要比沒有日常慣例表的教室順暢多了。若孩子參與了日常慣例表的制訂，執行時就會更有效。學生可以製作一張表格，列出日常的作息，懸掛在教室裡。然後，就讓日常慣例表來主導情況。當學生出現脫序行為，老師就可以問：「誰可以告訴我，現在我們該做什麼？」這時就會有學生去看日常慣例表，然後提醒全班應該要做什麼。這個方法很簡單，讓孩子擁有主控權，誘導他們合作，而不是讓老師試圖主控卻引發反抗。

如何不要讓睡前亂成一團

以下的例子也可以說明，若想避免早上的混亂，有部分必須依靠前一天的睡前慣例表。另外，也可說明花時間訓練、有尊嚴和尊重地貫徹實施這兩個概念。

費太太在馬修兩歲的時候，就花時間訓練他穿衣。她買了很容易穿脫的衣物給孩子，然後帶著馬修練習好幾次，等她確定馬修已經學會穿衣了，她就再也不讓馬修「訓練她，要她幫他穿衣服」了。

每天早上，費太太很早就把馬修叫醒，讓他有足夠的時間換衣服、吃早餐，然後爸爸上班時順便帶他去幼兒園。她告訴馬修，如果他沒有準時換好衣服，她會把衣服放在紙袋裡，讓他在車上更衣——這是很棒的邏輯性後果。

前一天晚上，這一家人的生活作息是這樣的：晚上七點之前，馬修先換好睡衣，吃了睡前點心，接下來進浴室。馬修很喜歡爬到小凳子上，幫全家每個人的牙刷擠好牙膏——雖然會有不少牙膏掉入洗手槽。家人進入浴室發現牙膏都擠好了，就會高喊：「謝謝喔。」

下一步就是媽媽或爸爸帶馬修回房間，選好次日要穿的衣物，這樣就完成了第二天早上的準備工作。爸爸媽媽會和馬修聊聊今天的生活，或者一起讀故事，然後蓋被子，親吻道晚安。這樣的作息，可以避免早上在時間壓力下找衣物的混亂，或是孩子要找的衣服卻找不到，要不然就是還沒洗。隨著孩子年齡越來越大，他也將學會在前一天晚上先收好課本、外衣和一切次日早上需要的東西。

馬修有自己的收音機鬧鐘會叫他起床。他喜歡在起床後跑到父母親的床上，和他們窩一會兒（這也等於是叫他們起床）。大家都起床後，馬修就回到房間換衣服，然後到廚房協助早餐。費太太一家人都有早餐的工作，而且每週一次的家庭會議中會安排工作的輪替。馬修最喜歡打蛋——一個兩歲的小孩，只要有適當的訓練，就可以打蛋。如果馬修在早上提早完成作息，那麼在出門前可以玩玩具。

在一個寒冷又下雨的早上，馬修拖拖拉拉，該出門了還沒準備好。爸爸一隻手揪著沒穿衣服的馬修，另一手夾著馬修裝衣物的大袋子，冒著大雨走到車旁，剛好碰到鄰居出門拿報紙（當你在教育孩子什麼是責任的時候，有時候無法顧及他人的眼光）。

馬修一路哭到學校，爸爸只是溫和地說：「如果你希望的話，我可以把車停在路邊，等你穿好衣服。」但是，馬修只是在測試爸爸的立場，所以衣服有沒有穿好，並不是他的重點。到了學校，老師（也知道正向教養的原則）溫和地對他說：「嗨，馬修，你還沒穿好衣服。請把衣服拿到我的辦公室，穿好就可以出來了。」馬修也照辦了。

一個月後，馬修又測試了一次。這一次他穿著睡衣，並且在抵達學校之前就把衣服換好了。此時他已經學到了哭沒有用。後來馬修大部分的時間都能在早上準時換好衣服。雖然有幾次媽媽注意到他又在拖拖拉拉了，於是說：「看起來你決定要在車上換衣服了。」但馬修很不喜歡在車上換衣服，所以他就會趕快換好衣服。其實，媽媽甚至不必提醒，可以讓馬修自己去體會邏輯後果。

有些人會質疑，他們覺得小孩身上連衣服都沒穿好，就帶到學校，等於是羞辱孩子。但我保證，馬修根本不在意。當然，孩子年紀大了，你也不能這樣做了。

在爸爸那一端，要注意不要讓這變成羞辱的經驗，亦即爸爸不應該「夾帶額外的意義」（見

第五章），例如歸咎和羞辱，到一個原本是單純的邏輯後果上。假設爸爸說：「你活該！下次你動作就會快點了。而且你害我今天遲到，每個孩子都會因為你沒穿衣服而嘲笑你。」那這就是羞辱了。

有位母親聽了上述這個故事，於是將這個方法稍加修改。她四歲的女兒早上沒有來得及穿好衣服，於是母親把衣服放在袋子裡，讓孩子穿著睡衣上車，把車開到幼兒園附近，接著告訴女兒：「甜心，我會在外面看得到妳的地方，等妳穿好衣服就進來。」瑟琳娜坐在車上嘟著嘴，五分鐘後穿好衣服進了幼兒園。

優質的睡前時間

孩子們把睡前時間弄得一團糟，部分原因是孩子們覺得父母想要擺脫他們。經過了漫長的一天，父母在晚上期待享受片刻安寧時光，這也是可以理解的事。然而，此刻卻得經歷睡前的一團大混亂。為了消除這種挫折，可以花幾分鐘來一場優質的睡前共享時間。

當孩子們感覺到父母急著擺脫他們，他們的歸屬感就受到衝擊，於是開始出現受挫的行為，如要一直要喝水、上浴室，或是哭鬧著說自己好害怕。若他們感覺到父母真的喜歡和他們共享優質的睡前時間，孩子們就會有歸屬感，也就不需要表現出不當行為了。

你可以和孩子分享當天最難過或最快樂的事，這樣能幫助孩子感到滿足。這樣的另一個好處是，家長也會感到滿足。這種分享成為睡前的例行事務之後，效果最佳。孩子和父母有一段優質的睡前分享時間，孩子就會感受到一種歸屬感，因為有人花時間傾聽他們，和他們分享。通常，這種滿足感就可以讓孩子快樂進入夢鄉了。

如何避免用餐時間一團混亂

有時候，用餐時間如戰場，讓你不禁懷疑孩子是不是寧願餓肚子，也不想吃飯。其實，並不是孩子想餓肚子，他們只是想要贏得與父母之間的權力爭奪。若孩子不想吃東西的話，父母怎麼逼也沒用，但還是有許多父母前仆後繼，想逼迫孩子吃東西。

威廉斯太太端出燕麥粥給四歲大的莎拉當早餐。不管母親怎麼責罵，莎拉就是不肯吃。於是威廉斯太太把燕麥粥放進冰箱，午餐時再拿出來。莎拉還是拒吃，於是到晚餐時還是相同的一碗粥放在桌上。

威廉斯太太是權威型的母親，處處主宰著莎拉。在這場權力爭奪戰當中，莎拉不知要如何勝出，只好在「不吃飯」這件事上贏過母親，這是她唯一可以感受到獨立和擁有權力的時候。而她甚至願意犧牲自己的身體，只求贏得這場權力鬥爭。最後，莎拉因為營養不良，罹患了佝僂症。

威廉斯太太帶莎拉去看醫生。醫生馬上就猜出問題所在。聰明的醫生建議：「把營養的食物放在桌上，妳吃妳自己的，別管她！和她談點愉快的話題，要不然就都不要講話。」

威廉斯太太難過極了，她因為愛女兒，所以一直逼她吃東西，她誤以為唯有透過不斷嘮叨，才能讓孩子吃東西，維持健康。結果她的做法產生反效果（正如許多想要操控孩子的方法一樣），達到了完全相反的目的。

幸好她接受醫生的建議，終止了用餐戰爭。莎拉的胃口一直都不大（她是個骨架小的孩子），但已經吃得夠健康，克服了佝僂病症。

許多在窮苦環境下長大的人都說，小時候吃飯時唯一的問題是「東西夠不夠吃？」如果有人不想吃，沒人會在意，這樣只會讓其他人有更多的食物可吃。在那種氣氛底下，孩子不會有拒食的問題。

讓孩子參與

為了避免用餐時的問題，最佳方法是讓孩子參與規劃解決方案。可以在家庭會議中一起規劃下個星期要吃什麼。

安格一家人同心參與了全家的餐飲計畫（見第九章），他們一起填寫計畫表的內容：誰負責煮飯、吃什麼等，並在過程中創造出合作的氛圍。如果全家都參與這個計畫，孩子們就更可能配合，因為孩子們自己也享有選擇權。

安格家也一起買菜，他們把超市區分成個不同的區域，每個人負責一個區塊。透過這個方法，孩子們學會了如何買菜，並且一起快快樂樂做完家事。這家人的餐桌上並沒有權力鬥爭，吃飯也不像打仗，因為孩子們獲得了鼓勵，可以把自己的力量拿出來貢獻全家，彼此合作，享受彼此的陪伴。

孩子之間的爭吵，大人不要介入

訓練孩子們爭吵的最好方式，就是持續介入他們之間的爭吵。父母們很難接受這個事實：孩子們為了讓父母介入，於是不斷發生爭吵。家長們若能夠避開孩子們之間的爭吵，就會發現孩子的爭執顯著降低了。

大多數的家長能夠根據孩子的出生順序，辨識出手足爭執的幾種典型。通常來說，老大常被人找麻煩，老么最有辦法讓父母介入，使自己獲得最大利益。因此，老么常常挑釁老大，不管是扮鬼臉或弄亂她的房間，各種挑釁都有可能。

若老大中計反擊，老么就開始哭喊著叫媽媽，媽媽就衝過來罵老大（請注意，媽媽介入了）。而老大會說，都是老么先開始的，這時媽媽的台詞一定是：「我不管他先開始的，你是老大，你應該比他懂事。」

這時候，要是媽媽有注意到老么臉上勝利的表情，就會對老么這種行為意圖（老么的錯誤目的）有更多的理解。此時媽媽等於是在幫助孩子，一起練習如何用爭吵來贏得注意力、贏得權力或報復。媽媽也等於強化了孩子對於追求歸屬感和價值感的錯誤信念。

實際案例：父母不再介入孩子之間的爭執

李德太太決定再也不要介入孩子們的爭吵了。她挑了一個平靜的時機告訴孩子，她不喜歡介入他們之間的爭吵，所以從此以後他們必須自己想辦法解決自己的問題。同時，李德太太也利用家庭會議的時機，和孩子們討論了第十二章中所提到的「解決問題的四個步驟」。

後來，李德太太看到七歲的特洛伊用玩具槍打五歲的尚恩的頭。這下她受不了了，這件事簡直無法忍受，於是衝過去想要制止爭吵。她事後回想，尚恩剛被打的時候，向後倒在床上，輕叫了一聲：「喔，很痛ㄟ！」可是尚恩轉頭看到母親，立刻展開高分貝大哭。這時李德太太明白自己上當了，於是迅速轉身離開，走進浴室把門鎖上。兩個孩子都跟過來，開始用力敲門，急著為自己辯白。

李德太太坐在浴室裡聽孩子們狂敲門，彼此爭執著是誰先開始的。她心想：「這個阿德勒教養法簡直就是神經病！一點用都沒有！」幸好她多堅持了一會兒，因為她想要把這次事件當成她在阿德勒讀書會報告的內容。不一會兒，孩子們就不再敲門，離開浴室門口了。

李德太太不再介入孩子們的爭吵。每當孩子們找她抱怨時她就說：「我相信你們可以解決自己的問題。」同時她也持續在家庭會議裡討論要如何解決問題，使孩子能夠學習解決問題的技能。

一個月後，她聽到四歲的女兒柯琳告訴特洛伊說：「我要跟媽媽說。」特洛伊回答：「她會告訴妳，叫妳自己解決問題。」這時她明白，她的做法產生效果了（柯琳知道特洛伊說得沒錯，因為她並沒有來找媽媽告狀）。

李德太太說，孩子們之間的爭執減少了七成以上。縱使有爭吵，情況也很輕微，而且會迅速解決。

請注意，以下的情況中，老師或父母可能要介入：

- 若老師要負責孩子的安全，就必須要介入孩子的爭吵。
- 孩子年紀太小不懂事，有可能造成對方嚴重的傷害，例如兩歲的孩子用玩具火車去敲打六歲孩子的頭。當然，許多家長會用「怕小孩受傷」當藉口來介入孩子爭吵——即使孩子年紀已經很大了。若孩子年紀大了，成人就不必扮演保護的角色，除非父母想要讓自己成為孩子二十四小時的身邊警護人。
- 如果父母或老師就是無法辦到「不介入」，即使他們在理智上知道不要介入。

有些家長不相信孩子們的爭吵其實是為了他們。他們辯說，就算父母不在場的時候，孩子一樣會爭吵。碰到這種說法，我總是反問：「你怎麼知道自己不在場時，孩子在爭吵？」這時父母就會帶著尷尬的笑容承認：「因為他們會讓我知道，他們常等在門口要告狀，有時候甚至會打電話到辦公室要我介入。」

如果你非介入不可，最有效的方法就是給予孩子相同的待遇，也就是「讓他們在同一條船上」。不要選邊站或裁判誰對誰錯，因為你的判斷未必正確，而且你也沒有親眼目睹事件全程。「對」，往往只是一種觀點，你覺得對的事，很可能從孩子的角度來看是不公平的。如果你非得介入才能終止孩子的爭吵，那至少不要當裁判，不要當陪審團，也不樣當行刑者（幫某人揍另外一個人）。你應該給予孩子相同待遇，平等對待他們。

漢彌頓太太發現兩歲的瑪麗蓮出手毆打八個月大的莎莉。漢彌頓太太覺得莎莉沒有做出任何刺激瑪莉蓮的事，但是她給她們平等的對待。她先抱起莎莉放進嬰兒床裡，並說：「等到妳準備好不吵的時候，我就抱妳出來。」然後她把瑪麗蓮帶進她的房間說：「等妳準備好停止爭吵的時候，請讓我知道，然後我們一起去抱寶寶。」

乍看之下，漢彌頓太太的處置非常荒謬。首先，幹嘛把八個月的莎莉放進搖籃裡？她只會呆呆坐在那裡，完全聽不懂媽媽的訓斥。或許有人認為，「平等待遇」只是做給年紀比較大的孩子看的，免得她以為老是自己的錯。其實，平等待遇對兩個孩子都有好處。假如你和那位「自以為是受害者」的孩子立場一致，結果就是你正在訓練這個孩子培養出一種被害者的心態。假如你總是「霸凌（或斥責）」你以為犯錯的那個孩子，結果就是你正在訓練這個孩子培養出一種霸凌者的心態。

上面的例子裡，我們不知道八個月的莎莉有沒有惹到瑪麗蓮（不管是有意還是無意）。如果確實有，責罰瑪麗蓮不但不公平，而且還會教導莎莉如何把媽媽拉到自己這一邊。這是絕佳的被害者訓練！如果莎莉沒有惹到瑪麗蓮，這時責備瑪麗蓮（只因為她年紀比較大）就會教導莎莉如何透過刺激瑪麗蓮來獲取媽媽的注意。而瑪麗蓮則會發展出一種錯誤的信念，亦即她是個壞孩子。

不過，還是有人會覺得把一個八個月的無辜寶寶放進搖籃裡，這樣是完全不合理的事。其實，重點不在於誰做了什麼，重點是要同等對待兩個孩子，這樣子才不會讓其中一個學到被害者心態，而另一個學到霸凌者心態。當然，寶寶本身應該不介意在嬰兒床中坐個幾分鐘。重點在於把她放進去的這個動作。

另一個給予孩子相同待遇的方法，就是給他們相同的選擇。父母可以這樣說：「你們可以停止爭吵，或是去外面解決你們的爭吵。」「你們想要待在各自的房間，直到準備好停止爭吵，還是要待在同一個房間裡解決問題？」「你們要不要坐在我腿上，直到準備好停止爭吵？」重點是，同等對待兩人即可。

或許還是有人想質疑：如果年紀大的孩子真的毫無理由打了年紀小的孩子呢？如果這樣，難道年紀大的孩子不該受懲罰嗎？難道年紀小的孩子不該受安慰嗎？

這本書讀到這裡，你應該早已知道懲罰不是選項。對孩子來說，懲罰會是個莫名其妙的示範：「我傷害你，這樣你才能學會不要去傷害別人。」

我建議你先安慰大孩子，然後邀請她和你一起安慰小的孩子。再說一次，這並不是「獎勵」先動手的大孩子。這是認可大孩子「我受到挫折」的感覺，不管她的挫折是源自什麼原因。或許是年紀大的孩子覺得小寶寶奪取了她的地位，或許是年紀大的孩子覺得你比較愛小寶寶。原因如何，此刻並不重要，重要的是去處理行為背後的信念，這點真的很重要。另一個重要的事，是要知道孩子什麼時候感到挫折且需要鼓勵。

鼓勵的形式可以是這樣：「親愛的，我看得出妳不開心（肯定她的感受，對她來說就是很大的鼓勵）。擁抱一下會不會有幫助呢？」她體會到這種愛與理解（而不是懲罰和鄙視），可能會感覺驚訝。等她心情好轉後你可以說：「妳願不願意讓妹妹的心情也變好一點？妳想要先抱抱她，還是妳希望我先抱抱她？」這些言語，會鼓勵出愛與和平。

假如大孩子情緒壞到無法抱抱或無法抱抱寶寶，你仍然要做出這些舉動，然後說：「我看得出來，妳還沒準備好。我要先去安慰妹妹。等到妳準備好的時候，妳可以過來幫我的忙。」你花點時間安慰年紀大的孩子，小寶寶不會因為差了這幾秒鐘而受到更多的苦，而且妳也可以避免讓小寶寶養成被害人的心態，免得小寶寶學會了「好啊，要得到媽媽關注的方法，就是去刺激姐姐」。

如果你真心把這些方法聽進去了，你就能瞭解它的真意。你可以設身處地把自己放在孩子的地位去設想：對你最有幫助、能給你最多教導的是什麼？還有，別忘了發揮幽默感。

有個爸爸在孩子爭吵的時候，豎起拇指假裝是麥克風，然後說：「記者在現場為您報導。請問你們哪位要先對麥克風發表他對整件事的看法？」有時候這種方法會把孩子逗笑，有時候孩子則會輪流發表他們的說法。等他們說出自己對爭吵的看法後，父親再假裝轉向電視機前的觀眾說：「以上就是本台獨家報導。這些聰明的孩子會如何解決他們的問題呢？我們繼續看下去。」若問題一直還沒解決，爸爸會建議：「你們要不要把問題放入議程，讓全家一起協助你們解決？還是我明天同一時間、同一地點再來採訪你們？」

只要成人不再參與孩子們之間的爭吵，只要成人以同等的方式對待孩子，就像是將他們放在同一艘船上，此時爭吵的最大動機就已經消除了。

非語言的溝通訊號

本章到目前為止討論到的方法，大多屬於某種形式的非語言訊號，而且都包括了幾個重要的概念和態度，例如冷靜期、溫和且堅定等。這些方法著重在行為，而不是語言，就算有必要使用言詞，也是越少越好。

讓孩子參與討論如何解決問題時，如果能在你們的計畫中涵蓋一個非語言的溝通訊號，那就會很有幫助，可讓大人學習到適時閉嘴。請看以下的例子。

實際案例：幾個成功的非語言溝通訊號

派瑞校長決定要以家長的立場，參加一個校內的家長讀書會，目的是學習一些教養的技能，以便和自己的孩子相處。

有天晚上，他問小組成員要如何解決他兒子麥克倒垃圾的問題。麥克願意倒垃圾，但總要三催四請才去做。研習小組提出了幾個建議，例如要倒完垃圾才能看電視、讓麥克自己決定何時去倒垃圾等。有個家長建議，不妨試試看一些非語言的訊號，譬如若垃圾沒有在晚餐前清理乾淨，則麥克的餐盤就是以翻轉過來的狀態放在他的位置上。

派瑞決定試試看這個方法。首先，他和全家在家庭會議中討論垃圾的問題。麥克再度強調他一定會做。派瑞太太說：「很感激你樂於協助，但我們也知道你很容易忘記，我們想說是否可以用一個非語言的訊號提醒你，免得我們一直嘮叨。」

麥克問，是什麼樣的訊號？派瑞解釋，就是把他的餐盤翻倒過來放在他的座位前。如果他上桌吃飯時，看見盤子翻過來，就是在提醒他垃圾還沒處理。他就可以去倒垃圾再回來吃飯。麥克說：「我沒問題。」

八天後，麥克忘了倒垃圾（通常當孩子參與解決問題的討論時，他們會先合作一陣子，接著才鬆散下來）。那天他上桌要用餐時，看到盤子翻了過來。沒想到麥克竟然發起脾氣，吼道：「我餓了！我等下會去倒垃圾！這種方法實在是蠢斃了！」

你能想像，麥克的父母要費多大力氣，才能忽視他這種惡劣的行徑。大多數的父母此時會說：「拜託，麥可，你也同意過的，現在不要表現得像個孩子一樣！」如果麥克持續發脾氣，父母可能傾向暫停這個計畫，乾脆拿出祭出懲罰的手段（這樣能立刻中止麥克的不當行為，但不能解決麥克缺乏責任感的問題）。

派瑞夫婦忍耐著不要理會麥可的脾氣，麥可故意大聲地走進廚房，拿起垃圾出去，用力摔上門，然後又臭著臉回來，整頓飯都用叉子用力敲盤子。

第二天，麥克沒忘記要在晚餐前倒垃圾，而且態度非常良好。父母堅持實施這個計畫，接下來的兩個禮拜麥克都沒有忘記倒垃圾。兩個禮拜後，他再度看到空盤子翻過來，這時他說：「噢，是喔。」然後就出去倒垃圾，回到桌上，將盤子翻正，然後愉快地和全家人一起用餐。

家長很難忽略孩子故意的不當行為，原因是家長覺得這樣等於讓孩子做出壞事卻沒有承受後果，而且家長也會有自己失職的感覺。如果，家長對於壞行為的忽略，在背後沒有計畫和目的的話，確實可能呈現出家長失職或孩子做出壞事卻不必承受後果的情況。但在這個例子裡，派瑞夫婦暫時不理會麥克的短暫爆發（記住，情況在好轉前通常會先轉壞），但既然這是大家事前同意的計畫，所以他們的堅持等於解決了「嘮叨孩子做家事」這個問題。

貝太太很不喜歡孩子放學回家後就把所有東西都扔在沙發上。她不斷嘮叨，孩子卻沒有半點改變。於是她在家庭會議中告訴孩子，她不想要再為這個問題來吼叫或嘮叨了。她建議日後採用一個非語言的訊號來溝通：用一個大枕頭套遮蓋電視銀幕。只要孩子看見這個枕頭套，就是提醒他們沙發上有書包和其他雜物。孩子們也同意了，這個計畫運作得很成功，從此母親再也不必吼叫責罵，孩子們一看到枕頭套，就會主動收好自己的書包，或提醒別人快去收東西。

幾個星期後，有天貝太太想要在孩子上學後收看自己最愛的連續劇。沒想到卻看見電視銀幕被枕頭套遮住了，她轉頭看著沙發，才發現自己前一天晚上因為忙著家事，留了幾個包裹在沙發上。

全家因這個事件大笑一場，大家都喜歡這個方法，之後孩子們還想出了許多非語言訊號來解決家裡的問題。

五年級的李老師喜歡在班上採用非語言的溝通訊號。開學第一天她就教導孩子，如果他們準備好要聽她說話，那就安靜坐好，把雙手放在桌子上。如果她希望他們坐下，她就會舉起右手食指，做出兩次上下的動作，表示：「請坐下。」她也教導他們，在吵鬧的環境下若她要大家安靜的話，她會先拍手一次，每個聽到她拍手的人，就接著拍手一次。然後她拍兩次手，此時很多學生都已經聽到同學拍手的聲音了，並且準備好要以拍兩次回應。通常只要拍兩次，就可以讓大家安靜下來。偶而需要拍三次學生才會聽見，並且回拍三聲。

諾伍德太太和女兒瑪莉屢次在爭吵之後感到很難過。有一天母女倆討論了這個問題，於是決定在爭吵時把手放在胸口，作為「我愛你」的非語言訊號。諾伍德太太很尷尬地說，通常都是女兒瑪莉先想起來要把手放在胸口。

給孩子選擇

成人能犯的最大錯誤之一，就是只知要求孩子，卻沒有提供孩子選擇。孩子們討厭成人的要求，但卻願意考慮成人提供的選擇，尤其是給出幾個選項之後，告訴孩子「你決定」。成人提供的選擇，應該具有尊重的意味，而且應該與當下的情境有關連。選擇和責任之間，有直接的連結。年紀小的孩子無法擔起巨大的責任，所以他們的選項也有限。較大的孩子能有較多的選擇，因為他們能為自己的選擇負起較多的責任。

舉例來說，年紀小的孩子在上床前可以有兩個選擇：現在去睡覺，或者五分鐘後再上床。年紀較大的孩子可以選擇何時就寢，因為他們必須負起自行起床、上學的完全責任。

除了責任，選擇也牽涉到尊重他人、給予他人方便。較年幼的孩子可以選擇準時用餐，或是等到下一頓飯再吃，而不是期待別人隨時為了他們的需要而備餐。年紀較大的孩子則可以選擇準時用餐、自己做飯（並且清理善後）等。

大人提供選擇時，所有的選項都必須是大人自己可以接受的。我第一次提供孩子選擇的經驗，是問我三歲的孩子：「妳想不想準備上床睡覺了？」她不想。顯然，我提供的選項超越過她的需求，況且我的選項也沒有我自己可以接受的部分。五分鐘後我再度問她：「妳想穿粉紅色的睡衣，還是藍色的睡衣？妳決定。」她選擇了藍睡衣，並且開始換衣服。大人若在選項之後加一句「你決定」，就是賦權給孩子，也代表孩子確實有選擇。

如果孩子們不喜歡大人提出的任何選項，該怎麼辦呢？如果孩子想出的選項，你也可以接受，那就沒問題。如果你不能接受，就說：「這不是一個選項。」然後重複你的選項和「你決定」

這三個字。

很多事情不應該讓孩子選擇，例如要不要做功課。功課是必須做的，但孩子可以選擇什麼時候做功課，是放學後、晚餐前還是晚餐後。

「當……的時候，我們就……」

「當你把玩具收拾好的時候，我們就去公園玩。」這句話要比「除非你收好玩具，否則我們就不去公園」來得更有效。在孩子的耳中，第一個說法是一種堅定的陳述，表示你在某種特定的情況下就願意去做的事。第二種說法，聽在孩子的耳中比較像是一種挑釁：來比比看，看權力在誰的手裡（通常，大人的真正意思也是想要證明權力在自己手上）。

「當……的時候，我們就……」最有效的使用方法，就是平鋪直敘說出來，沒有任何附加的東西。對大人來說，去不去公園無所謂，但是孩子想去，所以由孩子自己決定要不要滿足這句話的條件。回到大人的立場，你可能遭遇到的情況就是孩子選擇不要收玩具，反正他也不要去公園。其實不妨換個方法，嘗試啟發式的提問：「誰想要去公園？去公園之前，我們得先做什麼？」

許多老師發現，若告訴學生「當你們準備好的時候，我們就開始上課」，是個很有效的方法。此時老師對自己、對學生以及當下情況展現了尊重的態度。大人應該用一種客觀的語氣說出「當……的時候，我們就……」這句話，意思是，除非條件滿足（當……），否則後面的情況不會發生（我們就……）。說出來之後，接著你就不用擔心了，讓孩子去體驗到自己做出的選擇所帶來的結果。如果說了這句話你還在那裡牽腸掛肚，擔心孩子會不會選、會選什麼，那麼只會造成親子或師生之間的權力爭奪。

零用錢的問題

零用錢是一種很棒的教育工具。孩子擁有固定的零用錢，就能會學到金錢的價值——如果家長有效處理零用錢的話。

不要把零用錢拿來當懲罰或獎賞。許多父母把零用錢當槓桿，以此誘使孩子負責做家事，只要孩子做完家事，就有零用錢當獎賞，若沒有做好家事，就扣零用錢當懲罰。

把「零用錢」和「威脅」脫鉤，孩子們才能學習到金錢和責任。若真的想討論做家事，父母可以利用家庭會議來教育孩子家務事的責任，不要把零用錢和家事扯在一起。

若孩子擁有自己的零用錢，就可以避免孩子和父母因為買東西而爭執。如果孩子說「我想要買這個」，父母可以反問：「你的錢夠嗎？」一般來講孩子的錢一定是不夠的，這時父母就可以說：「好呀，也許妳應該把零用錢存下來，就可以買了。」

此時孩子會因為「想買東西」的欲求，於是同意自己要好好存錢。只不過幾個小時之後，孩子大概也就忘了。其實，孩子很少「強烈想要」某種東西，甚至到自己願意存錢的程度。他們只想要父母掏錢。

孩子年齡漸漸長大，若想買比較昂貴的東西如腳踏車，父母就可以要求他們至少要存到一定數額的錢。當孩子把自己的錢投資在某個物品上，他們就會更加珍惜。孩子也可以用零用錢去賠償對他人財物造成的損失。

本章重點

若以友善的態度來使用本章提到的教養方法，會非常有效。你的態度、意圖和方法是成功的關鍵。有些大人使用這些方法的態度和目的，簡直和懲罰無異。懲罰性的態度會引發孩子的叛逆或是盲目順從。正向的態度則引發孩子的合作，以及相互尊重、負責任和社會責任感等。

正向教養的工具

1. 花些時間讓自己冷靜下來，因為情緒好的時候表現比較好。家長可使用浴室技巧，老師可用小說技巧。成人和孩子可用積極暫停。

2. 先決定你要怎麼做，而不是要孩子怎麼做。
3. 讓孩子事先知道你的做法。
4. 你的行為（不是你的言詞）是溫和且堅定的。閉上嘴，以行動證明。
5. 需要使用語言時，盡可能以溫和、堅定的口吻，言簡意賅。
6. 利用暫時的情緒抽離，以求避開親子或師生之間的權力鬥爭。等到平靜的時候再專注於解決方法。
7. 利用日常慣例表來避免權力鬥爭。
8. 幫孩子蓋被子時，分享當天最快樂和最悲傷的事。這個方法可以避開睡前的混亂。
9. 讓孩子參與解決問題，以避開權力鬥爭。
10. 不要介入孩子之間的爭吵。要一視同仁地對待孩子。
11. 先安撫造成傷害的孩子。然後，邀請他一起安撫受傷的孩子。
12. 肯定孩子的感受。
13. 多擁抱。
14. 發揮幽默感。
15. 讓孩子參與餐飲計畫、烹飪和清理。

16. 建立非語言的溝通訊號，讓孩子知道該做什麼。
17. 提供孩子選項，而不是要求孩子。
18. 使用「當……的時候，我們就……」的句型。
19. 透過零用錢教育孩子金錢管理。不要把零用錢當成懲罰或獎勵。

可以討論的問題

1. 可以當成冷靜期的方法有哪些？
2. 「先決定自己要怎麼做，而不是要孩子怎麼做。」這個方法背後的理由是什麼？為什麼這會有效？
3. 為了讓前述的方法更有效，要注意哪六大重點？
4. 承前，在採用這個方法時，所謂的「別想」是什麼意思？若是做不到「別想」，父母或老師可以怎麼辦？
5. 暫時的情緒抽離是什麼意思？
6. 在冷靜期或其他的撤離動作之後，一定要採取什麼步驟？
7. 避免早晨和睡前混亂的關鍵概念是什麼？
8. 為什麼優質的睡前分享時間，能夠避免睡前的混亂？

9. 介入孩子爭吵，會帶來什麼負面結果？

10. 當你決定不再介入孩子的爭吵時，應該要遵循什麼程序？

11. 在哪三種情況下，不建議避開孩子之間的爭吵？

12. 決定要避開孩子爭吵時，最有效的方法是什麼？

13. 所謂「把孩子放在同一條船上」，是什麼意思？

14. 什麼是非語言的溝通訊號？透過非語言訊號能達成什麼目的？

15. 提供選擇，有什麼優點？

16. 哪些原則，可以確保提供選擇的有效性？

17. 零用錢能帶來什麼好處？

18. 在採用本書提到的任何教養工具時，成功的關鍵是什麼？

第12章 家庭裡與教室裡的愛與喜悅

正向教養的主要目標，是讓成人與孩子在生命和關係中一同體驗到更多喜悅、和諧、合作、共享的責任、相互尊重與愛。但我們卻常常表現得彷彿忘記了愛才是和孩子們共同生活與努力的目標，我們往往出於恐懼、批判、期待、歸咎、失望和憤怒而行事。之後我們還搞不清楚，為什麼自己的生活如此痛苦。

三個重要的提醒

以下三個重要的提醒，可以幫助我們不再摸索找路，而竟錯過了與孩子一同體驗親子（師生）關係中的愛、喜悅和滿足。

1. 我們做了什麼，永遠不及如何做來得重要

我們所做行為背後的感覺與態度，決定了我們外在的「如何做」。語言背後的感覺，往往

在語調中可明顯看出。

我有天出差回家，迎接我的是廚房裡的一大堆髒碗盤。我覺得異常沮喪，氣憤不已，於是開始責罵和批評。「我們大家都同意過，每個人要把自己的髒盤子放入洗碗機內。為什麼我不在家的時候就沒有人守協議？」

我想找個可以責怪的人，但每個人都說：「不是我做的。」

我帶著負面情緒說：「好吧，那我們來開家庭會議，討論如何處理這件事。」不難想像，我帶著指責和批判的情緒來舉行家庭會議，結果會怎樣。此時我們不可能在愛與尊重的氣氛下找到有效的解決方法，因為我的攻擊態度會激發孩子的防衛心和反擊力道。

這時我意識到自己的行為和負面態度，絕不可能帶出我想要的結果，更別提當下會讓自己多痛苦了。於是我立刻改變做法。一旦我改變態度，我的感覺就變了，我立刻就得到一種像是天啟之類的感覺：我會得到正面的結果。

我告訴孩子們：「那我們出去吃披薩吧。之後我們再討論怎麼解決，而不是彼此指責。」

後來的家庭會議非常成功，每個人帶著笑容一致同意，應該是小精靈把髒盤子放在水槽裡。當我們停止歸咎，而專注於解決方法的時候，兩個孩子想出了絕佳的方案。他們建議，我們每個人每周擔任兩天的廚房警戒員，專門抓小精靈。正如所料，這場會議裡大家都擔起解決問題的責任，而且討論的氣氛很友善，之後水槽裡就沒有髒盤子了。

出自負面思想和負面感覺的行為作法，一定會帶著我們誤入歧途，偏離了愛、喜悅以及正向的結果。我們若摒棄負面的態度，就能讓我們天生的正向情緒及常理的判斷力突顯出來。

2. 把犯錯視為學習的機會

我在本書中一直反覆探討要如何幫助孩子，把犯錯當成學習的機會。但如果成人自己卻沒有實踐這個原則，那就會偏離了愛、喜悅和正向的結果。

實際案例：大人也要把犯錯當成學習的機會

二年級的米奇踢了同學一腳。賀老師很生氣，她想要教育米奇，不可以傷害他人。她把米奇帶出教室，罵他說：「如果別人踢你，你會怎麼樣？」

賀老師為了教導米奇，過程中也踢了他一腳，力道比賀老師自己預期的還要大。不料，有位教學助理路過剛好目睹，立即向校長回報這件事。

賀老師十分很愧疚，因為她自認，自己多年來對於正向教養的原則篤信不疑，身體力行。她打電話向我求助：「到底怎麼了？我怎麼會做出這種事？怎麼辦？」

我先告訴賀老師，她其實很正常。這世上的父母或老師也經常失控，經常因憤怒而衝動行事，他們的行為往往沒辦法帶出長期的正面效果。

其次，賀老師承認自己犯了錯。光是這一點，她就應該好好鼓勵自己，不必傷心欲絕。世界上不知道有多少父母、老師根本就沒有意識到自己犯了錯。

還有，賀老師希望改善自己的行為，希望自己日後表現得更好。我也鼓勵她，把這次經驗當成一個天賜的禮物（以及一個警告），成為她日後改善行為的動力。

每一本有關「正向教養」的書籍裡，隨處可見「除了直覺反應之外」，還可以採用哪些做法。但我在這裡要強調的重點是，我們必須知道，所有人都可能因為不慎而採取直覺反應，沒有做出有效的對策。大多數成年人的出發點都是好的，他們只想要孩子更懂得尊重。問題在於，當我們在教導「尊重」這件事的時候，我們採用的是不尊重的直覺反應式行為（我們行為不當）。在直覺反應式行為當中，我們越來越（在不經思考的情況下）想要透過歸咎、羞辱和痛苦，讓孩子為他的行為「付出代價」。我們沒有考慮到，我們的行為會在孩子身上造成何種長期效果。如果有的話，就不會這麼反應了。

幸好這只是開始，而不是結局。我們發現，無論我們採取直覺反應的行為多少次，無論我們忘記採用正向教養的原則多少次，我們仍舊能回歸原則，將我們在採取直覺反應時所製造出來的混亂加以清理。真的，一次又一次，錯誤真的是最佳的學習機會。我們若能從自己的錯誤中學習，並且採用「修正錯誤的三個R方法」（參見第二章），那我們應當會發現，孩子對我們其實是非常寬容的。賀老師花了將近一個月的時間，才從羞辱和責難當中回復過來。接著，她把米奇帶到一邊，向米奇道歉說：「米奇，我很抱歉我踢了你。我很生氣你踢了喬伊，但我在生氣時，卻對你做了相同的事。我的行為真的不太聰明。你說是吧？」

米奇害羞地看著老師。老師繼續說：「我的行為很不好，你說對不對？」

米奇嘟起嘴，點點頭。

賀老師問：「我向你道歉的話，會不會讓你覺得好一點點？」

米奇又點點頭。

賀老師繼續說：「你想，如果你也向喬伊道歉的話，他會有什麼感覺？」

米奇小聲說：「他會覺得好一點點。」

賀老師問：「那你想不想對喬伊道歉？然後，你，我，喬伊三個人可以一起努力，處理你和喬伊之間的問題。還是我們把這個問題放在班會議程中，讓全班一起協助？你喜歡哪一種方式？」

米奇說：「我們三個就好。」

賀老師再問：「你需要多少時間，才能向喬伊道歉，而且請他和我們一起解決問題？」

米奇的眼神亮了起來：「今天就可以。」

賀老師說：「好極了。等到你和喬伊準備好了，請告訴我，我們就約個時間。」

次日，賀老師、米奇和喬伊三個人開始討論米奇和喬伊之間的問題，以及問題背後的原因、兩人的感受、兩人從這次經驗當中學到些什麼，還有他們想要如何解決等等。他們也討論了如何讓這次的錯誤成為學習的機會。兩個孩子離開時，覺得很愉快，因為他們達成了一個協議，可以避免未來的衝突。

這是個「讓犯錯成為學習機會」的絕佳案例。賀老師以身作則，為自己犯的錯誤道歉，然後協助米奇為他的錯誤道歉。她也協助孩子們練習彼此傾聽、瞭解對方的觀點。最後，大家都練習了以下兩個很棒的生活技能：動腦尋求解決方法、取得共識並且共同努力。

以下這句話，不管說再多次都值得：犯錯是絕佳的學習機會，對成人和孩子都一樣。

我們只要觀察學步兒學習走路的過程，就可學習到更多關於錯誤是學習機會的道理。學步兒摔跤時不浪費時間自憐自哀，反而站起來繼續走。就算他們摔倒受傷，站起來之前或許會哭一下子，但他們不責難、不批評，也不會講一些自我打擊的言語。只要我們能重新體認到「錯誤是有價值的」，那麼我們也可以幫助孩子，讓孩子用如同學步兒一般的單純態度去體驗生命。

許多人都誤以為，我們應該完美無瑕，殊不知這種想法會讓自己遠離生命中的愛與喜悅。幸好，只要我們採用第二章談過的「修正錯誤的三個 R 方法」（承認 recognize、和解 reconcile、解決 resolve），就可以改正了。

3. 有時候，同樣的事情我們必須一而再再而三的學習

世界上不知道有多少位父母，曾經一次又一次地說出這句話：「我到底告訴你多少次了？」這個問題的正解是「你必須一次又一次地告訴孩子」。如果父母不明白這個道理，那就注定會感到失望與挫敗。事實上我認為，我們的下一代必須等到他們有了自己的孩子、開始教育孩子一些事情之後，才會恍然大悟我們當年想教導他們的事。

有位母親說：「我以為只需要開一次家庭會議，就可以讓孩子們乖乖配合，完成他們該做的事。怎知他們每次只能持續一個星期。因此我以為正向教養這一套是沒用的，於是又回到嘮嘮叨叨的老路上。」

這位媽媽不知道的是，孩子能持續一個星期，已經很了不起了。第九章我曾說過「三個星期症候群」，於是我和她分享，我們家的孩子只能維持三個星期，但比起天天嘮叨孩子、天天感到挫折，我只要每三個星期召開一次家庭會議、重申問題的解決方案，我已經很感激了。

不管是孩子還是大人，都需要一再學習。不管是孩子還是大人，經常會因為自己無法「一次學習，永遠學會」，而覺得自己不夠格，或覺得備受挫折，殊不知這種感覺會讓我們步入悲慘的歧途。踏上了愛與喜悅的道路，我們就必須接受自己會犯錯、自己必須一而再再而三地學習同樣的事。

本書中介紹了許多教養方法，如果讀者把這種方法視為單純的技巧，那就注定會失敗。本書中也介紹了許多正向態度。唯有將「方法」和「正向態度」兩者加以結合，才能創造出愛、互重、合作、享受的氛圍。

這一章很多觀念，都需要大人的參與和引導，才能幫助孩子發展出堅強的基礎。最關鍵的是愛與喜悅的態度；因為愛和喜悅能幫助人，無論處在何種環境，都去尋找其中的積極面向。

去看事件的正面意義

羅莉在學校裡的儲物櫃中被發現了香菸，因此遭到暫時停學。她告訴爸爸：「我不知道香菸哪來的！所以我把香菸放到口袋，想要拿去交給校長，可是有個老師剛好經過，就把我送到校長室去了。」爸爸不相信羅莉的說詞，因為每個學生的櫃子都有號碼鎖。他也不相信羅莉想把菸拿去給校長這番話。他很失望，因為羅莉對他撒謊，也因為他們父女關係向來很親密。他擔心羅莉已經踏上了一條毀滅的道路：抽菸、喝酒、磕藥。

爸爸想要責備、懲罰羅莉，讓她知道爸爸有多失望。但是轉念一想，他決定找出事件的積極面（只要你有心，積極面並不難找）。他試著體會蘿莉的世界，漸漸瞭解羅莉正面臨一個兩難的處境：一方面要堅持家庭價值，另一方面又想要獲得同儕接受。他也體會到，羅莉對他說謊的唯一原因是，女兒太愛他了，不忍心讓他失望。

爸爸帶著這種理解和羅莉談。他沒有責難，反而溫和地說：「羅莉，妳一方面要堅持自己家裡的信念，又不能被朋友說妳會掃大家的興，這應該很難吧。」

羅莉鬆了口氣說：「沒錯，真的是這樣。」

爸爸繼續說：「我想，妳會對我們說謊，是因為太愛我們而不想讓我們失望。」蘿莉的淚水快要掉下來了，默默點頭。爸爸又說：「羅莉，如果妳做出了傷害自己的行為，才會讓我們失望。如果妳只是不知道該怎麼辦，總是可以告訴我們。如果我們沒有讓妳知道我們對你的愛是無條件的，那麼就是我們做得不夠好。」羅莉飛撲上去抱著爸爸，父女兩久久抱在一起。

這一對父女在討論過程中，並沒有直接談到抽菸和說謊的問題。一年以後，羅莉很高興地告訴爸爸媽媽，她很驕傲能夠抗拒同儕間的誘惑，因為這些誘惑不符合家裡的價值；她也很驕傲自己發揮了影響力，讓朋友也堅守價值。

相信孩子有正向意圖

每個孩子都想要當好孩子。每個孩子都想要和大家關係良好。每個孩子都想要有歸屬感和價值感。只要我們記住這些事實，就不會對孩子未審先判。我們不必假設孩子是故意要做出不當行為，我們反而應該這麼想：孩子想要的是正向的結果，只不過他們對於如何達到正面的結果，有點困惑而已。他們不成熟，也欠缺足夠的知識和技巧，沒辦法採用有效的方法找到歸屬感和價值感。大人的任務就是要協助孩子，發展出他們需要的能力。而大人若要完成這項任務，就必須留意我們的態度。「我知道你想要好好表現。我能做什麼來幫助你？」若我們有這種態度，孩子就更可以感受到無條件的愛。

向孩子表達無條件的愛

孩子必須知道，他們個人的重要性，遠遠勝過他們所做的任何事。孩子必須知道，生命中任何外在的物質，都不如他們重要。

佛列德打破了媽媽最珍愛的古董花瓶。媽媽傷心之餘，坐下哭了起來。佛列德對自己的行為感到非常難過，但他還是開口問道：「媽媽，如果是我發生了不好的事，妳會難過嗎？」

孩子有時並不知道自己是多麼的重要，父母是多麼的愛他們。有時候，父母和老師把焦點放在孩子的不當行為上，反而忽視了孩子。於是，孩子也跟著忽視了自己。

我曾輔導過一個家庭，女兒因為討厭某個朋友，所以就偷了那個朋友的衣服（女兒說只是在開玩笑）。母親和姐姐氣到不行，竟然開口罵她是小偷，說她這整個人都出問題了。我問她們幹嘛這麼生氣？她們真正在意的是什麼？母親回答，她很怕女兒最後會被抓去關監牢。我問，女兒被關監牢，為什麼會是個問題？媽媽說，有前科會對孩子造成極大的傷害。我接著問她是否知道，若孩子被罵是小偷、整個人都出問題了，那會有什麼樣的感受呢。她這下終於懂了：她雖然嘴巴裡說她擔心孩子受到傷害，但她自己卻已經在傷害孩子了。

我後來問女兒，哪種經驗會讓她有更大的傷害，是被抓去關監牢，還是現在媽媽和她之間的關係。她說：「現在和媽媽之間的關係，對我造成的傷害更大。」

這個孩子已經是青少年了，母親沒辦法控制她的行動。所以這個孩子必須要去經驗自己的行為所帶來的後果，也必須要體驗到來自媽媽的愛與支持。

可惜我們常常本末倒置，使得我們原先的善意都不見了。上面的例子中，母親因為愛女兒，不希望女兒受到傷害，所以羞辱了女兒。但女兒體會到的只有羞辱，使得女兒得到一個結論：「甚至連媽媽都不愛我了。」

我知道，你一定愛自己的孩子，你也知道你愛自己的孩子，但是孩子知道你愛他們嗎？如果你真的開口問孩子，說不定會得到讓你驚訝的答案呢。

有位母親問三歲的女兒：「妳知道我真的很愛妳嗎？」

女兒說：「我知道如果我很乖的話，妳才會愛我。」

同樣一個問題，問了一位青少年，得到的答案是：「我知道啊，如果我成績好的話，妳才會愛我。」

大人常常絮絮叨叨在那裡要求孩子要表現得更好。我們因為愛他們，所以希望他們表現得更好；我們覺得如果他們照我們的話去做（做那些對他們好的事），他們就會更快樂。但是，我們「為了你好」的訊息，孩子常常聽不見。相反地，他們聽見的是：「我永遠不可能夠好。我無法達到你的期待。你希望我更好是為了你，而不是為我。」

請記住，若孩子的感覺比較好，他們就會表現得比較好。而最能讓人感覺好的事，就是無條件的愛。大多數的家長不知道，當他們懲罰孩子的時候，沒辦法「把愛表現出來」。事實上，大多數家長以愛之名，行懲罰之實。許多家長放著有更有效的管教工具不用，卻偏偏要用懲罰當手段。還有大人會這樣想：「我也是被打大的，你看我現在也很好。」

沒錯，我們從小是被打大的，我們現在也不錯，可以笑談小時候受到的懲罰，甚至說自己活該。但是，假如當年我們能從自己的錯誤中學習，而不是為了自己的錯誤付出代價，那麼現在的我們，是否會更好？

以下案例是一個成年人的心路歷程，他在正向教養讀書會裡面體認到，當年的懲罰（讓現在的他變得還不錯）與非懲罰性的管教方式（可能會讓現在的他更好）兩者之間，有哪些差異。

實際案例

史丹在正向教養小組裡，分享了他小學五年級作弊的故事。他說：「我好笨，把答案寫在手心上，老師馬上就看到我打開手心找答案。」老師當場拿起史丹的考卷，在全班面前把考卷撕了，罵他是個作弊的騙子，成績不及格！老師又把這件事告訴史丹的家長，他父親把他痛打了一頓，又禁足整整一個月。史丹說：「從此我再也沒作弊，我那次考試不及格，也是剛剛好。」

正向教養讀書會帶領人於是協助他重新探索這個生命經驗，目的是讓整個小組的成員都能理解，當年是否有其他更有效的方式，可以處理這個作弊事件。

帶領人：大家是否都同意，史丹活該被當？

成員們：同意。

帶領人：「不及格」這個事實，是否足夠能讓史丹體會到自己的行為所帶來的結果？

還是說，必須加上懲罰，他才能體會到？

成員們：嗯……

帶領人：史丹，你覺得呢？你因為作弊而不及格，你有什麼感想？

史丹：我覺得很有罪惡感，而且非常丟臉。

帶領人：那次經驗，讓你做出了什麼決定？

史丹：我從此以後再也不作弊了。

帶領人：你被你爸痛打了一頓（這是懲罰），這件事讓你做出了什麼決定？

史丹：我感到我讓我父母親失望。到今天，我還會擔心自己有沒有辜負他們的期待。

帶領人：那麼，懲罰對你產生了什麼幫助？

史丹：嗯，我本來就已經決定從此以後不會再作弊了。在全班面前被活逮的那種罪惡感，那種丟臉的感覺，就足夠讓我學到教訓了。事實上，「我怕我辜負了父母的期待」這個想法，實在是很大的負擔哪。

帶領人：假設你有一根魔法棒，可以改變那次事件，你會如何改變？你會想要改變誰的說法或是作法？

史丹：嗯，我想我一開始就不會作弊。

帶領人：之後呢？

史丹：不知道耶。

帶領人：有人有任何建議可以提供給史丹嗎？你們不是當事人，應該很容易就看出其它的可能性。史丹的老師和父母可以怎麼做或是怎麼說，來表現出溫和且堅定的管教態度？

成員A：我本身就是老師，這個故事讓我學到很多。老師應該把史丹叫到一旁，詢問他為什麼要作弊。

帶領人：史丹，如果老師問你為什麼要作弊，你的答案是什麼？

史丹：我想要考試及格。

成員A：那我可以理解他希望考試及格。所以我會問他，他想要用欺騙的手法來及格，這樣的話他自己會有什麼感想呢？

史丹：我會告訴老師，我再也不作弊了。

成員A：我會告訴他：「你這次考試不及格，但我很高興你學會了從此不要作弊。」然後我會要求他提出一個計畫給我，關於下次考試他想要做什麼，來讓自己及格。

史丹：我還是會對這次的作弊懷抱罪惡感和丟臉的感覺，但是我也會體會到老師那種堅定且溫和的態度。現在我懂了。

帶領人：現在，假如你能夠改變你父母當年的做法，你會怎麼變？

史丹：如果他們能理解我那種罪惡感、那種尷尬，那該有多好！他們可以發揮同理心，告訴我這次經驗是一個艱難的教訓，而我必須去面對它。然後，他們告訴我說，他們有信心我能從這次經驗裡面學習到教訓，未來做出正確的決定。他們還可以向我保證，無論如何，他們都愛我，但他們希望將來我再也不要讓自己失望了。哇凹，多麼不一樣的情況啊——更擔心讓自己失望，而不是讓父母親失望。我覺得這樣非常能鼓勵我。

以上這個關於非懲罰性教養方式的案例，有幾個重點要強調：

1. 非懲罰性的教養並不是「溺愛」孩子的行為。
2. 非懲罰性的教養，乃是在支持與鼓勵的環境中，協助孩子探索他們自己做出的選擇，會帶來什麼樣的結果，好讓他們獲得長期的成長。
3. 雖然被懲罰了，大多數的人後來長大以後也都「還不錯」，但若是他們當年能夠透過一個溫和且堅定的方式去學習，可能會學到更多。

史丹的父親沒有機會去理解他自己的教養方式，會造成什麼樣的長期效果。他也沒有機會去理解，進入孩子的世界有多重要。他並不知道當孩子感覺好的時候，也會表現得更好。他不知道無條件的愛，再加上溫和且堅定的態度，會產生多大的能量。如果他父親知道的話，史丹就可能透過「贏得孩子合作的四個步驟」，得到更多的益處。

贏得孩子合作的四個步驟

第二章提出的「贏得孩子合作的四個步驟」是一個絕佳方式，可以協助你進入孩子的世界。每當你覺得自己與孩子的溝通中出現了隔閡（原因或許是敵意或是排斥），就可採用這些步驟。

大多數的家長希望孩子的成績好。孩子往往會把這個情況理解為「成績比我重要」。若你為了孩子好，希望孩子做某些事，而孩子卻懷疑這些事有多好的話，此時就可以讓「贏得孩子合作的四個步驟」發揮效用。

4個步驟贏得孩子的合作

1. 向孩子表達你理解他們的感受，「你覺得我希望你成績好，是為了我還是為了你？」
2. 表達同理心，但態度不是溺愛。「我知道，目前好像你的表現不太好。以前我父母希望我表現得更好的時候，我也會認為我好像是為了他們和他們的期待而活。」

3. 分享你的感受和觀點。「我真的希望你的成績能夠更好，因為我覺得你會因此而受益。我知道，現在感覺很討厭，但是在未來，良好的教育能為你打開更多的門，提供你更多的選擇。」

4. 邀請孩子把注意力放在解決方案上。「我們可以做什麼，好讓你能把重點放在你覺得對你有益的改進事項上，而不是只看到我的批評？」

若要教育孩子溝通和解決問題的技能（且這些技能的最核心，就是社會責任），那麼最重要的就是要先創造一個相互合作的氣氛。只要孩子擁有良好的溝通和解決問題技能，則他們人際關係及生活環境的品質就會大幅改善。而教導這些技能的最好方法就是成人以身作則，和孩子一起努力。身教就是最好的教育。

教導並示範溝通與解決問題的技能

家庭會議和班會是很好的機會，讓大人與孩子一起練習許多溝通技巧及解決問題的技能。如果你有開家庭會議和班級會議，應當會留意到，孩子在會議中學習到的技能，也會發揮在生活中其他的領域中。

除了家庭會議和班會之外，正向教養還有其他的工具，可以運用在溝通、解決問題之上。而班級和家庭會議的技能，同樣可以運用來解決人際之間的問題，例如啟發式的提問、贏得孩子合作的四個步驟等，都是很棒的平台，可以用來溝通或解決問題。另外，當孩子想要解決一對一之間的人際衝突時，也可以運用以下的「四個解決問題的技巧」。

解決問題的四個步驟

1. 忽視它（離開要比留下來對抗需要更大的勇氣）。

a. 去做別的事情（自己去玩另外一個遊戲或活動）。

b. 離開現場，先有一段冷靜期，然後採取以下的步驟。

2. 尊重的把問題談清楚。

a. 告訴對方你的感受。讓他知道，你不喜歡此刻正在發生的事情。

b. 傾聽對方的感受，以及他不喜歡的地方。

c. 分享你認為在這個衝突中你自己應負的責任。

d. 告訴對方，你願意採取的不同做法。

3. 對於解決問題的方式達成共識。例如：

a. 一起規劃出一個分享或輪流使用的計畫。

b. 道歉。

4. 雙方無法解決時，尋求外在協助。

a. 把問題列入議程（也可以在問題發生之初，就先使用這個工具。並不一定要把這個步驟放在最後才使用）。

b. 和家長、老師或朋友討論。

先和孩子討論以上這些方法，然後用以下的情境，讓孩子做一次角色扮演。然後針對每個假設情境中，選擇一種上述的方法來嘗試解決問題。

- 因為該輪到誰玩球而起了爭吵。
- 排隊的時候發生推擠。
- 辱罵對方。
- 為了輪到誰坐在靠窗的位子而發生爭執。

老師可以把上述四個解決問題的方法寫成海報，供孩子參考。有些老師要求孩子，在發生問題之際必須先嘗試使用這四個方法來解決，無效的話才能列入班會議的議程。也有些老師喜歡使用班會來解決，因為可以讓更多的孩子參與學習。先不論哪種方式比較有效（班會或一對一），不妨讓孩子自己選擇他們喜歡的方法。

當孩子把問題帶到父母面前，父母也可以趁機教導孩子上述的四個方法，並且搭配使用贏得合作的四個步驟，孩子就比較能做好解決問題的準備。

幫助孩子培養責任感

本書提出的一切觀念，都有助於孩子陪養出責任感。許多事情孩子可以自己做，也應該自己做，可是如果大人持續不斷為他們做好了，那麼孩子就無法學會責任感。

家長可以幫助孩子去做他們該做的事，而老師在這件事上也可以出力。老師可以用很多方法，讓學生協助老師，學生也會因此變得更有責任感，使得孩子感覺到自己是被需要的。而這樣會讓他們產生歸屬感和價值感。

大人也要全面擔起自己的責任

大人的責任在哪裡呢?我們不必一直自責,一直懷抱罪惡感,我們反而應該清楚知道自己可能會犯什麼樣的錯誤,這樣才能預想該如何修正錯誤,以便求得我們希望的結果。

大人常抱怨一些事情,但如果成人一肩挑起這些事情的全部責任,那會發生什麼事?如果家長和老師都清楚知道自己的不當行為(例如缺乏知識、缺乏能力),正如他們清楚知道孩子的不當行為(缺乏知識、能力和成熟度)的話,那麼情況會不會變得不一樣?當每個人都擔起自己應負的責任,而不要一直指責或羞辱,那就更容易把焦點放在解決問題的方法上了。

成人常常陷入權力鬥爭或報復的模式,沒有進入孩子的世界,也沒有花時間訓練孩子,又忘記自己應該要溫和且堅定,要採取尊重的語調,不可以採用懲罰為手段。這樣,就可能激發孩子的「挫敗」行為。

用同理心對待你自己

要記住,犯錯是絕佳的學習機會。你犯錯時,請先同理心對待自己,並利用這次犯錯來學習。我自己過去超過四分之一個世紀,都是從錯誤中學習教養的方式,雖然我犯過許多的錯,我還是熱愛這些教養的原則，每當我迷途時，就是這些原則指引我回到正路上。

以前我還沒學會對自己也抱持同理心，那時我對自己太嚴厲了，每次只要我無法做到我自己教授的原則，就會趴在丈夫的肩膀上痛哭：「連我自己都做不到，我怎麼有資格告訴其他家長和老師，該怎麼有效教養孩子！」我丈夫會用一些我教過的其他觀念來提醒我，例如：

- 犯錯是絕佳的學習機會。
- 去看見事情的正面意義（我實在太少運用這些原則了）。
- 懷抱著接受不完美的勇氣，因為人性就是不完美的。
- 先冷靜下來，再處理問題。

不斷學習

如果你喜歡這本書當中所提到的觀念，那我強烈建議你，將本書從頭到尾再讀一遍。我相信在重讀的過程中，你會獲得十倍以上的收穫。無論學習任何事，「重複」本來就是很重要的步驟，重讀一遍的話，你就有機會看見許多第一遍閱讀的時候沒注意到的內容。還有，書中這些觀念會越來越合理，因為你現在對於整體的正向教養概念更熟悉了，將能夠把一切整合起來。

依據我個人經驗，加上好幾百位老師、家長的心得回饋都顯示，本書所提到的方法，只要正確使用，那麼真的會產生很大的效果。正向教養的原則不但有效，而且很積極，可以解決我們此刻面臨的教養問題。更重要的是，它提供了一個基礎，讓孩子能夠持續、獨立地建構自己的人生。

成人有責任引導孩子、協助孩子，讓他們培養出能讓他們過著快樂、有貢獻人生所需的品格。我們的任務是提供一個良好的基礎，讓他們繼續發展。教導他們自律、責任、合作和解決問題的技能，就可以幫助他們奠定絕佳的基礎。當孩子們展現出這些特質和能力，他們就擁有更佳的歸屬感和價值感，並且透過正向的行為展現出來。

正向教養並不是追求完美。每當我聽見家長說「我的孩子雖然不完美，我也一樣，但我們越來越享受我們的親子關係了」，感覺實在很棒。更棒的是聽到老師這樣說：「現在的孩子，真的跟以前很不一樣，所以我很高興，除了控制之外，我還能學到很多方法，可以更有效地和今日的孩子合作。」固然，本書提到的原理原則尚未臻完美，然而卻可讓你在教養的路上，享受更多愛與喜樂。

本章重點

1. 你的行為背後所隱藏的感受，遠遠比行為本身來得更重要。
2. 將犯錯視為學習的機會。
3. 有時同一件事你必須反覆學習，這時要對自己有耐心。這是學習過程的重要部分。
4. 表達出無條件的愛。
5. 相信孩子有正面的意圖。
6. 使用贏得孩子合作的四個步驟。
7. 教導孩子，並且親身示範部分溝通與解決問題的技能。
8. 協助孩子培養責任感。
9. 無論是任何衝突，大人應該擔當起自己該負的責任。
10. 對自己抱有同理心。
11. 利用反覆閱讀和練習來強化學習。

可以討論的問題

1. 正向教養的主要目標是什麼？
2. 我們如何做，遠比我們做什麼更重要。為什麼呢？請分享一個你的個人經驗：當你改變了你自己的做法，後來造成什麼樣的不同。

3. 就算我們每次犯了相同的錯誤，是否每一次都能學到經驗？這個原則，是否適用於所有型態的錯誤？我們應不應該因為犯下某種錯誤，而感到愧疚不已？

4. 若你採用了某種方法，但是卻缺乏適當的感覺或態度，會發生什麼情況？

5. 「我小時候也被懲罰過啊，現在也過得不錯啊」這個觀念，為什麼會誤導人？

6. 解決問題的四種方法（尤其適用於一對一之間的人際關係）是什麼？學到這些方法，可讓孩子得到什麼好處？

7. 成人能從擔起完全的責任學到什麼？

8. 如果對自己沒有同理心，會發生什麼事？如果對自己有同理心，會發生什麼事？

9. 任何事情都去看到積極正向的部分，這樣會有什麼好處？

10. 為什麼「向孩子表達出無條件的愛」很重要？請討論：大人想表達的意思，以及孩子的理解，兩者之間有什麼差異？

11. 為什麼本書值得一再閱讀？

附錄1　如何帶領一個正向教養讀書會

一九六五年的時候我一度徬徨不知所從：我想當個好媽媽，又不知道該怎麼辦。後來學習到了本書中所提到的許多教養觀念，心中充滿了感激，可是又常常會退步，回到舊習慣中。後來我帶領了一個家長讀書會，這個經驗使我能走在正確的路途上，並且明顯強化了我對於正向教養技巧的應用能力。

自從出版了《溫和且堅定的正向教養》之後，我和琳·洛特為了開設教養的課程，因此發展出一套體驗式的課程，這個課程的手冊就是《正向教養家長講師指南》（Teaching Parenting the Positive Discipline Way），書中有很多體驗式活動，效果遠遠大於用講課的方式來教導原則和技巧。而我們也為家長課程的講師提供兩天的訓練課程。

我比較喜歡用這套體驗式課程來開設正向教養家長課程，所以我有點猶豫到底要不要將附錄1的內容納入本書中。不過，許多家長都回饋說，他們使用了附錄1的內容和資訊，因此獲益良多。

讀書會的組成

只要有幾個朋友和鄰居就可以開始了，也可以一開始就組織一個比較大的團體。許多學校的校長也樂意配合舉辦讀書會，將第391頁的參考推廣傳單發給家長。請記住，帶領人並不需要是專家，只要讓全體成員都明白，雖然你是帶領人，但大家是在一起學習，而且你和成員一樣，都有許多需要學習的知識。可能的話找一個共同帶領人。然後就按照後面介紹的「讀書會課綱」來按表操課即可。

解決問題表格

由家長讀書會的成員彼此協助動腦尋求問題的解決方案，這樣的效果很好。當我們客觀審視他人的問題時，我們就會發現，其實大家懂的非常多。

第399頁有一個「解決問題表格」，可以用來作為討論特定狀況的引導。讀書會帶領人可以把這個表格影印下來，在第一次聚會時給每位成員。若某人想到某個特定問題，他就可以將問題寫下來，在適當的時候與讀書會一起分享。成員如果知道日後將會討論某些特定的情況，則他們就比較容易在還沒討論到這些情況之前，持續參與讀書會。

身為讀書會的帶領人，最大的好處就是能學到最多事情。學習最讓人興奮的，就是這是一個終身的過程。不必感到挫折，只要持續帶領這個團體，不斷學習就好了。

募集成員：可供參考的推廣傳單內容

如何在家庭與學校中採用正向教養？
歡迎參加：正向教養家長讀書會
協助孩子培養出以下重要技能：

- 自律
- 責任感
- 解決問題的能力
- 自尊自重

如果你家孩子出現了以下問題：

爭吵打鬧　缺乏責任感　不願幫忙做家事
不作功課　不好好吃飯　早上起不來

不願分享　晚上不肯睡　喜歡頂嘴

透過讀書會，你就會瞭解為什麼孩子會出現不當行為，還可學到如何用「非懲罰性」的方法來解決這些問題。

時間：寫出星期、地點、持續多久、起迄日期

地點：例如，學校圖書室

✂--✂

剪下並繳回學校：□是，我想要參加。□我無法參加，請與我聯絡可行的時間。

姓名：＿＿＿＿＿＿＿＿＿＿電話：＿＿＿＿＿＿＿＿＿＿

讀書會課綱

第一週

主題：說明讀書會的運作原則，以及第 396 頁的「參與讀書會的挑戰」。

出生順序活動：可以用本書第三章後面的「團體練習」當小組破冰活動。

解決問題表格（第399頁）：發給每個成員幾份，請大家寫下他們想要討論的情況。預定於第四週進行討論。同時，請大家閱讀本書稍後的「如何使用解決問題表格」，好讓大家熟悉如何使用。

閱讀進度：安排下週討論的章節以及討論問題。（每週都應有閱讀作業，閱讀的內容應配合下週要討論的主題。）

家庭作業：本書第一、二、三章。

第二週

練習一：每位成員先選擇一名夥伴，以第一章提到的「懲罰帶來的四個R後果」為內容，彼此描述自己的經驗。然後整組一起分享。

練習二：花幾分鐘思考，如果你一開始先傳遞了愛的訊息，孩子的表現是否會有不同？先與夥伴分享，再整組一起分享。

討論第一、二、三章結尾的「正向教養的工具」及「可以討論的問題」，請參與者分享他們的經驗：如果在某個情況下，他們有機會採用這些工具的話，情況會有什麼不同。

家庭作業：第四、五、六章。

解決問題表格（第399頁）：發給每個成員幾張。接下來每週會邀請一位自願者，使用該表格找出特定問題的解決方法。（就算有些成員寫下的問題沒有被討論到，他們也可以從發言者的內容獲得益處。）

第三週

討論第四、五、六章中的「正向教養工具」和「可以討論的問題」。

解決問題表格：徵詢是否有志願者，想要針對他們寫在表格中的問題，提出討論或研究解決方法。視時間來決定多少人發言。

家庭作業：第七、八、九章。

第四週

討論本書第七、八、九章的「正向教養工具」和「可以討論的問題」。

解決問題表格：徵詢是否有志願者，想要針對他們寫在表格中的問題，提出討論或研究解決方法。視時間來決定多少人發言。

家庭作業：請小組成員在家中推動家庭會議，並在下次聚會中回報。

家庭作業：第十章。

第五週

討論第十章的「正向教養工具」和「可以討論的問題」。

要求組員討論自己的生活型態取向，以及這對他們教養方法所造成的正面和負面影響。

解決問題表格：徵詢是否有志願者，想要針對他們寫在表格中的問題，提出討論或研究解決方法。視時間來決定多少人發言。

家庭作業：第十一、十二章。

第六週

討論第十一、十二章的「正向教養工具」和「可以討論的問題」。

解決問題表格：徵詢是否有志願者，想要針對他們寫在表格中的問題，提出討論或研究解決方法。視時間來決定多少人發言。

結束活動：請組員閉上眼睛，然後分享三個他們學到的、覺得最重要的概念，以及他們應用這個概念的經驗，或未來想要如何應用。請他們花一段時間將想法寫下來，然後請組員分享他們參與這個小組獲得的最重要心得。也可請組員考慮，日後是否繼續相聚，利用解決問題表格來解決教養的挑戰。

參與讀書會的挑戰

在本書的前言當中，介紹了讀書會的價值及一些進行程序的建議。在此，將進一步建議你在第一次聚會時就和成員們討論以下的概念。

有幾種性格的人，可能會對讀書會的運作造成問題。若每個成員都清楚這些情況，並且願意配合，就可以避免這些問題。最好是在問題發生之前就先行討論，這樣才不會讓人感覺是針對他們而來的批評。

霸佔發言機會的人

我相信許多人都曾經在團體裡碰過霸佔發言機會的人。這種人對團體中的其他人可能帶來很大的傷害。如果你知道你自己有獨佔發言台的傾向，可以嘗試以下方法來改善：

- 發言前先默數到五。這樣可讓別人有機會發言。
- 將你的發言內容，限制在對你和其他人都有興趣的部分。
- 發言簡短，直說重點。大多數的獨佔者會重複自己的內容，同樣的結論講好幾遍。
- 經常檢查自己有沒有離題。
- 要意識到小組其他成員可能不如你主動。請協助他們參與討論（可參見不說話的人）。

不說話的人

看過了上面有關霸佔發言機會者的描述，千萬別因此就不敢在小組中發言。一個缺乏參與的讀書會很難成功。

成員在團體中沉默不語的原因有許多，但最值得注意的是：（1）霸佔者阻撓了其他人的發言機會；（2）有些人的風格就是話不多。

要分辨出這兩者的差別，我們可透過身體語言的觀察。想發言的人往往會把身體向前傾，而且往往會直接開口說話了。有些人可能會舉手表示自己要發言，也有些人會直接發言。小組中比較積極的組員若觀察到有人想發言，可以協助說：「瑪莉，妳是不是想要說什麼？」

另外，有些人寧願保持沉默，所以也不必刻意點名請他們發言，免得他們尷尬。

一直想辯論的人

請記住，這個讀書會的目的是為了瞭解、練習正向教養的概念。雖然除了正向教養以外，可能還有其他的有效教養方式，但如果在小組中一直討論其他的理論上，就沒有時間去討論、理解、練習本書當中的正向教養理論了。

自以為是的人

有些人對正向教養十分狂熱，他們巴不得能夠立刻用正向教養的原則來導正其他人的觀念。舉例來說，妻子可能在參加讀書會之後，回家對丈夫說：「從今天起，我們家就是要這樣做。」假設配偶有機會觀察過你的做法，而且發現真的有效，那當然後受到激勵，願意嘗試正向教養的技巧。但如果驟然改變，配偶可能會出現抗拒。

當然，最理想的狀況是夫妻倆共同努力，採取相同的教養原則。但如果不是這樣，也沒關係，孩子非常的聰明，會根據互動的對象，不斷調整自己的行為。讓孩子有機會與不同教養方式的成人互動，這樣並沒有壞處。

你唯一可改變的人就是自己。

不斷懷疑的人

本書提到的技巧，都已經過無數父母和老師的成功運用。許多人還是會覺得懷疑，但往往這只是迴避嘗試新觀念的藉口而已。

在學習過程中，你可以選擇你願意嘗試的觀念。你並不需要百分之百遵從本書的內容。

請詳細描述你面對的問題（上一次發生是什麼時候？）

發生這件事，你的感受是什麼？（煩躁、被威脅、受傷或是無力？）

對於孩子的行為，你採取的反應是什麼？

孩子對你的做法，又採取了什麼反應？

你認為，孩子行為背後的錯誤目的是什麼？

若相同的事情日後再度發生，你會有哪些不同的方法可以選擇？（將讀書會的建議記錄在此。）

如何使用解決問題表

帶領人可以複製上述表格，發給每位成員。在最初的幾週，學習了本書前六章的基本觀念以後，解決問題表可以幫助成員記住他們想要討論的情況。

開始討論時，請成員先試想孩子行為背後的錯誤目的是什麼，然後開始探究大人的主要感受是什麼——此時可以留意大人的語氣，以及發言內容與真實感受的矛盾之處。舉例來說，若發言的成員說他（她）只是有一點點不爽，或者只是覺得有點無力，然而同時他的發言內容卻顯示出親子（或師生）之間的權力鬥爭：大人想要讓孩子屈服在自己的意志底下。大人的憤怒或挫折，是否只是想要掩護他真正的感覺：他覺得被威脅了，他覺得受傷了？

回到孩子行為背後的錯誤目的：若成員們確認了錯誤目的，就可提供幾個建議做法，讓發問的家長或老師回去嘗試。這些建議做好，最好能使用多個書中提到的概念或工具。而提出問題的人則可以從成員的建議做法當中，選擇一個或幾個做法回去施行。

下一次讀書會中，在報告時應該以「上次的建議做法是否有效」為開頭。如果建議的做法無效，成員可以協助探究原因。例如，這位家長可能忘了對孩子採用尊重的語調，或者可能冷靜期不夠長。

以下幾個案例，是某讀書會討論的情況，以及成員們建議的解決方案。

實際案例

【案例一】六歲的麥特常覺得父母不公平。有天早上，母親伸手去撫平弟弟的床鋪。麥特看到了就說：「不公平。你總是幫他，沒有幫我。」媽媽於是在讀書會裡分享了她的感覺（她很懊惱）。成員們進一步詢問後，發現其實這位媽媽的真實感覺是「很受傷」，因為她很努力要做到公平，但麥特總是指控她不公平。

大家於是推測，麥特可能也有受傷的感覺，因為他的觀感是媽媽偏心弟弟。成員們於是提出了以下兩個建議：

1. 採用「贏得孩子合作的四個步驟」。明白告訴孩子，你覺得他此刻的感受是什麼。然後和孩子分享自己曾經覺得不公平的經驗，讓他知道，妳瞭解他。接著向孩子解釋，妳追求的是公平，因為妳對兩個孩子的愛是一樣的。最後，請麥特一起協助，尋求解決問題的方法，看看能夠怎麼做。

2. 和麥特有一段特別的相處時間。這應該納入解決問題的方法中。

【案例二】詹姆斯老師分享了他的擔心，他小一的學生史考特經常不寫功課。他起初猜想，史考特這個行為背後的錯誤目的是尋求想要注意力或爭奪權力，因為史考特的能力沒問題（根據他過去的表現）。讀書會的建議做法之一，就是老師和史考特做一個「目的揭示」，這樣至少能讓詹姆斯老師比較清處理解史考特的目的是什麼。詹姆斯老師則希望先就這個技巧來練習，於是由他扮演史考特，由另一位成員進行了目的揭示。一旦詹姆斯老師從史考特的眼光來觀察，老師才驚訝地發現，史考特追求的目的可能是報復。

老師和史考特的父母很熟，和他父母聊過之後發現，原來有次老師去渡假，史考特就出現了不寫功課的行為偏差。原來，老師去渡假之後，史考特曾告訴家人，他很擔心以後老師不回來了，而如果這樣的話，他會很傷心。結果，等到老師真的回來了，史考特卻又怯於和老師太親近。於是史考特就出現了「被動報復」的行為。

詹姆斯老師明白這個道理之後，很希望能早日和史考特談一下，並且使用贏得孩子合作的四個步驟來解決問題。

【案例三】在幼稚兒任教的羅伯茲老師，分享了她和學生史蒂芬之間的問題。史蒂芬每次在積木區遊玩之後，都不肯收拾好。羅伯茲老師一開始只是覺得很挫敗，後來她才發現自己沮喪的真正原因：她竟然叫不動孩子去做他該做的事。組員們和老師成功分辨出原來錯誤的目標是爭奪權力（誰該聽誰的），因此組員們提出了下列的四個建議做法：

1. 花時間訓練孩子。確認孩子已經明白老師的期待。
2. 詢問孩子：「你喜歡玩積木嗎？玩好積木以後，你應該做什麼事呢？你覺得你在某一段有限的收拾的時間裡，總共可以收拾好幾個積木？」
3. 提供選擇，而選擇就包括邏輯後果。「你是希望現在就收拾積木，還是在說故事的時間裡面收好積木？你希望收好積木，還是以後放棄玩積木的權利？」
4. 把權力的行為重新導向，讓羅伯茲主導收拾。

羅伯茲老師選擇採用第四個建議做法，因為她覺得這個做法可以吸引史蒂芬配合，足以解決問題。

【案例四】賽奇維克太太抱怨說，六歲的史考特沒有把玩具收好，這樣很不尊重。組員們覺得賽奇維克太太的語調明顯表示出母子之間的權力爭奪已經升高到報復的狀況了。於是組員們建議以下的做法：

1. 勇敢承認自己的責任：向孩子分享，自己很不高興家裡到處散落著玩具。然後承認自己的責任：媽媽買了太多玩具，遠遠超過孩子的需求。

2. 就自己的問題，尋求外在的協助和解決方法。

3. 花時間訓練：利用袋子或箱子來放置玩具，並且和史考特約定好，每次只能倒出一袋或一箱玩具，等到收拾好前一箱玩具之後，才能打開另一箱。

4. 提供選擇給史考特：玩具可以是由媽媽收，也可以是由史考特自己來收。如果是媽媽來收的話，這些玩具以後就被沒收了，一直等到史考特展現足夠的責任感，以及對這些玩具的強烈興趣，才會再拿出來。如果史考特以後對這些玩具並沒有展現需求，就代表他的玩具已經多到連他自己都不在意了。

附錄2　透過同儕輔導培養社會責任感

有些五、六年級的學生會用他們與生俱來的領導能力，帶著大家幹壞事。這時就必須採用同儕輔導的方式來導正他們的行為。而在同儕輔導過程中，最重要的關鍵因素就是社會責任感。依據阿德勒的說法，幫助這些學生將領導能力重新導向正途的最佳方法，就是教導他們用具有建設性的行為來協助其他學生。

以下就是一個實務案例。有一個學校的五、六年級導師收到通知，請他們推薦一些具有領導能力的學生來參加同儕輔導訓練課程。參與者的資格是，在班上屬於領導人物，但卻把天生的領導能力用來幹壞事的人。

獲得推薦的學生都必須接受面談，以便確定他們是否有意願全程參與這個訓練，然後成為合格的同儕輔導志工，每週一到兩次為其他的學生進行同儕輔導。訓練課程採用的內容是美國心理學家威廉·葛拉塞（William Glasser）的現實治療五步驟。

現實治療

步驟一：我們當朋友吧

這是初階訓練的重點。請受訓的學生想想友情最重要的面向是什麼，要如何創造出信任的氛圍。學生們思考過後說，友情最重要的面向是：

- 願意照顧對方
- 關心對方
- 想要幫助對方
- 尊重對方

受訓學生說，如果想要創造出友誼的氛圍，必須要：

- 直呼對方的名字，而不是連名帶姓一起叫。
- 告訴對方，我叫什麼名字。
- 展現理解
- 自我介紹。例如，說明自己擔任同儕輔導志工的任務，或是分享自己有過需要輔導的類似經驗。

- 協助對方放鬆
- 善用幽默感
- 表達出「想要和對方一起努力，設法解決問題」的意願。

上述的做法整理出來之後，發給每位參與訓練的學生。師長們也提醒學生，日後在進行同儕輔導的時候，上述的做法並沒有先後的順序，也不必在每次輔導其他學生的過程中都全部用上。同時，師長們也鼓勵受訓的學生發揮創意，想出新的方式創造友誼的氛圍。

下一個階段的訓練中，學生們將學到現實治療的第二到第五步驟。

步驟二：你在做什麼？

1. 透過啟發式發問，瞭解眼前的問題是怎麼造成的。這些問題可以幫助被轉介來接受同儕輔導的當事學生明白，自己在眼前的問題中，扮演了什麼角色。
2. 當事學生們通常不會在一開始就主動和盤托出，所以需要問：「在這之前呢？之前發生了什麼事？」每當學生給出答案了之後，就不斷提出同樣的這個問題，直到你覺得自己已經找到了問題的起源。

步驟三：這樣會有幫助嗎？

詢問以下的問題：

1. 你做的事，後來造成什麼後果？
2. 然後呢？你得到了什麼？
3. 你付出了什麼代價？這樣對你造成什麼樣的問題？

步驟四：讓我們來想想改進的計畫吧

我們可以採用哪些不同的方法，來解決眼前的問題？

1. 詢問當事學生，他自己是否有什麼建議。
2. 你可以主動提出其他的做法。

步驟五：取得當事學生的承諾

詢問當事的學生：

1. 針對剛剛提出的改進計畫，是否願意去做？
2. 什麼時候會做？

角色扮演

在訓練的尾聲，用下列的人物進行角色扮演：

- 一位在操場上打架的學生。他因此被轉介來進行同儕輔導。
- 一位對老師不尊重的學生。
- 一位老是不寫作業的學生。

一開始，同儕輔導是由兩位學生志工和一位成人督導共同進行。等到學生志工表現出足夠的能力和信心，就不需要成人的直接督導。但是，成人督導還是會在一旁，隨時提供協助。

被轉介來進行輔導的學生，都有一張轉介單，上面有學生姓名和相關問題的描述。同儕輔導志工和當事學生會談後，將解決問題的方案寫在轉介單上。一份送回到老師處，另外一份則留下當記錄。

許多被轉介來接受同儕輔導的當事學生，都樂意和同儕輔導志工談話。同儕輔導志工往往能表現出絕佳的明辨能力，清楚找出問題的根源，並提供可能的解決方法。

有位當事學生因為和老師處不好，於是被轉介來接受同儕輔導。同儕輔導志工說他能理解，因為他自己以前也曾有類似經驗。同儕輔導志工接著說，或許那位老師正面臨自己的困境，也需要鼓勵。他同時指出，老師的行為如何，做學生的無法去改變，但是學生可以把重點放在自己的行為上。同儕輔導志工和當事學生一起想出了一個計劃，讓當事學生可以表現出鼓勵他人的態度，而且做好自己的分內工作，免得老師要為他而擔心。

以上的案例可見，若同儕輔導志工和當事學生一起推動解決問題的方案，則學生之間就會產生一種為自己負責、鼓勵他人的氣氛。

後來，這個學校裡面的老師都很樂意轉介學生去做同儕輔導，熱情支持這個計畫。老師們也稱許同儕輔導計畫的效果，能將領導能力從原先是負面的轉成正面的力量。

附錄3　給家長的信（學校或老師可依實際需求改變內容）

親愛的家長：

很高興告訴您，本校即將進行一個全新的計畫，這個計畫可以幫助您的孩子培養出現今社會極為重要、也關乎孩子未來成就的七個重要認知與技能。這七大認知與技能的內容，可參見信末。這個計劃的另一個特點，就是能教導孩子自律、負責、合作，還有解決問題的技能。同時，這個計畫把焦點放在「非懲罰性的解決問題方法」之上，摒除一切的懲罰手法（例如指責、羞辱、痛苦等），代之以和善、堅定、尊嚴和尊重的方式。

很多人誤以為「管教」等於「懲罰」，並並不是這樣的。「管教」的英文字詞源自於「真理、原則或是敬重的教師」或「教導」等意思，孩子真正的紀律，來自於內在的制控點（孩子的自律），而不是外在的制控點（由他人加諸的懲罰或獎勵）。而「懲罰」就是外在的制控點，它的用意是要歸咎、羞辱及痛苦。當然，有些大人出自一種錯誤的信念而對孩子施加懲罰，他們錯誤地相信懲罰可以幫助孩子變得更好。固然，懲罰可以在當下立即終止孩子的負面行為，但是長期的後果通常是負面的——叛逆、怨憎、報復或是退縮（變成鬼鬼祟祟）或低落的自我價值。以上這番話，如果你想驗證它是否為真，只要回想一下即可：如果別人指責你、羞辱你、施加痛苦在你身上，你的感受是什麼？你以後會想要怎麼做？

我們到底是從哪學到「若想要孩子表現得更好，就得先讓他們覺得很糟」的瘋狂想法？其實，當孩子們感覺較好時，他們才會做得更好。我們大人也不都是這樣嗎？

我們要推動的計劃，就是教室中的正向教養。這個計畫的關鍵程序就是班會。在班會中，學生和老師針對個人、同學、老師或是學習環境有害的議題，一起協力尋求解決的方法。在班會中，學生們學習到幫助他人從錯誤中學習，並且找出非懲罰性的解決方案。在班會中，學生們還可以學到讚美和接受讚美、尊重地聆聽、理解並尊重差異、協力想出解決方法、選擇對個人或是群體最有幫助的解決方案等等。他們很快就會知道，每個人都可以為自己的選擇負責，因為他們若做出不好的選擇，不但不會因此受懲罰，還會從犯錯中得到學習的協助。

有些家長擔心班會有可能亂成一團，害自己的孩子當眾被羞辱。事實不是這樣的。剛開始推動班會的時候，學生可能還不習慣互助，不習慣把錯誤視為最佳學習機會，也不太習慣如何尋找最有效的解決方法。原因是大多數的學生從大人身上學到如何指責別人、羞辱別人、讓別人痛苦。所以，我們必須教導學生尋找非懲罰性的解決方法。

正向教養的根基就是，不管什麼時候，每個人都享有尊重，維持尊嚴。為了讓班會變成助力，而不是變成懲罰，最好的方法就是邀請大家一起腦力激盪，看看哪些方法最能幫助當事學生解決問題，然後再由當事學生自己選擇解決的方案。如果討論的問題涉及全班，還可以採取投票方式。如果解決方案無效，學生可以再度將問題列入議程中，以便進一步討論出解決方式。

研究顯示，擁有七大重要認知與技能的孩子，在當下常見的青少年問題上風險明顯降低，包括暴力、破壞、嗑藥、懷孕、自殺、低成就、輟學等。換句話說，那些缺乏七大認知與技能的孩子，正是青少年問題的高風險群。

就我們所知，正向教養是目前最有效能協助學生學習、操練這七大重要認知與技能的方法，同時還能解決課堂上的管教問題。請想想，這些技能將為孩子們日後的職場及家庭關係，帶來多大的好處！這些技能和學業能力同等重要，說不定更重要！

希望您和我們一樣興奮，我們即將把班會列為正常課程一部份，以創造出教室裡的正向教養。我們邀請您隨時前來參訪。

（老師簽名）

（校長簽名）

※請家長參看《溫和且堅定的正向教養》一書，繁體中文版由台北遠流出版推出。書中指出，以下七個重要的認知與技能，可以培養出一個有能力的個人：

1. 對個人能力的健全認知：「我有能力。」
2. 對重要人際關係的健全認知：「我的貢獻有意義，而且被需要。」
3. 對個人生命的能力與影響的健全認知：「我可以影響發生在自己身上的事。」
4. 健全的內省技能：有能力理解自己的感情，且能自我約束及自制。
5. 健全的人際關係技能：和他人共事的能力，並能透過溝通、合作、協商、分享、同理心和傾聽發展出友誼。
6. 健全的整體技能：以負責、適應、彈性與正直的態度，回應現實日常生活中的規範與結果。
7. 健全的判斷技能：運用智慧，據適當的價值觀來評估情勢。

國家圖書館出版品預行編目資料

溫和且堅定的正向教養 / 簡・尼爾森博士(Jane Nelsen, Ed.D.)著. -- 初版. -- 臺北市 : 遠流, 2018.05
面； 公分
譯自 :Positive discipline : the classic guide to helping children develop self-discipline, responsibility, cooperation, and problem-solving skills

ISBN 978-957-32-8241-9(平裝)

1.親職教育 2.子女教育 3.親子溝通

528.2　　107003493

溫和且堅定的正向教養

姚以婷審定推薦，暢銷全球40年的阿德勒式教養經典，教出自律、負責、合作的孩子，賦予孩子解決問題的能力

Positive Discipline: the Classic Guide to Helping Children Develop Self-Discipline, Responsibility, Cooperation, and Problem-Solving Skills

---

作　　者 簡・尼爾森博士（Jane Nelsen, Ed.D.）
責任編輯 陳希林
行銷企畫 許凱鈞
封面設計 陳文德
內文構成 6宅貓

發行人 王榮文
出版發行 遠流出版事業股份有限公司
地址 台北市中山區中山北路一段11號13樓
客服電話 02-2571-0297
傳真 02-2571-0197
郵撥 0189456-1
著作權顧問 蕭雄淋律師

2018年5月01日 初版一刷
2024年6月07日 初版十九刷
定價 平裝新台幣380元（如有缺頁或破損，請寄回更換）

ISBN 978-957-32-8241-9
ylib 遠流博識網 http://www.ylib.com E-mail: ylib@ylib.com
